Microsoft
Outlook Version 2002
VBA-Programmierung
Schritt für Schritt

Jörg Hinrichs

Microsoft Outlook Version 2002
VBA-Programmierung
Schritt für Schritt

Microsoft Press

Jörg Hinrichs: Microsoft Outlook Version 2002
VBA-Programmierung Schritt für Schritt
Microsoft Press Deutschland, Konrad-Zuse-Straße 1, 85716 Unterschleißheim
Copyright © 2001 by Microsoft Press Deutschland

Das in diesem Buch enthaltene Programmmaterial ist mit keiner Verpflichtung oder Garantie in irgendeiner Weise verbunden. Autor, Übersetzer und der Verlag übernehmen folglich keine Verantwortung und werden keine daraus folgende oder sonstige Haftung übernehmen, die auf irgendeine Art aus der Benutzung dieses Programmmaterials oder Teilen davon entsteht. Die in diesem Buch erwähnten Software- und Hardwarebezeichnungen sind in den meisten Fällen auch eingetragene Marken und unterliegen als solche den gesetzlichen Bestimmungen. Der Verlag richtet sich im Wesentlichen nach den Schreibweisen der Hersteller.
Das Werk, einschließlich aller Teile, ist urheberrechtlich geschützt. Jede Verwertung außerhalb der engen Grenzen des Urheberrechtsgesetzes ist ohne Zustimmung des Verlages unzulässig und strafbar. Dies gilt insbesondere für Vervielfältigungen, Übersetzungen, Mikroverfilmungen und die Einspeicherung und Verarbeitung in elektronischen Systemen.

15 14 13 12 11 10 9 8 7 6 5 4 3 2 1
03 02 01

ISBN: 3-86063-788-6

© Microsoft Press Deutschland
(ein Unternehmensbereich der Microsoft GmbH)
Konrad-Zuse-Straße 1, D-85716 Unterschleißheim
Alle Rechte vorbehalten

Projektmanagement und Satz: rabbitsoft Haselier & Fahnenstich, Aachen (www.rabbitsoft.de)
Umschlaggestaltung: Hommer DesignProduction, Haar (www.HommerDesign.com)
Typografie: Hommer DesignProduction, Haar (www.HommerDesign.com)
Herstellung, Druck und Bindung: Kösel, Kempten (www.koeselbuch.de)

Inhaltsverzeichnis

Zu diesem Buch	**9**
Für wen ist dieses Buch geschrieben?	9
Kurzüberblick	9
Zielgruppen	10
Korrekturen, Kommentare und Hilfe	12
Vorbereitungen	**13**
Systemvoraussetzungen	13
Die Übungsdateien auf der Festplatte installieren	14
Die Begleit-CD verwenden	15
Die Übungsdateien in Outlook verfügbar machen	16
Installation der SharePoint Team Services	22
Die Übungsdateien deinstallieren	25
Konventionen	**27**
Übungen	27
Tastatureingaben	27
Symbole in der Marginalienspalte	27

Teil A — Formularanwendungen — 29

Kapitel 1 — Benutzerdefinierte Ordner — 31

Ordnertypen	32
Eigene Outlook-Ordner definieren	33
Einen persönlichen Ordner erstellen	33
Einen Ordner löschen	36
Öffentliche Ordner	38
Regeln	42

Kapitel 2 — Benutzerdefinierte Ansichten — 45

Ansichtstypen	45
Feldauswahl	47
Filter und Sortierungen	49
Gruppierungen	54
Zusätzliche Felder	55

Kapitel 3	**Formulare**	**59**
	Outlook Formulare	60
	Die Entwurfsansicht	63
	Getrennte Lese- und Schreibformulare	70
	Aktionen	72
	Formulare veröffentlichen	75
	Formulare testen	79
Kapitel 4	**Formularelemente**	**81**
	Grundlagen	81
	Steuerelemente formatieren	86
	Eigenschaften von Steuerelementen	90
	Formularfelder	96
	Tastatursteuerung	102
Kapitel 5	**Praxisbeispiel: Seminarbuchung**	**107**
	Persönlichen Ordner erstellen	108
	Formulare	111
	Anwendung testen	117
	Verteilen der Anwendung	121
	Abschlusstest	128
	Fazit	130
Kapitel 6	**Praxisbeispiel: Urlaubsantrag**	**133**
	Formulare	134
	Anwendung testen	141
	Verteilen der Anwendung	144
	Abschlusstest	147
	Fazit	147
Teil B	**VBA und VBScript**	**149**
Kapitel 7	**Visual Basic for Applications**	**151**
	VBScript und VBA	151
	Der Visual Basic-Editor	156
	Projekte und Module	161
	Dialoge gestalten	162
Kapitel 8	**Variablen und Kontrollstrukturen**	**175**
	Variablen	175
	Verzweigungen und Sprünge	181
	Schleifen	185

Inhaltsverzeichnis

	Fehlerverarbeitung und Fehlersuche	190
	Praxisbeispiel	196
Kapitel 9	**Prozeduren und Funktionen**	**203**
	Sinn und Zweck	203
	Syntax	206
	Besondere Prozeduren und Funktionen	212
	Praxisbeispiel	217
Kapitel 10	**VBScript**	**225**
	Grundlagen	225
	Praxisbeispiel	229
Kapitel 11	**Das Outlook-Objektmodell**	**239**
	Übersicht	240
	Objektvariablen und ihre Verwendung	245
	Wichtige Auflistungen und ihre Objekte	249
	Item-Objekte	254
	Beispiele	257
Kapitel 12	**Praxisbeispiel: Seminarbuchung**	**263**
	Das Formular	264
	Der Programmcode	266
	Abschlussarbeiten	279
Kapitel 13	**Praxisbeispiel: Auftragsbearbeitung**	**285**
	Aufgabenstellung	285
	Auftragsannahme	288
	Auftragsbearbeitung	296
	Vertrieb	298
	Fazit	299
Teil C	**Share Point Team Services**	**301**
Kapitel 14	**Aufbau und Struktur**	**303**
	Die Website	303
	Aufbau der Datenbank	310
	Datenbankzugriff	314
Kapitel 15	**Anbindung an Outlook**	**323**
	Dialog starten und beenden	324
	Verwaltung von Terminen	327

Inhaltsverzeichnis

Synchronisierung von Aufgaben ... 331
Austausch von Kontakten ... 336
Dokumente und Diskussionsrunden ... 339

Stichwortverzeichnis 343

Der Autor 349

Zu diesem Buch

Für wen ist dieses Buch geschrieben?

Dieses Buch deckt die Bedürfnisse einer Vielzahl von Anwendern und Programmierern ab, die sich mit der Erstellung von Anwendungen in Outlook Version 2002 auseinandersetzen:

- **Fortgeschrittener Anwender**
  Sie kennen Outlook bereits recht gut und möchten seine Fähigkeiten erweitern. Dabei legen Sie besonderen Wert auf die komfortable Zusammenarbeit mit anderen Anwendern und die Realisierung von Workflow-Anwendungen. Sie möchten dabei weitgehend auf das Schreiben von Programmcode verzichten.

- **Programmierer**
  Sie möchten einen tieferen Einblick in die Programmiersprachen Visual Basic for Applications und VBScript im Zusammenhang mit Outlook bekommen. Ihr Ziel ist es, einfache und komplexere Anwendungen zu erstellen, die sich durch einen hohen Grad an Automatisierung auszeichnen. Diese Anwendungen arbeiten unter Umständen auch mit anderen Applikationen zusammen (z.B. Word, Excel, ODBC-Datenbanken usw.).

Sie müssen kein Outlook-Experte sein, um mit diesem Buch effektiv arbeiten zu können. Sie sollten jedoch die Grundfunktionen der Bedienung von Outlook Version 2002 kennen. Das ist zwar für das unmittelbare Nachvollziehen der Beispiele nicht zwingend notwendig. Sie benötigen dieses Wissen aber, um später eigene Anwendungen in Outlook zu erstellen.

Kurzüberblick

Dieses Buch ist in drei Teile gegliedert:

Teil A: Formularanwendungen (Kapitel 1 bis 6)

Mit Hilfe von benutzerdefinierten Formularen können Sie bereits Anwendungen erstellen, die auf öffentlichen Ordnern beruhen und im Idealfall einen auf Geschäftsprozessen basierenden Workflow umsetzen. Dieser Teil erfordert keinerlei Programmierkenntnisse und verwendet auch keinen expliziten Programmcode. Trotzdem werden Sie überrascht sein, welche Vielfalt an Möglichkeiten sich Ihnen mit dem Einsatz von Formularen erschließt.

Teil B: VBA und VBScript (Kapitel 7 bis 13)

In diesem Teil lernen Sie die Elemente der Programmiersprache Visual Basic for Applications kennen. Da in Outlook-Formularen der Einsatz von VBScript erforderlich ist, findet eine kurze Gegenüberstellung der beiden Sprachen statt. Abschließend erhalten Sie einen Überblick über das Objektmodell von Outlook Version 2002 und lernen typische Einsatzbereiche kennen.

Dieser Teil ist hauptsächlich für („hauptberufliche") Programmierer konzipiert. Als ambitionierter Anwender finden Sie viele interessante Anregungen und Beispiele. Sie werden aber auch erkennen, dass der massive Einsatz von Programmcode eine umfangreiche Einarbeitung in die Programmiersprache erfordert, die ohne Vorkenntnisse einen hohen zeitlichen Aufwand bedeutet.

Teil C: SharePoint Team Services (Kapitel 14 und 15)

SharePoint Team Services ist eine Website für die Zusammenarbeit innerhalb eines Teams. Die verwalteten Elemente sind größtenteils mit denen in Outlook identisch (Aufgaben, Termine usw.). Dieser Teil des Buches zeigt, wie Sie eine Schnittstelle zu SharePoint Team Services aufbauen können, um die dort enthaltenen Informationen in Outlook zu integrieren. Das ist sinnvoll, um eine gemeinsame Verwaltung der Daten zu ermöglichen, so dass ein Abgleich wesentlich einfacher möglich ist. Schritt für Schritt wird eine Lösung für die Anbindung von Outlook 2002 an SharePoint Team Services entwickelt. Sie können diese Lösung direkt übernehmen oder durch eigene Erweiterungen an Ihre Bedürfnisse anpassen.

Zielgruppen

Je nachdem zu welcher Zielgruppe Sie sich selbst zuordnen finden Sie nachfolgend einige Hinweise, wie Sie dieses Buch am besten einsetzen.

Keine Programmiererfahrung

Sie haben noch keine Programmiersprache kennen gelernt und besitzen auch keine Kenntnisse bezüglich Outlook-Anwendungen.

Am besten arbeiten Sie das Buch von vorne nach hinten durch. Sie sollten sich auf jeden Fall intensiv mit Teil A beschäftigen, weil dieser Teil keine Kenntnisse einer Programmiersprache erfordert. Teil B und C bieten viele wertvolle Anregungen, von denen Sie sicherlich die eine oder andere in Ihren eigenen Anwendungen direkt oder mit kleinen Änderungen verwenden können. Sie sollten sich aber der Tatsache bewusst sein, dass eine intensive Benutzung der Programmiersprache viel Einarbeitungszeit erfordert.

Grundkenntnisse der Programmierung

Sie besitzen Grundkenntnisse in der Programmiersprache Basic/Visual Basic oder in einer anderen vergleichbaren Sprache. Sie haben aber noch keine Erfahrungen in der Programmierung von Outlook.

Beschäftigen Sie sich intensiv mit Teil A. Wenn Sie bereits Erfahrungen im Entwerfen von Formularen, der Verwaltung von Ordnern oder dem Erstellen eigener Ansichten besitzen, können Sie diese Kapitel überspringen oder quer lesen. Sehen Sie sich auf jeden Fall die beiden Praxisbeispiele in Kapitel 5 und Kapitel 6 an. Sie demonstrieren den Einsatz der vorgestellten Techniken und zeigen zwei ganz unterschiedliche Ansätze für die Gestaltung einer Anwendung.

Je nach Vorkenntnissen können Sie in Teil B die Kapitel 7 bis 9 überspringen. Kapitel 10 ist wichtig, weil es die aufgrund der Beschränkungen von VBScript auftauchenden Probleme mit Outlook-Formularen zeigt. Wenn Sie VBScript bereits recht gut kennen, konzentrieren Sie sich auf das Beispiel am Ende des Kapitels. Lesen Sie auf jeden Fall Kapitel 11, dieses enthält viele wichtige Informationen für das Verständnis der Codebeispiele. Schauen Sie sich auch die beiden Praxisbeispiele in Kapitel 12 und 13 an, sie bieten wertvolle Einblicke in die Verwendung der Programmiersprache und die damit verbundenen Probleme.

Erfahrene Office-Programmierer

Sie haben bereits Anwendungen in anderen Office-Programmen entwickelt, eventuell auch unter Verwendung von VBA-Dialogen. Sie besitzen solide Grundkenntnisse in VBA und haben bereits ein Objektmodell intensiv kennen gelernt. Eventuell haben Sie auch erste Erfahrungen mit der Programmierung von Outlook gemacht.

Je nach Ihren Vorkenntnissen in Outlook können Sie die Kapitel 1 bis 4 überspringen oder quer lesen. Schauen Sie sich ruhig die beiden Praxisbeispiele in Kapitel 5 und Kapitel 6 an. Sie können dort lernen, welche prinzipiellen Unterschiede im Aufbau von Anwendungen bestehen und wo die jeweiligen Vor- und Nachteile liegen.

Beschäftigen Sie sich mit Kapitel 10 und dort vor allem mit dem Programmbeispiel am Ende des Kapitels. Lesen Sie auf jeden Fall Kapitel 11, dort finden Sie nicht nur einen Überblick über das Outlook-Objektmodell, sondern auch wichtige Techniken im Zusammenhang mit Objekten. Beschäftigen Sie sich intensiv mit den Praxisbeispielen in den Kapiteln 12 und 13. Sie zeigen Probleme und mögliche Lösungswege bei der Programmierung von Outlook-Anwendungen.

Korrekturen, Kommentare und Hilfe

Bei diesem Buch ist sorgfältig auf Fehlerfreiheit der Übungen und Übungsdateien geachtet worden. Sollten Sie doch einmal auf Probleme stoßen, stehen Ihnen die folgenden Hilfequellen zur Verfügung.

Hilfe zu diesem Buch und der zugehörigen CD

Sollten doch einmal Korrekturen oder zusätzliche Hinweise zu diesem Buch oder der zugehörigen CD notwendig sein, so finden Sie diese im World Wide Web in der Service Area von

http://www.microsoft.com/germany/mspress

Sollten Sie Fragen, Kommentare oder Vorschläge zu diesem Buch oder der Begleit-CD haben, senden Sie sie uns bitte per E-Mail:

presscd@microsoft.com

Beachten Sie bitte, dass Sie unter dieser Adresse keinen Support für das Produkt Outlook selbst erhalten. Wenn Sie Hilfe zu Outlook benötigen, wenden Sie sich bitte an

http://www.microsoft.com/germany/support.

Vorbereitungen

Die in dieses Buch eingelegte CD enthält die Dateien mit den Beispielen der Übungen aus den einzelnen Kapiteln.

Das Softwareprogramm Outlook 2002 ist *nicht* Bestandteil dieses Buches. Bevor Sie mit diesem Buch arbeiten, sollten Sie das Programm Outlook 2002 kaufen und installieren.

Systemvoraussetzungen

Um die Übungen dieses Buches durchführen zu können, benötigen Sie:

- **Computer/Prozessor**
  Computer mit einem 133 MHz-Pentium-Prozessor oder besser.

- **Speicher**
  Wie viel Speicher Sie benötigen, hängt davon ab, welches Betriebssystem Sie verwenden.

    - Microsoft Windows 98 oder Windows 98 SE
      24 MB RAM plus 8 MB RAM für jedes Microsoft Office-Programm (beispielsweise Word), das gleichzeitig ausgeführt werden soll.

    - Microsoft Windows Me oder Microsoft Windows NT
      32 MB RAM plus 8 MB RAM für jedes Microsoft Office-Programm (beispielsweise Word), das gleichzeitig ausgeführt werden soll.

    - Windows 2000 Professional
      64 MB RAM plus 8 MB RAM für jedes Microsoft Office-Programm (beispielsweise Excel), das gleichzeitig ausgeführt werden soll.

- **Festplatte**
  Wie viel freien Festplattenplatz Sie benötigen, hängt davon ab, welche Office-Konfiguration Sie wählen. Ein benutzerdefiniertes Setup kann mehr oder auch weniger Platz erfordern.

    - 245 MB freien Festplattenplatz, wobei 115 MB auf der Platte zur Verfügung stehen müssen, auf der das Betriebssystem installiert ist. (Anwender, die ein anderes Betriebssystem als Windows 2000 oder Windows Me verwenden oder denen die Office Service Re-

Vorbereitungen

lease 1 (SR-1) nicht zur Verfügung steht, müssen für die Aktualisierung der Systemdateien weitere 50 MB einplanen.

- Für die Installation der Übungsdateien müssen ungefähr 3 MB freier Festplattenplatz zur Verfügung stehen.

- **Betriebssystem**
Microsoft Windows 98, Windows 98 Second Edition (Windows 98 SE), Microsoft Windows Millenium Edition (Windows Me), Windows NT 4 mit Service Pack 6 (SP6) oder neuer oder Windows 2000 oder neuer. (Bei Systemen, auf denen Windows NT 4 mit SP6 ausgeführt wird, muss der Microsoft Internet Explorer mindestens auf die Version 4.01 mit SP1 aktualisiert werden.

- **Laufwerk**
CD-Laufwerk

- **Bildschirm**
Super VGA (800x600) oder Monitor mit höherer Auflösung, mit mindestens 256 Farben.

- **Peripheriegeräte**
Microsoft Maus, Microsoft IntelliMouse oder kompatibles Zeigegerät

- **Anwendungsprogramme**
Outlook 2002

Die Übungsdateien auf der Festplatte installieren

Um die Übungsdateien auf der Festplatte zu installieren, müssen Sie die folgenden Schritte durchführen. Danach können Sie die Dateien in den Übungen der verschiedenen Kapitel einsetzen.

❶ Nehmen Sie die in dieses Buch eingelegte CD aus der Verpackung und legen Sie sie in das CD-ROM-Laufwerk Ihres Computers ein.

Ein Menüfenster wird angezeigt.

❷ Klicken Sie auf *Übungsdateien installieren*.

❸ Klicken Sie in dem Fenster *Willkommen*, das daraufhin geöffnet wird, auf *OK*.

Vorbereitungen

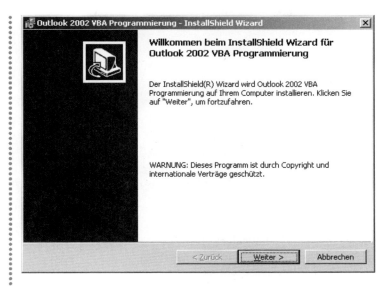

❹ Klicken Sie auf *Weiter*, um die Übungsdateien zu installieren.

❺ Klicken Sie auf *OK*, sobald die Übungsdateien installiert sind.

Die Übungsdateien werden im Ordner *Eigene Dateien* installiert. Das Installationsprogramm erstellt dort einen Order mit dem Namen *Schritt für Schritt* und darin einen Ordner mit dem Namen *Outlook Programmierung*. In diesem Ordner befinden sich die Beispieldateien. Um welche Dateien es sich dabei handelt, können Sie der Liste im nächsten Abschnitt entnehmen.

❻ Nehmen Sie die CD-ROM nach der Installation der Dateien wieder aus dem Laufwerk und legen Sie sie wieder in die Verpackung.

Die Begleit-CD verwenden

Seminar.oft

Für die meisten Kapitel dieses Buches finden Sie nach der Installation der Begleit-CD im Installationsordner die Dateien, die das Endergebnis der einzelnen Übungen enthalten. Sie können also wahlweise entweder die Dateien selbst erstellen oder die fertigen Dateien verwenden.

Jedes Mal, wenn auf eine der Übungsdateien Bezug genommen wird, finden Sie in der Randspalte das nebenstehende CD-Symbol. Über dem Symbol befindet sich der Name der im Kapitel verwendeten Übungsdatei bzw. Übungsdateien.

Damit Sie genau wissen, welche Übungsdateien sich auf der CD-ROM befinden, gibt Ihnen die folgende Liste einen Überblick über die in den einzelnen Kapiteln verwendeten Dateien:

Vorbereitungen

Kapitel	Datei	Modul
1	Anwendung.pst	
2		
3	Kummerkasten.oft	
4	Projektstatus.oft	
5	Seminar1.pst Seminar.oft Seminaranmeldung.oft	
6	Urlaubsantrag.oft Urlaubsbearbeitung.oft	
7	VbaProject.otm	BausteinForm Kapitel7
8	VbaProject.otm	AdressenForm Assistent1Form Assistent2Form Kapitel8
9	VbaProject.otm	TarifForm Kapitel9
10	AngebotNeukunde.oft AngebotOO.oft	
11	VbaProject.otm	Kapitel11
12	Seminar2.oft	
13	VbaProject.otm	DieseOutlookSitzung AuftragsbearbeitungForm AuftragVertriebForm Kapitel13
14	VbaProject.otm Sharepoint.adp	Kapitel14

Die Übungsdateien in Outlook verfügbar machen

Es gibt verschiedene Arten von Übungsdateien, die Sie leicht anhand der Dateiendung erkennen können:

- Formulare (Dateiendung *.oft)

- Persönliche Ordner (Dateiendung *.pst)

- Outlook VBA-Projekt (Dateiendung *.otm)

- Access-Projekt (Dateiendung *.adp)

Vorbereitungen

Für jeden Dateityp finden Sie nachfolgend eine kurze Anleitung, wie er zu benutzen ist.

Formulardateien (*.oft)

❶ Starten Sie Outlook und wählen Sie den Menübefehl *Extras – Formulare – Formular auswählen*.

❷ Wählen Sie in der Liste *Suchen in* den Eintrag *Vorlagen im Dateisystem* und klicken Sie dann auf die Schaltfläche *Durchsuchen*.

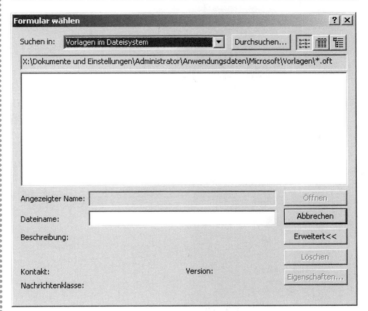

❸ Wählen Sie im Auswahlfenster den Ordner aus, in dem sich die Beispieldateien befinden. Das ist der Ordner *Schritt für Schritt\Outlook Programmierung,* der sich unterhalb Ihres persönlichen Ordners *Eigene Dateien* befindet.

❹ Klicken Sie dann auf *OK*.

Vorbereitungen

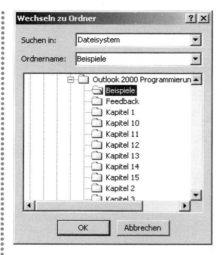

❺ Wählen Sie in der Liste der angezeigten Formulare das gewünschte Formular aus und klicken Sie dann auf die Schaltfläche *Öffnen*.

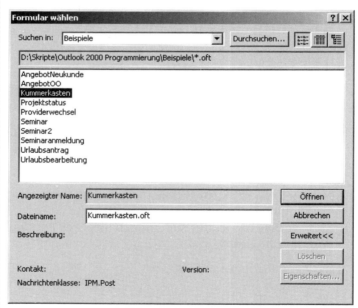

Einige Formulare werden jetzt bereits angezeigt und können auch im Entwurfsmodus bearbeitet werden. Bei anderen Formularen müssen Sie erst einen Ordner auswählen, in welchem das Formular dann veröffentlicht wird (siehe auch Kapitel 3). Das gilt für alle Formulare der Nachrichtenklasse IPM.Post (siehe obere Abbildung ganz unten). Diese Formulare werden verwendet, um Nachrichten in öffentlichen Ordnern bereitzustellen.

Vorbereitungen

❻ Wählen Sie für Formulare der Nachrichtenklasse IPM.Post einen öffentlichen Ordner aus.

❼ Klicken Sie anschließend auf *OK*.

Persönliche Ordner (*.pst)

❶ Starten Sie Outlook und wählen Sie den Menübefehl *Datei – Öffnen – Outlook Datendatei*.

❷ Wählen Sie das gewünschte Verzeichnis und die Datei aus und klicken Sie dann auf die Schaltfläche *OK*.

Vorbereitungen

Der Ordner wird geöffnet und steht über die Ordnerliste von Outlook zur Verfügung. Dort können Sie ihn auch über das Kontextmenü wieder schließen.

Outlook VBA-Projekt (VbaProject.otm)

Alle Codebeispiele, die im Visual Basic-Editor von Outlook erstellt wurden, befinden sich in der Datei VbaProject.otm. Der Name dieser Datei ist festgelegt. Die Datei muss sich auch in einem bestimmten Verzeichnis befinden, nämlich im Profil des jeweiligen Anwenders. Dieses liegt unter:

`<Systemverzeichnis>\Profiles\<Benutzername>` (Windows NT)

`Dokumente und Einstellungen\<Benutzername>` (Windows 2000)

Für <Systemverzeichnis> ist das jeweilige Installationsverzeichnis des Betriebssystems einzusetzen (z.B. C:\WinNT) und für <Benutzername> der Name des gegenwärtig angemeldeten Anwenders.

Innerhalb des Profils ist die Datei VbaProject.otm im Verzeichnis

`Anwendungsdaten\Microsoft\Outlook`

zu finden.

Sie können einfach die Beispieldatei der CD in dieses Verzeichnis kopieren. Vorsicht! Denken Sie daran, eventuelle eigene Beispiele vorher zu sichern, indem Sie die bestehende Datei VbaProject.otm in ein anderes Verzeichnis kopieren.

Access-Projekt (SharePoint.adp)

Diese Beispieldatei wird in Kapitel 14 benutzt, um die Tabellenstruktur der Datenbank von SharePoint Team Services zu veranschaulichen. Sie können diese Datei in einem beliebigen Verzeichnis platzieren und mit einem Doppelklick öffnen.

Wichtig dabei ist die korrekte Einstellung der Verbindungsparameter zur Datenbank. Starten Sie dazu Access und wählen Sie den Menübefehl *Datei – Verbindung*.

Vorbereitungen

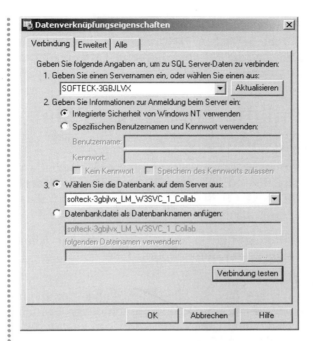

Die Verbindungsparameter im Einzelnen:

- **Servername**
  Geben Sie hier den Computernamen des SQL-Servers ein. Normalerweise wird das Ihr eigener Rechner sein. Meistens können Sie den Eintrag auch aus der Liste wählen.

- **Anmeldeinformationen**
  Wählen Sie die Option *Integrierte Sicherheit von Windows NT verwenden* (das gilt auch für Windows 2000). Eine Anmeldung als Benutzer *sa* (Datenbankadministrator) am SQL-Server scheitert, weil das Standardpasswort von SharePoint Team Services geändert wurde. Mit ein paar Tricks ist es möglich, dieses Passwort selbst zu bestimmen, wenn Sie auf dem Datenbankserver über Administratorrechte verfügen. Ich kann aber nur dringend davon abraten (ich habe es versucht und musste anschließend alles neu installieren)! SharePoint Team Services verwendet für den Verbindungsaufbau eine eigene DLL und dort ist das Passwort anscheinend fest eingebaut.

- **Datenbank**
  Die Datenbank ist leicht an ihrem kryptischen Namen zu erkennen. Ein sicheres Indiz ist die Bezeichnung Collab am Ende des Namens. Wählen Sie die entsprechende Datenbank aus der Liste aus.

Nun können Sie die Verbindung testen, indem Sie die gleichnamige Schaltfläche betätigen. Bestätigen Sie den Dialog mit *OK*. Anschließend haben Sie Zugriff auf die komplette Tabellenstruktur und die Inhalte der Datenbank.

Installation der SharePoint Team Services

Die SharePoint Team Services sind eine spezielle Website, die im so genannten Office XP Resource Kit enthalten ist. Dieses befindet sich auf jeder Office XP CD-ROM. In Kapitel 14 und 15 dieses Buches beschreibe ich die Integration dieser Website in Outlook XP.

Für die Benutzung von SharePoint Team Services benötigen Sie mindestens zwei Komponenten:

- **Webserver**
  Die Website besteht aus vielen Webseiten, die intensiven Gebrauch von serverseitigen Skripten machen. Sie brauchen dazu einen Webserver der neuesten Generation, am besten den Internet Information Server 5.0 von Microsoft.

- **Browser**
  Sowohl Internet Explorer als auch Netscape Navigator (beide ab Version 4) können verwendet werden, empfohlen wird jedoch der Internet Explorer 5.0 oder neuere Versionen.

- **Office 2000/Office XP**
  Wenn Sie Dokumente innerhalb der Website veröffentlichen möchten, müssen Sie über eines der genannten Office-Pakete verfügen.

Webserver und Browser können sich auf demselben Rechner befinden oder auf zwei verschiedene Rechner verteilt werden.

Installation des Webservers

Das nächste Beispiel demonstriert Ihnen die Installation des Webservers für das Betriebssystem Windows 2000. Dort sind die entsprechenden Dienste bereits im Lieferumfang enthalten. Bei Windows NT 4.0 ist kein Webserver verfügbar; dort benötigen Sie das Windows Option Pack oder müssen den Internet Information Server separat erwerben.

Wenn Sie über Windows 2000 Server verfügen, sind keine weiteren Schritte erforderlich, weil die Webserver-Dienste bereits in der Standardinstallation aktiviert werden. Für Windows 2000 Professional sind dagegen folgende Schritte notwendig:

Vorbereitungen

① Rufen Sie im Startmenü unter *Einstellungen* die Systemsteuerung auf.

② Machen Sie einen Doppelklick auf das Symbol *Software*.

③ Doppelklicken Sie auf das Symbol *Windows-Komponenten hinzufügen/entfernen* am linken Rand.

④ Aktivieren Sie die Komponente *Internet-Informationsdienste (IIS)* und klicken Sie auf *Weiter*.

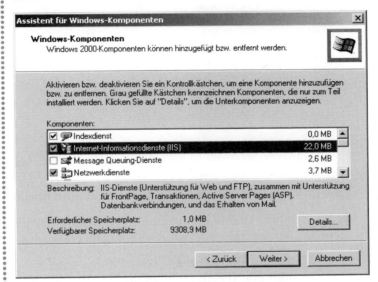

Die Webserver-Dienste werden jetzt installiert und stehen ab sofort auf Ihrem Rechner zur Verfügung.

SharePoint Team Services installieren

Die Installation von SharePoint Team Services ist sehr einfach. Alle benötigten Komponenten werden automatisch ausgewählt und auf Ihrem Rechner eingerichtet.

① Rufen Sie das Setup-Programm für SharePoint Team Services von der CD auf. Es befindet sich im Verzeichnis *SHAREPT* und heißt *SETUPSE.exe*.

② Geben Sie den Product Key ein, welchen Sie bereits bei der Installation von Office XP benutzt haben. Klicken Sie dann auf *Weiter*.

Vorbereitungen

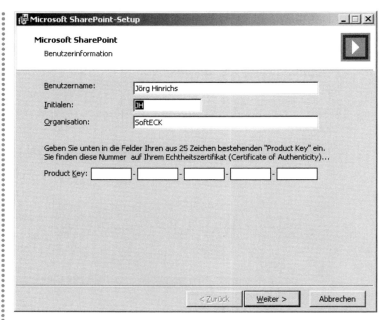

❸ Stimmen Sie den Lizenzbedingungen zu und klicken Sie auf *Weiter*.

❹ Der nächste Dialog dient nur zur Information, welche Komponenten installiert werden und wie viel Speicherplatz sie benötigen:

- **Microsoft SharePoint**
  Enthält alle HTML-Dateien und Skripte für die Website.

- **Frontpage Servererweiterungen 2002**
  Enthält Dateien für die Konfiguration der Website.

- **Microsoft Data Engine**
  Die MSDE ist eine abgespeckte Version des SQL Servers 2000. Die maximale Größe einer Datenbank beträgt hier 2 Gigabyte und die Anzahl der gleichzeitigen Vorgänge auf dem Server ist auf fünf beschränkt.

Klicken Sie einfach auf die Schaltfläche *Installieren*, um die Installation abzuschließen.

Vorbereitungen

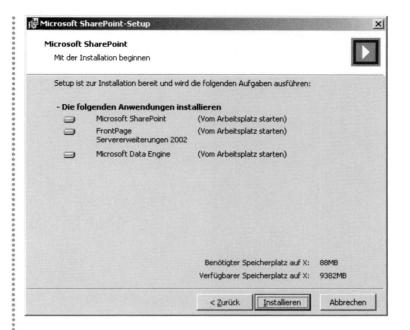

Die Übungsdateien deinstallieren

Mit den folgenden Schritten können Sie die Übungsdateien zu diesem Buch wieder von der Festplatte löschen.

❶ Klicken Sie in der Taskleiste von Windows auf *Start*, zeigen Sie auf *Einstellungen* und klicken Sie auf *Systemsteuerung*.

❷ Doppelklicken Sie auf das Symbol *Software*.

Das Dialogfeld *Eigenschaften von Software* wird geöffnet.

❸ Wählen Sie auf der Registerkarte *Installieren/Deinstallieren* den Listeneintrag *Outlook 2002 VBA-Programmierung* und klicken Sie auf die Schaltfläche zum Entfernen der Software.

❹ Klicken Sie auf *Ja*, wenn Sie aufgefordert werden, die Deinstallation zu bestätigen.

Konventionen

Sie können bei der Arbeit mit diesem Buch viel Zeit sparen, wenn Sie sich von vornherein mit der Art und Weise vertraut machen, wie in diesem Buch Anweisungen und Tastatureingaben etc. dargestellt werden.

Übungen

- Die Anleitungen für praktische Übungen, die Sie nachvollziehen sollen, werden in nummerierten Schritten angegeben (❶, ❷, ❸ etc.). Der Kreis ◉ zeigt an, dass eine Übung aus nur einem Schritt besteht.

- Text, den Sie eingeben sollen, wird in **fett gedruckten Buchstaben** dargestellt.

- Oberflächenbegriffe, beispielsweise die Namen von Menüs und Befehlen, sind *kursiv* gedruckt.

Tastatureingaben

- Ein Pluszeichen zwischen zwei Tasten bedeutet, dass Sie die Tasten gleichzeitig drücken müssen. Die Anweisung „drücken Sie [Alt]+[⇆]" bedeutet beispielsweise, dass Sie die [Alt]-Taste gedrückt halten müssen, während Sie auf die Tabulatortaste drücken.

Symbole in der Marginalienspalte

- Dieses Symbol kennzeichnet den Absatz am Anfang jedes Kapitels, in dem die Übungsdateien für das Kapitel aufgeführt werden. An dem Dateinamen über der Grafik erkennen Sie schnell, welche Dateien für das jeweilige Kapitel verwendet wird.

- Mit diesem Symbol sind Tipps gekennzeichnet, in denen Ihnen zusätzliche Informationen gegeben werden oder die eine alternative Vorgehensweise für einen Schritt beschreiben.

Konventionen

- Dieses Symbol macht Sie auf wesentliche Zusatzinformationen aufmerksam, die Sie auf alle Fälle lesen und genau beachten sollten, bevor Sie mit dem Kapitel fortfahren.

- Hinweise, die mit diesem Symbol gekennzeichnet sind, machen Sie auf mögliche Fehlermeldungen oder konkrete Probleme aufmerksam, die an dieser Stelle auftreten können, und geben gleichzeitig Lösungsvorschläge an.

- Textpassagen, die mit diesem Symbol gekennzeichnet sind, enthalten Hinweise und Informationen, die Sie besonders beachten sollten.

- Außerdem sind die Schaltflächen, auf die Sie während der Durchführung der Übungen klicken müssen, neben dem entsprechenden Schritt abgebildet. Sie sehen hier beispielsweise die Schaltfläche *Eigenschaften*.

Formular-
anwendungen

Eine Formularanwendung kann aus insgesamt drei Teilen bestehen:

- Einem Ordner für die Speicherung von Daten. Meistens handelt es sich hier um einen öffentlichen Ordner, weil eine Anwendung normalerweise mehreren Benutzern zur Verfügung stehen soll.

- Einer Ansicht für diesen Ordner. Die Ansicht wird typischerweise neu definiert. Das ist vor allem dann notwendig, wenn die Anwendung Felder enthält, welche in Outlook standardmäßig nicht vorhanden sind. Solche Felder können speziell für eine Anwendung (letzten Endes für einen Ordner) definiert werden.

- Formulare sind das Herz einer Outlook-Anwendung. Sie werden auf der Basis existierender Formulare angepasst. Das können Formulare für alle in Outlook bekannten Elementtypen sein: Nachrichten, Termine, Aufgaben, Kontakte usw.

Die Minimalanforderung für eine Anwendung sind ein oder mehrere Formulare. Tatsächlich wäre das für eine Anwendung schon ausreichend. Allerdings besteht damit keine Möglichkeit, Daten dauerhaft für mehrere Benutzer zugreifbar zu speichern. Es gibt aber einige Formen von Anwendungen, für die eine solche Konstruktion durchaus sinnvoll sein kann. Diese Anwendungen basieren meistens vollständig oder zumindest teilweise auf Nachrichten, die zwischen mehreren verschiedenen Benutzern hin und her geschickt werden. Dabei sind für einen bestimmten Benutzer immer nur die jeweils in einer Nachricht enthaltenen Informationen relevant. In Kapitel 6 werden wir ein Beispiel für eine solche Anwendung kennen lernen.

Der nächste Schritt besteht darin, einen Ordner für die dauerhafte Speicherung von Daten einer Anwendung zur Verfügung zu stellen. Wie schon erwähnt ist das fast immer ein öffentlicher Ordner. Dadurch wird eine Anwendung flexibler und alle Benutzer können jederzeit auf diese Daten zugreifen. Kapitel 5 stellt mit der Seminarverwaltung ein Beispiel für eine solche Anwendung vor.

Schließlich haben Sie die Möglichkeit, für eine Anwendung mit dazugehörigem Ordner eine eigene Ansicht zu definieren. Das macht vor allem dann Sinn, wenn der Ordner wichtige benutzerdefinierte Felder enthält, welche auch in der Übersicht dargestellt werden sollen.

1 Benutzerdefinierte Ordner

In diesem Kapitel lernen Sie

- welche verschiedenen Typen von Ordnern es in Outlook gibt.
- wie Sie einen persönlichen Ordner erzeugen.
- wie Sie eigene Unterordner erstellen und verwalten.
- wie Sie einem Ordner ein Formular zuordnen.
- welche Zugriffsrechte auf Ordner es gibt und was Berechtigungsstufen sind.
- wie Sie Zugriffsrechte für öffentliche Ordner vergeben.
- wie Sie Regeln für Ordner definieren und verwalten.

Wenn in einer Outlook-Anwendung Daten übermittelt werden müssen, dann geschieht das mit Hilfen von Formularen (meistens handelt es sich dabei um Nachrichtenformulare). Sollen diese Daten außerdem so gespeichert werden, dass mehrere Anwender ständig zugreifen können, dann ist ein öffentlicher Ordner die einfachste Lösung. Deshalb beruhen sehr viele Outlook-Anwendungen auf einem solchen Ordner, um Nachrichten, Termine, Aufgaben oder Kontakte dort für alle zugänglich aufzubewahren.

In diesem Kapitel lernen Sie, wie ein solcher Ordner konfiguriert werden muss, damit er eine sinnvolle Basis für die Outlook-Anwendung darstellt. Das betrifft sowohl die Definition von Formularen und Regeln in einem Ordner als auch die Verwaltung der Zugriffsrechte. Außerdem benötigen Sie einige allgemeine Kenntnisse über die Verwaltung von Ordnern.

Ein Ordner ist also meistens die Basis für eine Outlook-Anwendung. Theoretisch könnten Sie Ihre Anwendung in einem öffentlichen Ordner erstellen. Dann müssen Sie sich aber gleich darum kümmern, die Zugriffsrechte für alle anderen Teilnehmer zu sperren, solange die Anwendung noch im Entwicklungsstadium ist. Vielleicht dürfen Sie das auch gar nicht selbst, sondern müssen dafür den Administrator bemühen.

Kapitel 1 Benutzerdefinierte Ordner

Am besten verwenden Sie deshalb während der Entwicklung einen persönlichen Ordner. Für diesen haben Sie sämtliche Freiheiten und können nach Belieben probieren und testen.

Wenn Ihre Anwendung fertig ist, werden Sie die zugehörigen Formulare in der Regel in einem öffentlichen Ordner veröffentlichen. Die Anwendung steht dann allen Personen zur Verfügung, die Zugriff auf diesen Ordner haben.

anwendung.pst

Das Endresultat der Übungen aus diesem Kapitel finden Sie in der Beispieldatei *anwendung.pst*. Falls Sie die Beispieldateien noch nicht installiert haben, dann finden Sie im Abschnitt „Die Übungsdateien auf der Festplatte installieren" ab Seite 14 in diesem Buch detaillierte Hinweise zum Setup. Im gleichen Abschnitt ist ebenfalls beschrieben, wie Sie die Beispieldateien in Outlook verfügbar machen.

Ordnertypen

Im Folgenden ist häufig die Rede von so genannten Ordnern. Je nach Zusammenhang werden darunter verschiedene Dinge verstanden:

Ordnertyp	Beschreibung
Outlook-Ordner	Damit sind die klassischen Funktionen von Outlook gemeint z.B. Kalender, Posteingang, Aufgaben usw.
Outlook-Postfächer Persönliche Ordner	Ein Postfach (auf dem Exchange-Server) oder ein persönlicher Ordner (lokal) enthalten jeweils einen kompletten Satz an Outlook-Ordnern (Posteingang, Kalender usw.). Der Begriff Ordner ist in dieser Hinsicht leider etwas zweideutig. Persönliche Ordner sind oft zweckmäßig, um die Entwicklung einer Anwendung durchzuführen. Alle Dateien befinden sich auf dem lokalen Rechner und Sie müssen keine externen Ressourcen aufbauen (z.B. Exchange-Server).
Öffentliche Ordner	Das sind einzelne Ordner, die auf einem Exchange-Server existieren und für mehrere Benutzer gleichzeitig zugänglich sind. Die meisten Anwendungen im Bereich Collaboration oder Workflow nutzen öffentliche Ordner und angepasste Formulare.
Ordner des Dateisystems	Bezeichnet die Verzeichnisstruktur auf der Festplatte. Über Outlook können Sie nämlich auch, wie im Explorer, Dateien und Verzeichnisse auswählen. Diese Ordner spielen in diesem Buch keine Rolle soweit es Outlook betrifft.

Eigene Outlook-Ordner definieren

Eine Anwendung besteht, wie bereits erwähnt, aus maximal drei Teilen:

- Einem oder mehreren benutzerdefinierten Ordnern (fast immer öffentliche Ordner).
- Ansichten für diese Ordner.
- Einem oder mehreren Formularen.

Um das Formular zu entwickeln, eignet sich aus den oben genannten Gründen ein persönlicher Ordner am besten. Also werden wir zunächst lernen, wie ein solcher persönlicher Ordner erzeugt und konfiguriert werden kann.

Einen persönlichen Ordner erstellen

Zu Beginn der Entwicklung erstellen Sie einen zusätzlichen persönlichen Ordner für Ihre Anwendung:

❶ Klicken Sie im Menü *Datei* auf *Neu* und dann auf *Outlook Datendatei*.

Das Dialogfeld *Neue Outlook-Datendatei* wird angezeigt.

Abbildung 1.1
Übernehmen Sie die Standardeinstellungen in diesem Dialogfeld mit *OK*.

❷ Bestätigen Sie die Standardeinstellung mit *OK*.

Das Standard-Dialogfeld zum Speichern von Dateien wird angezeigt.

Kapitel 1 Benutzerdefinierte Ordner

Abbildung 1.2
Geben Sie hier den Dateinamen ein und wählen Sie das Verzeichnis, in dem die Datendatei gespeichert werden soll.

❸ Tragen Sie einen Dateinamen für die zugehörige pst-Datei ein und speichern Sie diese im gewünschten Verzeichnis.

❹ Vergeben Sie einen entsprechenden Namen, der Ihre Anwendung kennzeichnet. Der persönliche Ordner wird unter diesem Namen in der Ordnerliste angezeigt.

❺ Bestätigen Sie den Dialog mit *OK*.

Abbildung 1.3
Legen Sie hier die Einstellungen für den Ordner fest

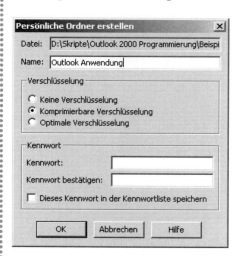

Sie haben jetzt einen neuen persönlichen Ordner erzeugt, welcher die Standardordner von Outlook enthält (Posteingang, Kalender, Aufgaben usw.). Dieser Ordner existiert parallel zu Ihrem bisherigen Postfach, welches Sie ganz normal für die tägliche Arbeit weiterbenutzen können.

Kapitel 1   **Benutzerdefinierte Ordner**

Die Symbole in der Outlook-Leiste sind weiterhin mit den Ordnern Ihres Postfaches gekoppelt. Denken Sie also daran, dass ein Klick auf den Shortcut des Kalenders in der Outlook-Leiste den Ordner in Ihrem Postfach öffnet und nicht den (gleichnamigen) Kalender des persönlichen Ordners.

Einen neuen Unterordner anlegen

Falls Ihre Anwendung etwas komplexer ist, benötigen Sie wahrscheinlich zusätzlich zu den Standardordnern weitere Ordner. Diese können Sie einfach innerhalb der bestehenden Hierarchie anlegen:

❶ Wählen Sie in der Outlook-Leiste den Ordner aus, für den Sie einen Unterordner erstellen möchten, z.B. den Ordner *Posteingang*.

❷ Klicken Sie mit der rechten Maustaste in die Titelzeile der Ordnerliste und wählen Sie den Menübefehl *Neuer Ordner*.

❸ Geben Sie einen Namen für den Unterordner an. Verändern Sie bei Bedarf den Typ der Elemente in diesem Ordner (normalerweise nicht notwendig).

❹ Klicken Sie abschließend auf die *OK*-Schaltfläche.

Abbildung 1.4
Hier erstellen Sie einen neuen Unterordner.

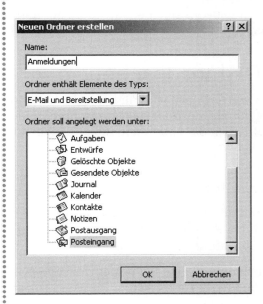

❺ Geben Sie an, ob Sie eine Verknüpfung für diesen Ordner in der Outlook-Leiste erstellen möchten. Wenn Sie die Abfrage mit *Ja* bestätigen, wird in der Gruppe *Eigene Verknüpfungen* ein Eintrag für den Unterordner generiert.

Kapitel 1   **Benutzerdefinierte Ordner**

Abbildung 1.5
Legen Sie hier fest, ob eine Verknüpfung in der Outlook-Leiste erzeugt werden soll.

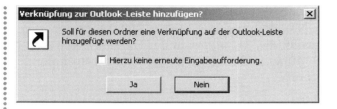

Der neue Ordner ist damit erstellt.

Einen Ordner umbenennen

Wenn Sie eigene Ordner erstellen, können Sie diese nach Belieben umbenennen, falls Ihnen der Name nicht mehr angemessen erscheint.

❶ Wählen Sie in der Ordnerliste den Ordner aus, den Sie umbenennen möchten, z.B. den Ordner *Anmeldungen*.

❷ Klicken Sie mit der rechten Maustaste den Namen des Ordners an und wählen Sie aus dem Kontextmenü den Befehl *Umbenennen*. Davor steht jeweils der Name des Ordners in Anführungszeichen.

Der Name des Ordners wird editierbar.

❸ Tippen Sie den neuen Namen des Ordners ein und bestätigen Sie mit der ⏎-Taste.

Einen Ordner löschen

Das Löschen von Ordnern ist in der Regel nur für selbst erstellte Ordner sinnvoll. Die Standardordner dagegen sollten immer bestehen bleiben (in der Regel haben Sie ohnehin keine ausreichenden Rechte, um diese Ordner zu löschen).

❶ Wählen Sie in der Ordnerliste den Ordner aus, den Sie löschen möchten, , z.B. den Ordner *Anmeldungen*..

❷ Klicken Sie mit der rechten Maustaste auf die Titelzeile der Ordner-Liste und wählen Sie den Befehl *löschen*. Davor steht jeweils der Name des Ordners in Anführungszeichen.

❸ Es erfolgt noch einmal eine Sicherheitsabfrage. Klicken Sie auf *Ja,* um den Ordner endgültig zu löschen.

Kapitel 1 Benutzerdefinierte Ordner

Abbildung 1.6
Bestätigen Sie hier, das der Ordner wirklich gelöscht werden soll.

Wenn Sie einen Ordner in der Ordnerliste löschen, wird dieser tatsächlich physikalisch entfernt. Dieser Vorgang ist ungleich schwerwiegender als das Löschen von Verknüpfungen in der Outlook-Leiste, wobei der eigentliche Ordner und seine Inhalte erhalten bleiben.

Bearbeitungsformular festlegen

Für jeden Ordner gibt es in Outlook XP ein Formular für die Anzeige der einzelnen Elemente. Für jeden Elementtyp (Nachricht, Termin, Kontakt usw.) gibt es ein entsprechendes Standardformular. In einer Formularanwendung werden für einen Ordner meistens benutzerdefinierte Formulare verwendet, die von einem solchen Standardformular abgeleitet werden. Für jeden Ordner können Sie nun festlegen, welches Formular für die Bearbeitung der dort gespeicherten Elemente eingesetzt werden soll:

❶ Wechseln Sie in den Ordner, dessen Formular Sie verändern möchten. Klicken Sie mit der rechten Maustaste auf den Ordnernamen in der Ordnerliste und rufen Sie den Menüpunkt *Eigenschaften* auf.

Abbildung 1.7
Allgemeine Ordnereigenschaften

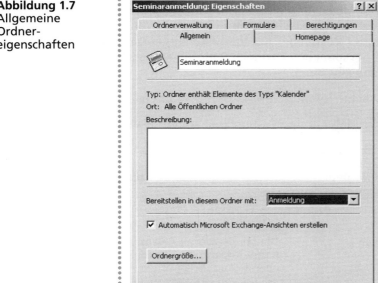

❷ Wählen Sie im Dialogfenster in der Liste *Bereitstellen in diesem Ordner mit* den Namen des gewünschten Formulars aus. Bestätigen Sie anschließend mit *OK*.

Der letzte Schritt setzt voraus, dass ein Formular *Anmeldung* bereits veröffentlicht wurde. Dieser Prozess wird genauer in Kapitel 3 beschrieben.

Öffentliche Ordner

Öffentliche Ordner erfordern einen Exchange-Server und werden auf diesem gespeichert. Ihre Besonderheit liegt darin, dass sie für mehrere Benutzer gleichzeitig verfügbar sind und der Zugriff auf diese Ordner mit Hilfe von Rechten genau geregelt werden kann. Öffentliche Ordner eigenen sich deshalb sehr gut für die Implementierung von Anwendungen im Bereich Collaboration, wo mehrere Benutzer zeitgleich Zugriff auf dieselben Informationen benötigen.

Öffentliche Ordner sind praktisch der Startpunkt für fast jede Formularanwendung.

Zugriffsrechte auf Ordner

Damit der öffentliche Ordner bestimmungsgerecht genutzt werden kann, ist es notwendig, den Zugriff auf die Elemente zu beschränken.

Diese Funktionalität steht nur im Zusammenhang mit einem Exchange-Server zur Verfügung. Deshalb können Zugriffsrechte nur für öffentliche Ordner oder Postfächer auf dem Exchange-Server eingerichtet werden. Bei persönlichen Ordnern fehlt die entsprechende Registerkarte in den Eigenschaften.

Die Zugriffsrechte können in zwei Bereiche unterteilt werden:

- Rechte, die sich auf den Ordner und seine Verwaltung beziehen.
- Rechte, die sich auf die Elemente des Ordners beziehen.

Die folgende Tabelle gibt einen Überblick über Zugriffsrechte bezüglich der Ordnerstruktur:

Zugriffsrecht	Erläuterung
Ordner sichtbar	Die Mindestvoraussetzung, um den Ordner überhaupt angezeigt zu bekommen. So können Sie sicherstellen, dass nur die vorgesehenen Personen mit diesem Ordner arbeiten können. ▶

Zugriffsrecht	Erläuterung
Untergeordnete Ordner erstellen	Andere Benutzer können für diesen Ordner Unterordner erstellen. Bei öffentlichen Ordnern wird dieses Recht normalerweise nur dem inhaltlich verantwortlichen Mitarbeiter erteilt.
Ordnerkontaktperson	Diese Person verwaltet Anfragen zur Vergabe von Rechten für diesen Ordner.
Besitzer des Ordners	Der Besitzer eines Ordners erhält alle denkbaren Rechte. Vergeben Sie dieses Recht nicht leichtfertig, Sie geben damit die Kontrolle über diesen Ordner vollständig aus der Hand. Dieses Recht wird normalerweise nur für öffentliche Ordner vergeben.

Die folgende Tabelle zeigt, welche Zugriffsrechte für die einzelnen Elemente eines Ordners bestehen und was sie bedeuten.

Zugriffsrecht	Erläuterung
Objekte lesen	Dieses Recht benötigen Sie, um Elemente anzuzeigen und zu öffnen.
Objekte erstellen	Sie können neue Elemente in diesem Ordner erzeugen.
Objekte bearbeiten	Sie können vorhandene Elemente verändern und speichern.
Objekte löschen	Sie können Elemente dieses Ordners entfernen.

Berechtigungsstufen

Für die Arbeit mit öffentlichen Ordnern gibt es typische Zugriffsrechte, die immer wieder benötigt werden. Damit Sie diese Rechte nicht jedes Mal in mühsamer Kleinarbeit selbst einstellen müssen, werden häufige Kombinationen von Rechten in Form so genannter Berechtigungsstufen bereits fertig zur Verfügung gestellt.

Beispiel für die Rechtevergabe

Ein typischer Anwender benötigt für die Arbeit mit einem öffentlichen Ordner folgende Rechte:

- Ordner sichtbar
- Objekte lesen
- Objekte erstellen
- Objekte bearbeiten (nur eigene)
- Objekte löschen (nur eigene)

Diese häufig benötigten Rechte werden als Berechtigungsstufe 4 zur Verfügung gestellt.

Kapitel 1 Benutzerdefinierte Ordner

Zugriffsrechte erteilen

Damit die Benutzer Ihrer Anwendung diese auch verwenden können, müssen Sie ihnen ausreichende Zugriffsrechte auf den öffentlichen Ordner gewähren. Dabei gehen Sie folgendermaßen vor:

❶ Wählen Sie über die Ordnerliste oder die Outlook-Leiste den öffentlichen Ordner aus.

❷ Klicken Sie mit der rechten Maustaste auf den Titel des Ordners und wählen Sie aus dem Kontextmenü den Eintrag *Eigenschaften*. Im daraufhin angezeigten Dialog wechseln Sie in die Registerkarte *Berechtigungen*.

❸ Klicken Sie auf die Schaltfläche *Hinzufügen*.

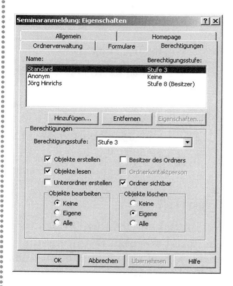

Abbildung 1.8
Berechtigungen für einen Ordner

❹ Wählen Sie aus dem Adressbuch die Person aus, der Sie Zugriffsrechte erteilen möchten. Klicken Sie dazu auf *Hinzufügen* und bestätigen Sie anschließend den Dialog mit *OK*.

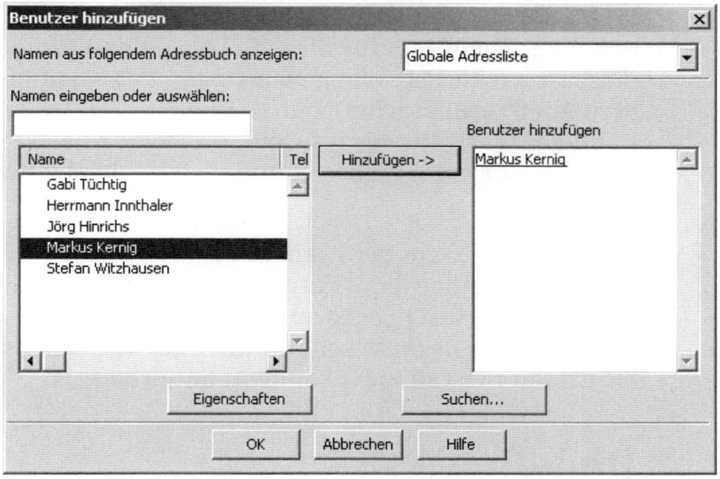

Kapitel 1   Benutzerdefinierte Ordner

Abbildung 1.9
Auswahl eines Empfängers aus dem Adressbuch

❺ Erteilen Sie dem hinzugefügten Empfänger die gewünschte Berechtigungsstufe oder legen Sie alternativ die Rechte einzeln fest. Bestätigen Sie anschließend den Dialog mit *OK*.

Abbildung 1.10
Vergabe von Zugriffsrechten der Stufe 4

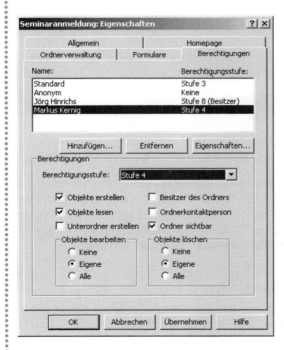

Wenn Sie die gleichen Zugriffsrechte an mehrere Personen vergeben möchten, bietet sich für diesen Zweck eine Verteilerliste an. Fügen Sie dieser Verteilerliste alle gewünschten Personen hinzu und vergeben Sie dann die Zugriffsrechte einmal an die Liste. Das erspart Ihnen auch zukünftigen Verwaltungsaufwand, da Sie nur noch die Mitgliedschaft in der Liste verwalten müssen und nicht mehr die Rechte für jede Einzelperson.

Es gibt in der Liste der berechtigten Personen einen Eintrag „Standard", der immer dann zutrifft, wenn für einen Anwender keine besonderen Rechte festgelegt wurden. Vergeben Sie die Rechte für den Standardbenutzer deshalb sehr sorgfältig. Falls das zweckmäßig ist, können Sie diesen Eintrag auch komplett entfernen.

Regeln

Regeln können für jeden Outlook-Ordner definiert werden. Ein typisches Beispiel für eine Regel ist das Einrichten einer Antwortnachricht, wenn Sie längere Zeit abwesend sind. Diese Nachricht wird automatisch an die Absender aller eintreffenden Nachrichten gesendet, um sie darüber zu informieren, dass Sie selbst die Nachricht erst später zur Kenntnis nehmen können.

Eine Regel ist im Prinzip auch schon eine Automatisierung, allerdings mit einigen Einschränkungen, was den Anwendungsbereich angeht:

- Regeln können nur für eintreffende Nachrichten eingerichtet werden.

- Die Kriterien für das Auslösen einer Reaktion auf eine Nachricht und die Auswahl der dann möglichen Aktionen sind begrenzt. Deshalb ist eine Regel nur für Standardaufgaben geeignet.

Outlook-Anwendungen benötigen normalerweise deutlich mehr Flexibilität, deshalb reicht eine Regel meistens nicht aus. Es spricht aber nichts dagegen, Regeln in eine Outlook-Anwendung zu integrieren. Deshalb ist im Folgenden kurz beschrieben, wie Regeln für öffentliche Ordner definiert und verwendet werden.

Definition einer Regel

Betrachten wir für die Definition einer Regel ein praktisches Beispiel: Alle Nachrichten im Kummerkasten, welche im Betreff das Wort „Essen" enthalten, sollen direkt an die Kantine weitergeleitet werden. Das erspart die manuelle Weiterverarbeitung dieser Nachrichten. Die folgende Übung zeigt, wie eine solche Regel für den Ordner *Kummerkasten* definiert wird.

Kapitel 1 Benutzerdefinierte Ordner

① Wählen Sie den gewünschten Ordner aus und klicken Sie mit der rechten Maustaste auf den Ordnernamen.

② Wählen Sie aus dem Kontextmenü den Befehl *Eigenschaften* und wechseln Sie im anschließenden Dialog auf die Registerkarte *Ordnerverwaltung*.

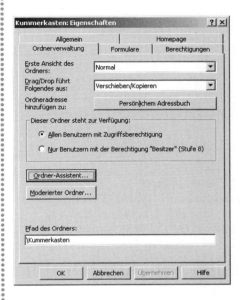

Abbildung 1.11
Eigenschaften zur Verwaltung eines Ordners.

③ Klicken Sie auf die Schaltfläche *Ordner-Assistent*.

Es wird ein Dialog mit einer Übersicht über die eingerichteten Regeln angezeigt.

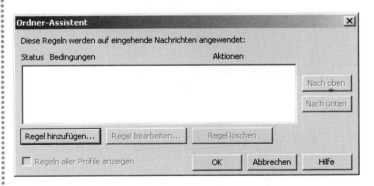

Abbildung 1.12
Übersicht über die eingerichteten Regeln.

④ Klicken Sie auf die Schaltfläche *Regel hinzufügen*.

⑤ Tragen Sie die Auswahlkriterien und die auszulösende Aktion ein. Bestätigen Sie den Dialog anschließend mit *OK*.

Abbildung 1.13
Regeleinstellungen definieren

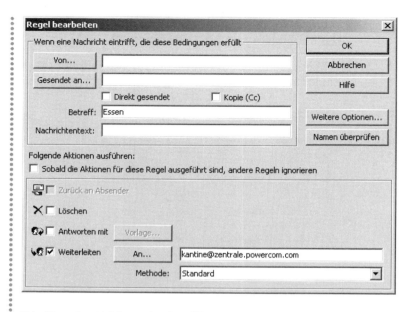

Die Regel wird jetzt in der Übersicht angezeigt.

Aktivieren und Deaktivieren einer Regel

Sie können beliebig viele Regeln erstellen und diese wahlweise an- oder abschalten. Es dürfen auch mehrere Regeln gleichzeitig aktiv sein. Um den Status einer Regel zu verändern, brauchen Sie nur in der Regelübersicht das Häkchen vor einer Regel zu setzen bzw. zu entfernen. Auf diese Weise legen Sie fest, welche Regeln aktiv sind und welche nicht.

Abbildung 1.14
Aktivieren einer Regel

2 Benutzerdefinierte Ansichten

In diesem Kapitel lernen Sie

- welche verschiedenen Typen von Ansichten es in Outlook gibt.
- wie Sie die Felder einer Ansicht auswählen.
- welche Filtermöglichkeiten es gibt.
- wie Sie einen Filter für eine Ansicht erstellen.
- wie Sie die Ansicht nach einem oder mehreren Feldern sortieren.
- wie Sie eine Gruppierung in einer Ansicht einrichten.
- wie Sie ein zusätzliches Feld definieren.
- wie Sie ein zusätzliches Feld in eine Ansicht integrieren.

Die Informationen in einem Ordner werden in der Übersicht mit Hilfe von Ansichten dargestellt. Diese Ansichten werden von Outlook standardmäßig vorgegeben. Da eine Outlook-Anwendung meistens über eigene Datenfelder verfügt, die auch in einer Ansicht angezeigt werden sollen, ist es bei einer Formularanwendung typisch, eigene Ansichten zu erstellen. Die folgenden Abschnitte zeigen Ihnen, welche Möglichkeiten Sie dazu haben und welche Techniken Sie beherrschen müssen.

Für dieses Kapitel werden keine Übungsdateien benötigt.

Ansichtstypen

Die Elemente der einzelnen Ordner werden von Outlook unterschiedlich dargestellt (eine solche Darstellung wird als Ansicht bezeichnet). Es gibt verschiedene grundlegende Typen von Ansichten, die Sie außerdem sehr detailliert formatieren können.

Die nachfolgende Tabelle listet die verschiedenen Ansichtstypen mit einer kurzen Erläuterung auf.

Kapitel 2
Benutzerdefinierte Ansichten

Ansichtstyp	Erläuterung
Tabellenansicht	Die wichtigsten Daten eines Elementes werden in Form einer Tabelle angezeigt. Diese Ansicht kann sehr viele Elemente auf einmal darstellen. Sie ist die Standardansicht für alle Nachrichtenordner und Aufgaben.
Kartenansicht	Die Daten werden auf einer kleinen Karte angezeigt, deren Größe teilweise einstellbar ist. Dies ist die Standardansicht für Kontakte.
Symbolansicht	Ähnlich wie im Windows Explorer und in der Systemsteuerung werden Einträge durch große oder kleine Symbole mit einer kurzen Unterschrift dargestellt. Dies ist die Standardansicht für Notizen.
Zeitskalaansicht	Auf einer fortlaufenden Zeitskala, deren Auflösung Sie bestimmen können, werden verschiedene Einträge angeordnet. Diese Ansicht wird für das Journal verwendet.
Tages-/Wochen-/Monatsansicht	Diese Ansicht wechselt ihr Erscheinungsbild je nachdem, welcher Zeitraum dargestellt werden muss. Sie wird für den Kalender verwendet.

Vordefinierte Ansichten

Für jeden Ordner in Outlook gibt es eine Reihe von vordefinierten Ansichten, die jeweils unterschiedlich strukturierte Übersichten über die enthaltenen Elemente liefern. Diese Ansichten sind immer im Menü *Ansicht* unter dem Befehl *Aktuelle Ansicht* zu finden.

Für jeden Ordner gibt es dabei unterschiedliche Ansichten. Abbildung 2.1 zeigt am Beispiel des Ordners *Aufgaben,* welche verschiedenen Ansichten im Menü zur Verfügung stehen:

Abbildung 2.1
Ansichten für den Aufgabenordner

Kapitel 2   Benutzerdefinierte Ansichten

Normalerweise reichen diese Ansichten für die meisten Anwendungszwecke aus. Manchmal möchten Sie jedoch die Ansicht an Ihre speziellen Bedürfnisse anpassen. Dazu bietet Ihnen Outlook folgende Möglichkeiten:

- Auswahl der dargestellten Felder.
- Filtern der dargestellten Elemente nach bestimmten Kriterien.
- Sortierung der Elemente.
- Gruppierungen nach einem Feld zur übersichtlicheren Darstellung.
- Die Definition zusätzlicher Felder, die standardmäßig in Outlook nicht vorhanden sind.

Das sind nur die wichtigsten Möglichkeiten, um eine Ansicht an die eigenen Bedürfnisse anzupassen. Je nach Ordner stehen weitere spezifische Einstellungen zur Verfügung, deren vollständige Darstellung aber den Rahmen dieses Buches sprengen würde. Diese Einstellungen können Sie:

- im Menü *Ansicht* unter dem Befehl *Aktuelle Ansicht* und der Option *Aktuelle Ansicht anpassen* aufrufen.
- im Menü *Extras* unter dem Befehl *Optionen* in der Registerkarte *Einstellungen* aufrufen.

Feldauswahl

Intern werden die in Outlook dargestellten Informationen in einer Datenbank verwaltet. Die Inhalte der Datenbank werden von Outlook ausgelesen und in Ansichten (Überblick) oder Formularen (Einzelelemente) dargestellt. Die Übersicht eines Ordners enthält die aussagekräftigsten Felder aus der Datenbank für einen bestimmten Elementtyp. Beispielsweise sind das für den Ordner *Posteingang* folgende Informationen:

- Wichtigkeit,
- Bearbeitungsstatus,
- Kennzeichenstatus,
- Anhang,
- Absender,
- Betreff,
- Empfangsdatum,
- Größe der Nachricht,

Kapitel 2 Benutzerdefinierte Ansichten

Wenn Sie ein Element öffnen, werden weitere Felder mit den dazugehörigen Informationen dargestellt. In der Übersicht können Sie mit Hilfe einer Ansicht festlegen, welche Felder angezeigt werden sollen.

Felder für eine Ansicht auswählen

In der folgenden Übung lernen Sie, wie Sie die angezeigten Felder für den Ordner *Posteingang* verändern können. Dabei wird das Feld *Größe* entfernt und das Feld *Kategorie* hinzugefügt.

❶ Wechseln Sie in den gewünschten Ordner und wählen Sie dann aus dem Menü *Ansicht* den Befehl *Aktuelle Ansicht* und dann die Option *Aktuelle Ansicht anpassen* aus.

Es wird ein Dialog zum Formatieren der Ansicht eingeblendet.

Abbildung 2.2
Ansicht formatieren

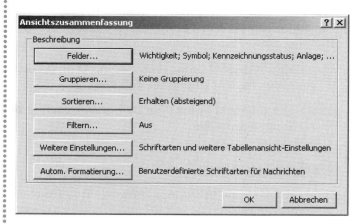

❷ Klicken Sie auf die Schaltfläche *Felder*.

❸ Wählen Sie aus der linken Liste die Felder aus, die Sie hinzufügen möchten, und klicken Sie auf die Schaltfläche *Hinzufügen*. Zum Entfernen von Feldern markieren Sie diese in der rechten Liste und klicken dann auf die Schaltfläche *Entfernen*.

Bestätigen Sie anschließend alle geöffneten Dialoge. Die Ansicht zeigt jetzt die von Ihnen ausgewählten Felder an.

Abbildung 2.3
Auswahl von Feldern für eine Ansicht

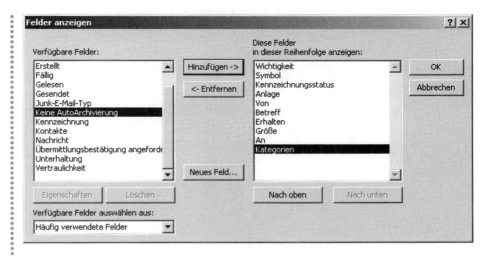

Filter und Sortierungen

Durch filtern und sortieren verbessern Sie die Übersichtlichkeit der angezeigten Elemente. Ein Filter tut das, indem er die Anzahl der Elemente reduziert, eine Sortierung dagegen durch eine festgelegte Reihenfolge der Anzeige.

Beispiel:

- Sie filtern die Nachrichten des Posteingangs nach dem Wort „Betriebsausflug" im Feld *Betreff*. Dadurch finden Sie die entsprechenden Nachrichten schneller.

- Sie filtern die Liste der Aufgaben im Ordner *Kalender* so, dass nur die noch nicht erledigten Aufgaben angezeigt werden. Dadurch sparen Sie Platz und werden nicht von unnötigem Ballast abgelenkt.

Der Filterdialog

Zum Filtern steht Ihnen in jedem Ordner ein gleich aufgebauter Dialog mit drei Registerkarten zur Verfügung:

1. Registerkarte *Nachrichten*

Diese Registerkarte ist unterschiedlich aufgebaut, je nachdem, in welchem Ordner Sie sich befinden.

Tragen Sie unter *Suchen nach* einen beliebigen Suchtext für ein auszuwählendes Feld ein. Darunter befindet sich ein Bereich mit Schaltflächen, die für jeden Ordner spezifisch sind. Außerdem können Sie

Kapitel 2 — Benutzerdefinierte Ansichten

Elemente nach dem Datum filtern. Die Auswahl an Datumsfeldern ist ebenfalls von Ordner zu Ordner unterschiedlich.

Abbildung 2.4
Filterdialog, ordnerspezifische Filterkriterien.

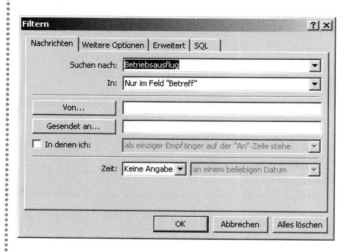

2. Registerkarte *Weitere Optionen*

Einige Felder sind praktisch in allen Ordnern vorhanden. Für diese Felder können Sie hier Kriterien einstellen.

Außerdem können Sie Elemente nach Kategorien filtern, falls Sie dieses Feld beim Erstellen neuer Elemente regelmäßig gepflegt haben. Mit der gleichnamigen Schaltfläche wählen Sie die gewünschten Kategorien aus.

Abbildung 2.5
Filterdialog, allgemeine Kriterien

Kapitel 2 Benutzerdefinierte Ansichten

3. Registerkarte *Erweitert*

Wenn Sie eine Bedingung formulieren möchten, die sich mit den ersten beiden Registerkarten nicht realisieren lässt, können Sie diese hier einstellen. Wählen Sie dazu unter *Feld* aus der Liste einen Eintrag, anschließend unter *Bedingung* einen Vergleich und tragen Sie den Wert ein, mit dem dieses Feld verglichen werden soll. Klicken Sie auf die Schaltfläche *Zur Liste hinzufügen*. Dieser Vorgang kann beliebig oft wiederholt werden, um weitere Bedingungen zu formulieren.

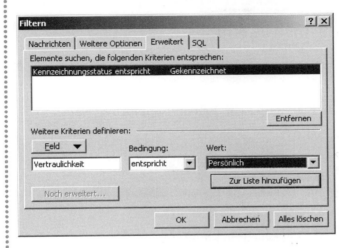

Abbildung 2.6
Filterdialog, erweiterte Kriterien

4. Registerkarte *SQL*

Die Registerkarte *SQL* bietet Ihnen die Möglichkeit, einen Filter durch direkten Zugriff auf die zugrunde liegende Datenbank einzurichten. Dieser Filter erfordert jedoch genauere Kenntnis der Sprache SQL und des Datenbankaufbaus, deshalb werden wir an dieser Stelle nicht näher darauf eingehen.

Einen Filter einrichten

Anhand des folgenden Beispiels wird praktisch gezeigt, wie Sie vorgehen müssen, um einen Filter für eine Ansicht einzurichten. Es verändert den Aufgabenbereich in der Kalenderansicht so, dass erledigte Aufgaben ausgeblendet werden.

❶ Wechseln Sie in den Kalender und klicken Sie mit der rechten Maustaste in den Kopf des Aufgabenbereiches. Wählen Sie dann aus dem Menü den Befehl *Aktuelle Ansicht anpassen*. Es wird ein Dialog zum Formatieren der Ansicht eingeblendet.

❷ Klicken Sie auf die Schaltfläche *Filtern*.

Kapitel 2   **Benutzerdefinierte Ansichten**

Abbildung 2.7
Aufgabenansicht formatieren

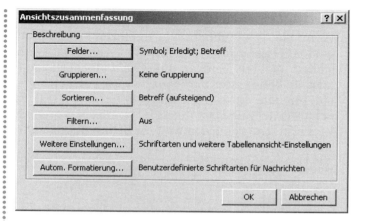

❸ Wechseln Sie in die Registerkarte *Erweitert* und tragen Sie dort folgende Bedingung ein: **Erledigt entspricht Nein**.

Abbildung 2.8
Aufgabenfilter einrichten

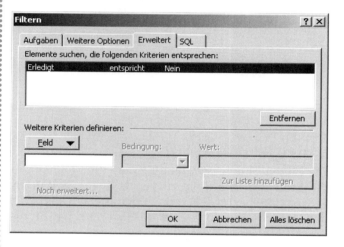

❹ Beenden Sie den Dialog mit *OK*.

Die erledigten Aufgaben werden jetzt ausgeblendet.

Sortierungen festlegen

Eine Sortierung erleichtert das schnelle Finden von Informationen, indem diese in eine definierte Reihenfolge gebracht werden. Die einfachste Möglichkeit einer Sortierung besteht darin, in der Ansicht auf die jeweilige Spaltenüberschrift zu klicken. Die Informationen werden dann automatisch anhand dieser Spalte sortiert.

Kapitel 2 **Benutzerdefinierte Ansichten**

Möchten Sie dagegen nach mehreren Feldern sortieren, müssen Sie einen anderen Weg wählen. Das folgende Beispiel zeigt, wie der Posteingang nach den Absendern einer Nachricht und anschließend nach dem Empfangsdatum sortiert werden kann. Dadurch finden Sie Nachrichten eines bestimmten Absenders schneller wieder.

❶ Wechseln Sie in den Posteingang und wählen Sie dann aus dem Menü *Ansicht* den Befehl *Aktuelle Ansicht* und dann die Option *Aktuelle Ansicht anpassen* aus. Es wird ein Dialog zum Formatieren der Ansicht eingeblendet.

Abbildung 2.9
Ansicht formatieren

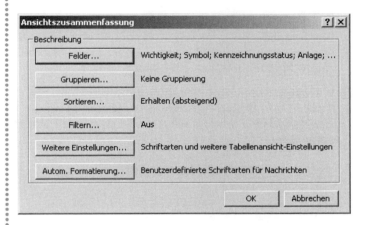

❷ Klicken Sie auf die Schaltfläche *Sortieren*.

Abbildung 2.10
Auswahl einer Sortierung

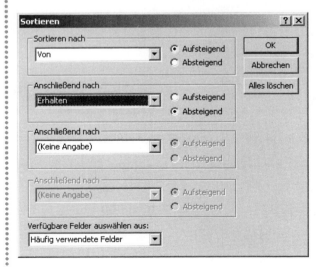

Kapitel 2 Benutzerdefinierte Ansichten

❸ Wählen Sie in der Liste *Sortieren nach* das Feld *Von* und direkt darunter in der Liste *Anschließend nach* das Feld *Erhalten* aus.

❹ Bestätigen Sie dann den Dialog mit *OK*.

Gruppierungen

Eine Gruppierung steigert die Übersicht, indem ähnlich wie bei einem Filter Informationen zunächst ausgeblendet werden. Allerdings können diese gezielt auf Wunsch des Anwenders jederzeit wieder eingeblendet werden.

Das folgende Beispiel zeigt, wie die Nachrichten des Posteingangs nach Absendern gruppiert werden können. Bei sehr vielen Nachrichten erzeugt das eine bessere Übersicht.

❶ Wechseln Sie in den Posteingang und wählen Sie dann aus dem Menü *Ansicht* den Befehl *Aktuelle Ansicht* und dann die Option *Aktuelle Ansicht anpassen* aus. Es wird ein Dialog zum Formatieren der Ansicht eingeblendet.

Abbildung 2.11
Ansicht formatieren

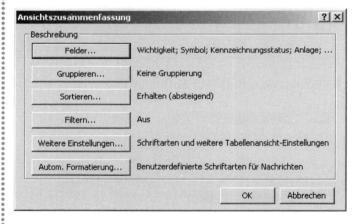

❷ Klicken Sie auf die Schaltfläche *Gruppieren*.

❸ Wählen Sie in der ersten Liste unter *Elemente gruppieren nach* das Feld *Von* aus.

❹ Bestätigen Sie diesen und den letzten Dialog mit *OK*.

Abbildung 2.12
Ansicht gruppieren

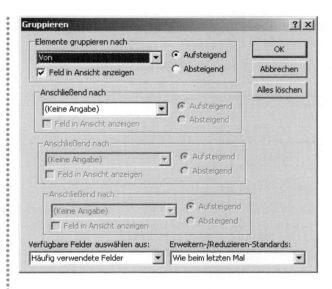

Die Ansicht wird jetzt gruppiert dargestellt. Alle Nachrichten, die vom gleichen Absender kommen, werden unter einem einzigen Eintrag zusammengefasst. Um auf die Einzelnachrichten zuzugreifen, klicken Sie auf das Plus-Zeichen vor dem Eintrag.

Abbildung 2.13
Gruppierte Nachrichten im Posteingang

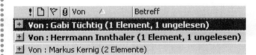

Zusätzliche Felder

Wenn Sie eine Outlook-Anwendung erstellen, benötigen Sie fast immer Informationen, die in der Outlook-Datenbank standardmäßig nicht vorliegen. Für diesen Zweck haben Sie die Möglichkeit, die Outlook-Datenbank zu erweitern, und das wiederum geschieht letzten Endes über die Umgestaltung einer Ansicht.

Erzeugen und Anzeigen eines neuen Feldes

Stellen Sie sich vor, dass im Zusammenhang mit Projekten eine Outlook-Anwendung erstellt wird. Sie soll Aufgaben verwalten und diese sollen einem Projekt zugeordnet werden. Die folgende Anleitung zeigt, wie ein zusätzliches Feld *Projekt* für Aufgaben erzeugt und in die Ansicht integriert wird.

❶ Wechseln Sie in den Ordner *Aufgaben* und wählen Sie dann aus dem Menü *Ansicht* den Befehl *Aktuelle Ansicht* und dann die Option *Aktuelle*

Kapitel 2 Benutzerdefinierte Ansichten

Ansicht anpassen aus. Es wird ein Dialog zum Formatieren der Ansicht eingeblendet.

❷ Klicken Sie auf die Schaltfläche *Felder*.

Abbildung 2.14
Aufgabenansicht formatieren

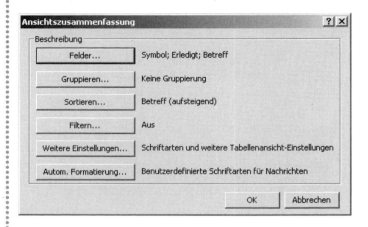

❸ Klicken Sie auf die Schaltfläche *Neues Feld*.

Abbildung 2.15
Feldauswahl für eine Ansicht

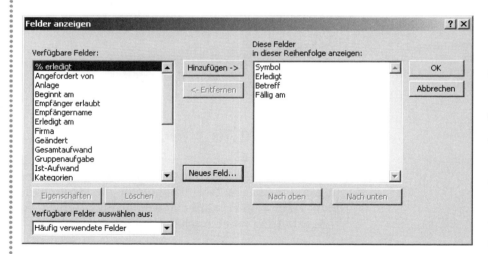

❹ Geben Sie als Feldnamen **Projekt** ein und wählen Sie für den Feldtyp und das Format die Einstellung *Text*.

❺ Bestätigen Sie den Dialog mit *OK*. Das Feld wird jetzt in der Liste der ausgewählten Felder angezeigt. Verändern Sie bei Bedarf die Position innerhalb der Ansicht mit den Schaltflächen *Nach oben* bzw. *Nach unten*.

❻ Bestätigen Sie auch die übrigen Dialoge mit *OK*, um das Feld in der Ansicht einzublenden.

Abbildung 2.16
Feldeigenschaften festlegen

Feldtypen und Formate

Beim Erzeugen eines neuen Feldes müssen Sie einen Feldtyp und ein dazugehöriges Format angeben. Je nach Inhalt des Feldes sollten Sie den dafür geeigneten Typ wählen.

Die folgende Tabelle beschreibt häufig verwendete Feldtypen:

Feldtyp	Beschreibung
Text	Dieser Feldtyp ist für alle Informationen geeignet, die keine Zahlen, sondern Buchstaben oder andere Zeichen beinhalten (das gilt nur für den Inhalt, nicht für die Darstellung des Feldes).
Nummer	Benutzen Sie diesen Typ für Zahlen mit Nachkommastellen.
Prozent	Prozentuale Angaben werden mit diesem Typ versehen. Dabei geht es weniger um den Inhalt (der ließe sich auch mit dem Typ „Nummer" abdecken), sondern um die für diesen Typ zur Verfügung stehenden Formate.
Währung	Für Geldbeträge ist dieser Typ am besten geeignet.
Ja/Nein	Wenn ein Feld nur zwei Zustände annehmen kann, wählen Sie diesen Typ. Beispiele: „verheiratet", „erledigt" usw.
Datum/Uhrzeit	Der Vorteil dieses Typs liegt neben vielfältigen Formaten für die Darstellung vor allem darin, dass die Information über Datum und Uhrzeit als Zahl gespeichert wird. Das gibt Ihnen die Möglichkeit, mit Datumsangaben zu rechnen. Beispielsweise können Sie zwei Datumswerte voneinander abziehen, um die Anzahl der dazwischenliegenden Tage zu erhalten.
Dauer	Beinhaltet die Differenz zweier Zeitpunkte in Stunden.
Ganze Zahl	Für allgemeine Zahlen ohne Nachkommastellen.
Formel	Dieser Feldtyp erlaubt Ihnen die Erzeugung von berechneten Feldern. Normalerweise müssen Sie berechnete Felder nicht innerhalb der Datenbank erzeugen, sondern können sie auf Formularebene erstellen. Wenn das Feld aber in der Ansicht angezeigt werden soll, müssen Sie ein Feld mit dem Typ »Formel« erstellen. Die Erstellung von Formeln wird bei der Behandlung von berechneten Feldern für Formulare ausführlich behandelt.

Kapitel 2 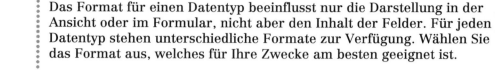 **Benutzerdefinierte Ansichten**

Das Format für einen Datentyp beeinflusst nur die Darstellung in der Ansicht oder im Formular, nicht aber den Inhalt der Felder. Für jeden Datentyp stehen unterschiedliche Formate zur Verfügung. Wählen Sie das Format aus, welches für Ihre Zwecke am besten geeignet ist.

Auch wenn durch die Formatierung in der Anzeige Buchstaben auftauchen, kann ein Feld trotzdem Zahlen beinhalten. Dies ist oft bei Währungsbeträgen und Datumsangaben der Fall.

3 Formulare

In diesem Kapitel lernen Sie

- was Standard-Formulare sind und wie sie für eigene Anwendungen eingesetzt werden können.
- wie Office-Dokument Formulare aufgebaut sind und wie sie erzeugt werden.
- welche Werkzeuge in der Entwurfsumgebung eines Formulars zur Verfügung stehen und wie Sie dorthin gelangen.
- welche Einstellmöglichkeiten die verschiedenen Registerkarten eines Formulars bieten.
- wie Sie Registerkarten eines Formulars ein- und ausblenden können.
- wie Sie ein Formular speichern.
- wie Sie ein Formular in der Entwurfsumgebung testen.
- wie Sie ein getrenntes Layout für Verfassen und Lesen festlegen.
- wie Sie eigene Aktionen in einem Formular definieren können.
- was Einmal-Formulare sind und wie sie verwendet werden.
- welche Möglichkeiten es für die Veröffentlichung von Formularen gibt.
- wie Sie einen Abschlusstest für Ihre Anwendung durchführen.

Formulare sind der vielleicht wichtigste Bestandteil einer Outlook-Anwendung. Sie erfüllen gleich mehrere Aufgaben:

- **Anzeige**
  Formulare dienen zur Anzeige einzelner Elemente eines Ordners. Wenn Sie beispielsweise einen Kontakt öffnen, werden dessen Daten in einem Formular angezeigt.

Kapitel 3 — Formulare

- **Auswahl**
  Ein Formular zeigt nur die Informationen an, die im Zusammenhang mit einer Outlook-Anwendung wirklich notwendig sind. Auch wenn Sie mit Standardelementen (z.B. Terminen) arbeiten, können Sie unwesentliche Angaben ausblenden.

- **Berechnung und Überprüfung**
  Formulare können berechnete Felder zur Verfügung stellen und Eingabewerte auf Gültigkeit überprüfen. Dadurch steigt der Verwendungskomfort und Eingabefehler werden vermieden.

- **Aktionen**
  Ein Formular kann über Schaltflächen oder Symbole zusätzliche Funktionalitäten zur Verfügung stellen. Beispielsweise können Sie definieren, welches Formular zum Beantworten oder Weiterleiten einer Nachricht verwendet werden soll. Das eröffnet Ihnen die Möglichkeit, Ihre Anwendungen sehr flexibel zu gestalten.

In diesem Kapitel lernen Sie, wie Sie eigene Formulare erstellen und verwenden können. Dazu werden wir alle wichtigen Schritte in der Entwicklung eines Formulars anhand des Beispiels „Kummerkasten" nachvollziehen:

- Veränderung eines Standardformulars in der Entwurfsumgebung.
- Erzeugen eines getrennten Layouts für Verfassen und Lesen.
- Hinzufügen von benutzerdefinierten Aktionen.
- Veröffentlichung des Formulars.
- Abschlusstest.

kummerkasten.oft

Das Endresultat der Übungen aus diesem Kapitel finden Sie in der Beispieldatei *kummerkasten.oft*. Falls Sie die Beispieldateien noch nicht installiert haben, dann finden Sie im Abschnitt „Die Übungsdateien auf der Festplatte installieren" ab Seite 14 in diesem Buch detaillierte Hinweise zum Setup. Im gleichen Abschnitt ist ebenfalls beschrieben, wie Sie die Beispieldateien in Outlook verfügbar machen.

Outlook Formulare

Standardformulare

Wie schon erwähnt erfolgt die Anzeige aller Elemente eines Ordners durch eine so genannte Ansicht, während die Darstellung eines Einzelelementes von einem Formular übernommen wird. Für die Definition eigener Formulare gibt es allerdings eine Einschränkung: Als Basis für die Entwicklung muss ein Standardformular gewählt werden. Dieses Standardformular können Sie dann verändern und in seiner Funktionalität erweitern. Bei näherem Hinsehen macht das auch Sinn, denn die Aufgabe eines Formulars besteht in der Darstellung von Einzelelementen. Diese wiederum gehören immer einem vorgegebenen Typ an (Nachricht, Kontakt, Termin usw.), so dass die Standardformulare für deren Darstellung eine geeignete Ausgangsbasis sind.

Die Tabelle zeigt die Standardformulare und die dazugehörigen Klassen. Die Angabe der Klasse zeigt Outlook, auf welchem Standardformular Ihre eigenen Formulare aufsetzen. Sie können das bereits am Namen erkennen. Ein eigenes Formular für Termine besitzt beispielsweise die Klasse *IPM.Appointment.Anmeldung*. Der Anfang dieser Klasse teilt Outlook mit, dass es sich um ein Terminformular handelt (das ist vor allem für die interne Verarbeitung der Informationen wichtig).

Die meisten Formulare sind Ihnen als Outlook-Anwender sicherlich vertraut. Das Formular „Bereitstellen" ist Ihnen vielleicht nicht geläufig, es dient dazu, Nachrichten in einen öffentlichen Ordner zu stellen.

Formular	Klasse
Aufgabe	IPM.Task
Aufgabenanfrage	IPM.TaskRequest
Bereitstellen	IPM.Post
Besprechungsanfrage	IPM.Schedule.Meeting.Request
Journaleintrag	IPM.Activity
Kontakt	IPM.Contact
Nachricht	IPM.Note
Termin	IPM.Appointment

Formulare mit Office-Dokumenten

Was ist ein Office-Dokument Formular? Ein solches Formular beinhaltet ein Office-Dokument, z.B. eine Excel-Tabelle oder ein Word-Dokument. Dieses Dokument ist über OLE änderbar, das heißt die Menüleiste des jeweiligen Office-Programms ist in das Formular integriert.

Abbildung 3.1 zeigt ein Office-Dokument Formular anhand einer Excel-Tabelle. Beachten Sie, dass die Symbolleisten eine Mischung aus Outlook und Excel darstellen.

Kapitel 3 **Formulare**

Abbildung 3.1
Ein Office-Formular Dokument mit einer Excel-Tabelle

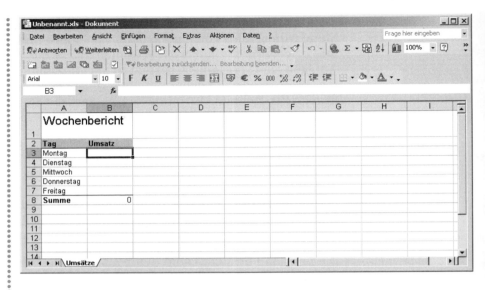

Die Verwendung eines Office-Formular Dokumentes in einer Outlook-Anwendung ist immer dann sinnvoll, wenn ein Großteil der Funktionalität des Formulars von einem anderen Office-Programm auf einfache Weise geliefert werden kann.

Leider ist die Erzeugung eines Office-Dokument Formulars in Outlook 2002 nicht mehr möglich. Sie können aber stattdessen das Formular in Outlook 2000 erzeugen und dann in Outlook 2002 weiterverwenden. Die folgende Übung zeigt Ihnen, wie Sie in Outlook 2000 ein Office-Dokument Formular mit einer Excel-Tabelle erzeugen können.

❶ Wechseln Sie in den gewünschten Ordner. Wählen Sie dann aus dem Menü *Datei* den Befehl *Neu* und klicken Sie dann auf *Office Dokument*.

❷ Wählen Sie den Dokumenttyp *Microsoft Excel-Arbeitsblatt*. Klicken Sie anschließend auf die Schaltfläche *OK*.

Abbildung 3.2
Auswahl des Dokumententyps

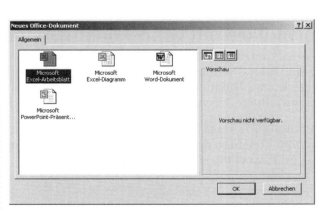

Kapitel 3 Formulare

❸ Geben Sie an, dass Sie das Dokument in diesem Ordner bereitstellen möchten. Klicken Sie dann auf *OK*.

Abbildung 3.3
Dokument-
verwendung
auswählen

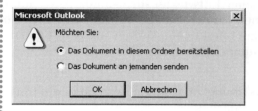

❹ Excel wird jetzt automatisch gestartet. Erzeugen Sie eine Tabelle nach Wunsch und schließen Sie Excel wieder.

Das Dokument wird jetzt in dem Outlook-Ordner bereitgestellt. Wenn Sie das Dokument öffnen, wird es mit einem Office-Dokument Formular angezeigt.

Abbildung 3.4
Erzeugen der
Tabelle in Excel

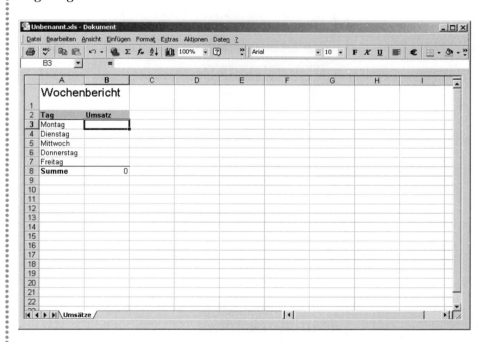

Die Entwurfsansicht

Damit Sie ein Outlook-Standardformular verändern können, müssen Sie in die Entwurfsansicht wechseln. Die Entwurfsansicht stellt Ihnen alle notwendigen Werkzeuge dafür zur Verfügung.

Wechsel in die Entwurfsansicht

Die Firma Powercom Inc. ist ein Stromversorgungsunternehmen. Als verantwortlicher Entwickler für Outlook-Anwendungen erhalten Sie die Aufgabe, einen Kummerkasten für die Mitarbeiter einzurichten. Richten Sie dazu einen öffentlichen Ordner auf dem Exchange Server mit dem Namen „Kummerkasten" ein. Er soll Elemente des Typs „Nachricht" aufnehmen.

Die folgende Übung zeigt Ihnen, wie Sie in die Entwurfsansicht des Standardformulars für Nachrichten gelangen, um es anschließend zu bearbeiten.

❶ Rufen Sie im Menü *Extras* den Befehl *Formulare* auf und wählen Sie *Ein Formular entwerfen* aus.

❷ Wählen Sie das Formular *Bereitstellen* aus der Bibliothek für Standardformulare und klicken Sie auf die Schaltfläche *Öffnen*. Sie befinden sich jetzt in der Entwurfsansicht des Formulars.

Abbildung 3.5
Auswahl des Formulartyps

Registerkarten

Abbildung 3.6 zeigt das Formular für den Kummerkasten in der Entwurfsansicht. Der Hauptbereich besteht aus mehreren Registerkarten. Alle Register, deren Titelbeschriftung in Klammern angezeigt wird, werden nachher bei der Anzeige des Formulars ausgeblendet. Das abgebildete Formular zeigt demnach nur die Registerkarte *Nachricht* an.

Abbildung 3.6
Das Formular für den Kummerkasten in der Entwurfsansicht

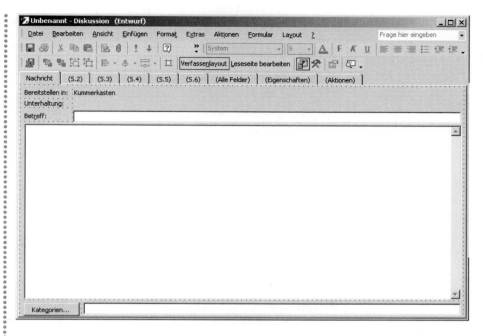

Die Registerkarte *Eigenschaften* enthält wichtige grundlegende Einstellungen für das Formular. In der folgenden Übung werden wir diese Registerkarte benutzen, um das Icon für die Anzeige von Elementen zu verändern und eine interne Versionsnummer für das Formular zu hinterlegen.

❶ Wechseln Sie in die Registerkarte *Eigenschaften*. Machen Sie im Textfeld *Version* die Angabe **1.0**.

❷ Klicken Sie anschließend auf die Schaltfläche *Kleines Symbol ändern*.

Kapitel 3 **Formulare**

Abbildung 3.7
Registerkarte Eigenschaften

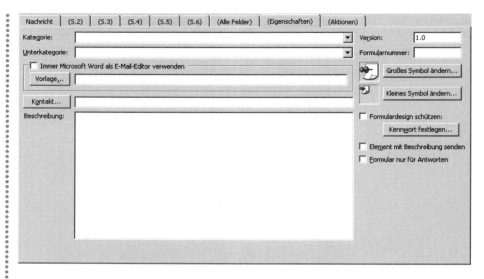

❸ Wählen Sie eine Datei mit der Endung *.ico als Symbol aus (in unserem Beispiel *ipms.ico*). Die in Abbildung 3.8 angezeigte Datei befindet sich im Installationsverzeichnis für Office XP unter *Office10\forms\1031*.

Abbildung 3.8
Auswahl der Icon-Datei

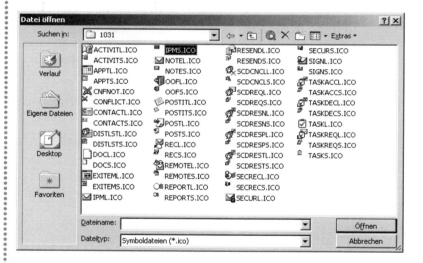

❹ Wiederholen Sie Schritt 3 für das große Symbol, indem Sie auf die Schaltfläche *Großes Symbol ändern* klicken und die Datei ipml.ico auswählen. Die Icons werden nach der Auswahl links neben den Schaltflächen angezeigt.

Die Registerkarte *Aktionen* bietet Ihnen die Möglichkeit, Formulare über Schaltflächen miteinander zu verknüpfen. Diese Funktionalität wird im Abschnitt *Aktionen* näher erläutert.

Werkzeuge zur Formularbearbeitung

In der Entwurfsansicht stehen Ihnen eine Reihe von Werkzeugen für die Bearbeitung eines Formulars oder seiner Bestandteile zur Verfügung. Die folgende Tabelle gibt eine Übersicht.

Diese Werkzeuge werden wir in den folgenden Kapiteln einzeln vorstellen.

Symbol	Name	Beschreibung
	Feldauswahl	Stellt alle Felder aus der Outlook-Datenbank in einem zusätzlichen Fenster zur Verfügung.
	Steuerelemente	Stellt Steuerelemente wie Textfelder und Schaltflächen als Komponenten zur Verfügung.
	Eigenschaften	Erlaubt die Konfiguration von Steuerelementen.
	Code	Startet den Script-Editor zur Bearbeitung von Programmcode.

Speichern eines Formulars

Ein eigenes Formular zu entwickeln erfordert meistens viel Arbeitsaufwand und deshalb sollten Sie dafür sorgen, dass diese Arbeit nicht verloren geht. Am besten erreichen Sie das, indem Sie ein Formular als eigenständige Datei speichern. Die nächste Übung zeigt Ihnen, wie Sie dabei vorgehen.

❶ Wählen Sie im Entwurfsmodus des Formulars im Menü *Datei* den Befehl *Speichern unter* aus.

❷ Verwenden Sie als Dateityp *Outlook-Vorlage* mit der Endung *.oft. Wählen Sie dann das Verzeichnis und einen sinnvollen Dateinamen und klicken Sie anschließend auf *Speichern*.

Kapitel 3 Formulare

Abbildung 3.9
Speichern eines Formulars

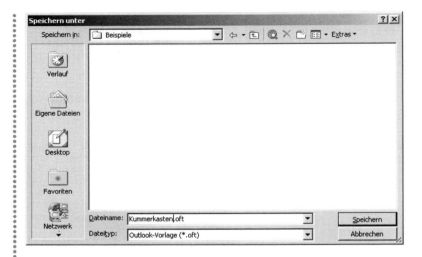

Testen des Formulars

Um ein selbst entwickeltes Formular zu testen, können Sie es so anzeigen lassen, wie es auch nachher im Einsatz erscheint. Das ist notwendig, weil Sie in der Entwurfsumgebung nicht alle Funktionalitäten testen können. Insbesondere die Ausführung von Programmcode ist in der Entwurfsumgebung schlecht möglich.

Die folgende Übung zeigt Ihnen, wie Sie das Formular für den Kummerkasten testen können.

❶ Wählen Sie in der Entwurfsumgebung im Menü *Formular* den Befehl *Dieses Formular ausführen* aus.

❷ Wählen Sie den Ordner aus, in welchem das Formular eingesetzt werden soll (in diesem Fall also *Kummerkasten*).

❸ Klicken Sie dann auf *OK*.

Kapitel 3 **Formulare**

Abbildung 3.10
Auswahl des Ordners für den Formulartest

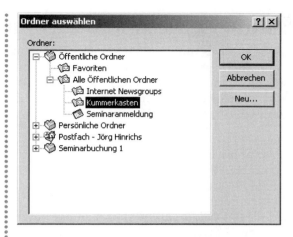

❹ Machen Sie die erforderlichen Eingaben, um die Funktionalität des Formulars zu testen und speichern Sie anschließend das erzeugte Element im öffentlichen Ordner.

Abbildung 3.11
Test des Formulars Kummerkasten

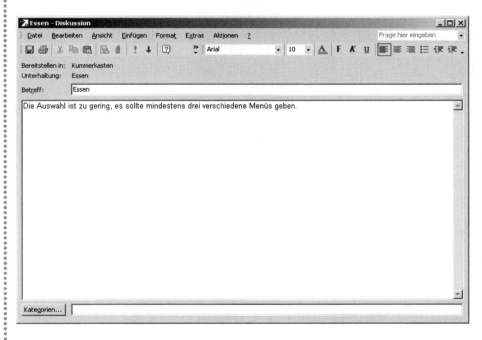

❺ Schließen Sie das Fenster, um in die Entwurfsumgebung zurückzukehren.

Getrennte Lese- und Schreibformulare

Aus der Arbeit mit E-Mail kennen Sie den Tatbestand, dass bestimmte Felder einer Nachricht vom Absender bearbeitet werden können, beim Empfänger dagegen schreibgeschützt sind. Dies trifft beispielsweise auf das Feld *An* zu, welches die Empfängeradresse aufnimmt. Es macht natürlich keinen Sinn, dieses Feld vom Empfänger wieder verändern zu lassen.

Dieses Verhalten wird erreicht, indem auf Formularebene ein getrenntes Layout für das Verfassen und das Lesen einer Nachricht festgelegt wird. Prinzipiell ist das nicht auf Nachrichten beschränkt: Sie können jedes beliebige Formular entsprechend gestalten. Bei anderen Elementtypen wird diese Funktionalität aber seltener eingesetzt (Outlook benutzt sie bei den übrigen Standardformularen nicht).

Festlegen von getrennten Lese-/Schreibformularen

In unserem Beispiel mit dem Kummerkasten haben wir ein Formular vom Typ Bereitstellen verwendet. Dieses Formular verfügt bereits über getrennte Layouts für Lesen und Verfassen, weil es Nachrichten darstellt. In der nachfolgenden Übung benutzen wir deshalb das Formular für Kontakte.

❶ Wechseln Sie in die Entwurfsansicht des Formulars *Kontakt* wie oben beschrieben.

In der Symbolleiste sehen Sie zwei Schaltflächen: *Verfassenlayout* und *Leseseite bearbeiten*. Beide sind deaktiviert, da es im Moment noch keine getrennten Layouts gibt.

Kapitel 3 | **Formulare**

Abbildung 3.12
Entwurfsansicht
für Formular
Kontakt

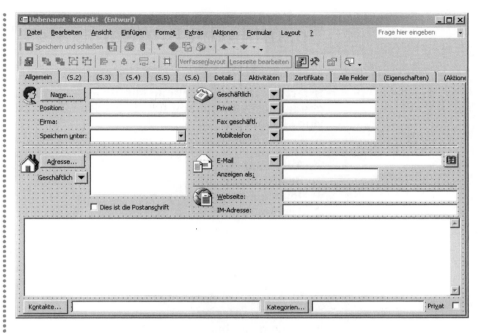

❷ Wählen Sie im Menü *Formular* den Befehl *Separates Leselayout* aus.

Die beiden Symbole werden jetzt freigegeben.

❸ Klicken Sie in der Symbolleiste jeweils auf *Verfassenlayout* oder *Leseseite bearbeiten*, um die jeweiligen Layouts zu verändern.

Getrennte Layouts rückgängig machen

Wenn bereits ein getrenntes Layout für Lesen und Verfassen vorliegt, lässt sich dieser Schritt auch wieder rückgängig machen. Klicken Sie dazu einfach noch einmal auf den Menübefehl *Separates Leselayout*. Sie müssen allerdings in Kauf nehmen, dass etwaige Unterschiede zwischen beiden Layouts dann verloren gehen. Dies wird Ihnen von Outlook auch in einer Meldung angezeigt, die Sie erst bestätigen müssen, bevor das separate Layout aufgehoben wird.

Wenn Sie ein separates Leselayout planen, sollten Sie zunächst alle Elemente des Formulars fertig stellen, die beiden Layouts gemeinsam sind. Stellen Sie erst dann ein separates Layout ein und ergänzen Sie die Unterschiede. Das spart Arbeit und vermeidet Fehler. Wenn es bereits zu spät ist und Sie die Arbeit nicht verwerfen möchten, versuchen Sie, möglichst viel mit Kopieren über die Zwischenablage zu retten.

> ## Formulare ohne separates Leselayout
>
> Einige Formulare lassen nicht überall ein separates Leselayout zu. Das erkennen Sie daran, dass der entsprechende Menüpunkt deaktiviert ist. Diese Einstellung gilt für jede Registerkarte separat! Folgende Formulare lassen für die Registerkarte *Allgemein* kein separates Layout zu:
>
> - Aufgabe,
> - Aufgabenanfrage,
> - Besprechungsanfrage,
> - Journaleintrag,
> - Termin.
>
> Um trotzdem ein separates Layout zu erreichen, können Sie folgenden Workaround benutzen: Blenden Sie die Registerkarte *Allgemein* aus und verwenden Sie stattdessen eine der anderen Karten, für die sich ein separates Layout einstellen lässt. Das ist aber nicht nur mehr Arbeit, sondern führt teilweise auch zu weiteren Einzelproblemen bei der internen Verarbeitung der Daten in Outlook. Versuchen Sie deshalb lieber, die Registerkarte *Allgemein* zu behalten und die übrige Funktionalität auf weiteren Registerkarten zur Verfügung zu stellen.

Aktionen

Eine Aktion ist eine Reaktionsmöglichkeit für einen Benutzer beim Lesen eines Elementes mit einem Formular. Paradebeispiel sind auch hier die Nachrichten. Sie können eine Nachricht:

- weiterleiten,

- dem Absender antworten,

- allen antworten.

Zu diesem Zweck stehen Ihnen spezielle Schaltflächen im Formular zur Verfügung. Jede Art von Workflow ist an die Benutzung von Aktionen gebunden. Als Formularentwickler stehen Ihnen nun zwei grundsätzliche Vorgehensweisen zur Verfügung, um die Standardmöglichkeiten für Aktionen zu erweitern:

- Sie können die Funktionalität vorhandener Aktionen (wie z.B. Weiterleiten) ändern. Sie stellen dafür eigene Formulare zur Verfügung, die statt der Standardformulare angezeigt werden.

- Sie definieren zusätzliche Aktionen.

Die Vorgehensweise dabei ist gleich. Anhand des folgenden Beispiels soll das Erstellen einer zusätzlichen Aktion verdeutlicht werden.

Erzeugen einer neuen Aktion

Der Kummerkasten ist in der Firma gut angekommen und wird intensiv genutzt. Allerdings lässt sich nicht ermitteln, ob ein beschriebenes Problem nur von wenigen Personen adressiert wird oder ob es ein weit verbreiteter Mangel ist. Zu diesem Zweck soll das Formular um eine Schaltfläche erweitert werden, die es anderen Personen ermöglicht, einem Eintrag zuzustimmen. Die Zustimmung wird dann als eigenes Element zu diesem Thema angezeigt. Damit sie als solche sofort erkenntlich ist, soll im Betreff das Kürzel „ZU:" vorangestellt werden.

❶ Wählen Sie im Menü *Extras* den Befehl *Formulare* aus und klicken Sie auf *Ein Formular entwerfen*.

❷ Wählen Sie im Feld *Suchen in* den Eintrag *Vorlagen im Dateisystem* aus. Klicken Sie anschließend auf die Schaltfläche *Durchsuchen* und öffnen Sie das Formular *Kummerkasten.oft*, welches Sie in einer der früheren Übungen erstellt und abgespeichert haben.

Abbildung 3.13
Formulardatei öffnen

❸ Wählen Sie den öffentlichen Ordner *Kummerkasten* als Container für das Formular.

Kapitel 3   **Formulare**

Abbildung 3.14
Ordner für das Formular auswählen

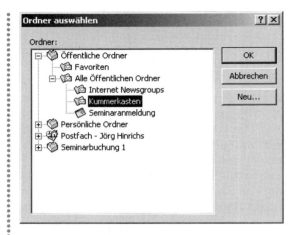

❹ Wechseln Sie im Formularentwurf in die Registerkarte *Aktionen* und klicken Sie auf die Schaltfläche *Neu*.

Abbildung 3.15
Registerkarte Aktionen

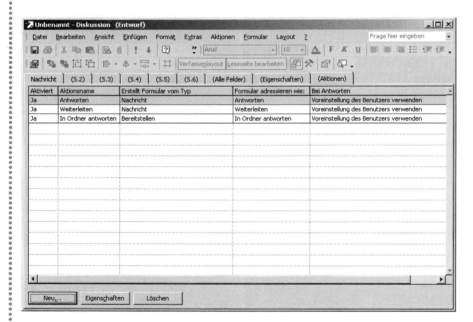

❺ Nehmen Sie folgende Einstellungen vor:

- Aktionsname = »Zustimmen« (das ist auch die Beschriftung der Schaltfläche),
- Formularname = »Kummerkasten«,
- Betreff-Präfix = »ZU:«,
- Formular wird sofort gesendet.

Abbildung 3.16
Einstellungen für
eine neue Aktion

❻ Klicken Sie abschließend auf *OK*.

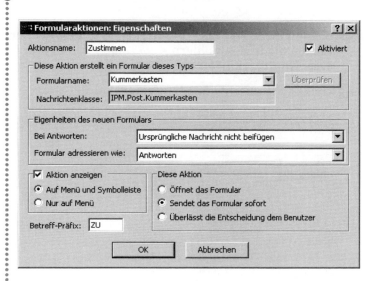

Benutzer, die jetzt das Formular verwenden, haben eine Schaltfläche *Zustimmen,* die zu diesem Thema ein neues Element mit entsprechendem Betreff erzeugt. Alles, was uns jetzt noch fehlt, ist die Veröffentlichung des Formulars im Ordner *Kummerkasten*. Dies ist Thema des nächsten Abschnittes.

Formulare veröffentlichen

Damit ein Formular überhaupt benutzt werden kann, müssen Sie es an einem geeigneten Ort veröffentlichen. In diesem Abschnitt wird zunächst Schritt für Schritt dargestellt, wie das Formular für den Kummerkasten am besten veröffentlicht werden kann. Anschließend lernen Sie die verschiedenen Arten der Formular-Veröffentlichung kennen.

Veröffentlichen des Formulars Kummerkasten

Das Formular *Kummerkasten* soll innerhalb des gleichnamigen öffentlichen Ordners zur Verfügung gestellt werden. Dazu gehen Sie folgendermaßen vor:

❶ Wechseln Sie in die Entwurfsansicht für das Formular *Kummerkasten,* falls noch nicht geschehen.

Kapitel 3 Formulare

❷ Wählen Sie dann im Menü *Extras* den Befehl *Formulare* aus und klicken auf *Formular veröffentlichen unter*.

❸ Wählen Sie in der Liste unter *Suchen in* den Ordner *Kummerkasten* aus. Tragen Sie in den Feldern *Angezeigter Name* und *Formularname* jeweils **Kummerkasten** ein.

❹ Klicken Sie abschließend auf die Schaltfläche *OK*.

Abbildung 3.17
Veröffentlichen eines Formulars

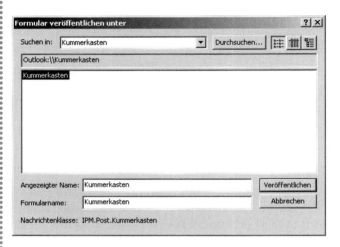

❺ Schließen Sie das Formular wieder (bestätigen Sie die Nachfrage nach dem Speichern der Änderungen mit *Ja*).

❻ Rufen Sie die Eigenschaften für den Ordner *Kummerkasten* auf.

❼ Wählen Sie in der Liste unter *Bereitstellen in diesem Ordner mit* das Formular *Kummerkasten* aus.

❽ Bestätigen Sie den Dialog mit *OK*.

Abbildung 3.18
Standardformular
auswählen

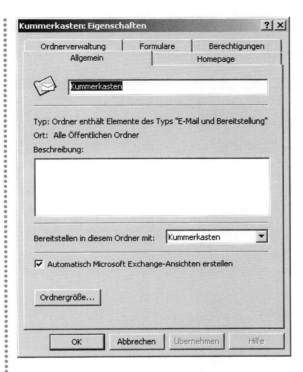

❾ Weil die Einträge im Ordner *Kummerkasten* einander zugeordnet sein können (Zustimmung zu einer Beschwerde), werden wir eine geeignete Ansicht einstellen, die für Diskussionen dieser Art gedacht ist. Wählen Sie dazu im Menü *Ansicht* den Befehl *Aktuelle Ansicht* und klicken auf *Nach Unterhaltungsthema*.

Einmal-Formulare

Einmal-Formulare werden zusammen mit dem Element gespeichert, so dass sie jederzeit zur Verfügung stehen. Das vergrößert zwar den Speicherbedarf für ein einzelnes Element, dafür kann dieses Element von jedem Teilnehmer bearbeitet werden, der über Outlook verfügt. Diese Formulare eignen sich für das Versenden von Nachrichten an andere Personen, die keinen Zugriff auf einen gemeinsamen Exchange Server haben. Das können sowohl Teilnehmer im eigenen Unternehmen als auch bei Fremdfirmen sein.

Die folgende Übung zeigt Ihnen, wie Sie ein Formular als Einmal-Formular kennzeichnen können.

❶ Wechseln Sie in die Entwurfsansicht für das Formular *Kummerkasten* und wählen Sie dort die Registerkarte *Eigenschaften*.

Kapitel 3 — Formulare

❷ Aktivieren Sie die Option *Element mit Beschreibung senden*.

Dadurch wird dieses Formular zum Einmal-Formular.

Abbildung 3.19
Definition eines Einmal-Formulars

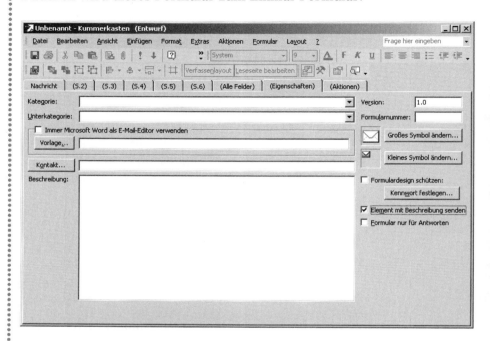

Formularbibliotheken

Für die Veröffentlichung eines Formulars gibt es verschiedene Möglichkeiten, die alle für unterschiedliche Einsatzzwecke gedacht sind. Die folgende Tabelle gibt einen Überblick:

Ort der Veröffentlichung	Beschreibung
Element (Einmal-Formular)	Das Formular wird jedes Mal neu zusammen mit dem Element gespeichert (siehe letzter Abschnitt).
Outlook-Ordner	Ein Formular wird in einem bestimmten Ordner veröffentlicht und kann auch nur dort verwendet werden. Meistens ist das ein öffentlicher Ordner.
Bibliothek für persönliche Formulare	Diese Formulare werden in Ihrem Posteingang gespeichert und sind nur für Sie selbst zugänglich.
Bibliothek für organisatorische Formulare	Organisatorische Formulare werden mit Hilfe eines Exchange-Servers unternehmensweit zur Verfügung gestellt.

Jede Form der Veröffentlichung ist für spezifische Einsatzzwecke gedacht:

- **Outlook-Ordner**
  Wählen Sie diese Form der Veröffentlichung, wenn ein Formular von mehreren Personen benutzt werden soll und nur innerhalb eines öffentlichen Ordners verwendet wird. In eher seltenen Fällen kann ein Formular auch in einem Ordner veröffentlicht werden, der lokal auf Ihrem Rechner gespeichert wird (persönlicher Ordner). In diesem Fall haben nur Sie selbst Zugriff auf das Formular.

- **Bibliothek für persönliche Formulare**
  Verwenden Sie diesen Speicherort für Formulare, die von Ihnen allein benutzt werden und die nicht an einen bestimmten Ordner gebunden sind. Meistens handelt es sich hierbei um Nachrichtenformulare.

- **Bibliothek für organisatorische Formulare**
  Diese Bibliothek eignet sich, um Formulare für viele Personen zur Verfügung zu stellen. Benutzen Sie diese Methode, wenn die Formulare nicht an einen Ordner gebunden sind. Sie benötigen dafür einen Exchange-Server.

Formulare testen

Während der Formularentwicklung können Sie jederzeit überprüfen, ob die Funktionalität Ihren Vorstellungen entspricht. Sie sollten aber auf jeden Fall einen Abschlusstest durchführen, wenn das Formular fertig gestellt und veröffentlicht ist.

Die folgenden Schritte demonstrieren einen typischen Arbeitsablauf mit dem Formular *Kummerkasten*. Wir werden zunächst ein neues Element erzeugen (Test des Verfassenlayouts) und anschließend dieses Element wieder öffnen. Durch Wahl der Schaltfläche *Zustimmen* erzeugen wir dann ein weiteres Element (Test des Lesen-Layouts).

❶ Wechseln Sie in den Ordner *Kummerkasten* und erzeugen Sie dort ein neues Element.

❷ Machen Sie alle Eintragungen gemäß Abbildung 3.20 und wählen Sie dann im Menü *Datei* den Befehl *Bereitstellen*.

Kapitel 3 **Formulare**

Abbildung 3.20
Test des
Verfassenlayouts

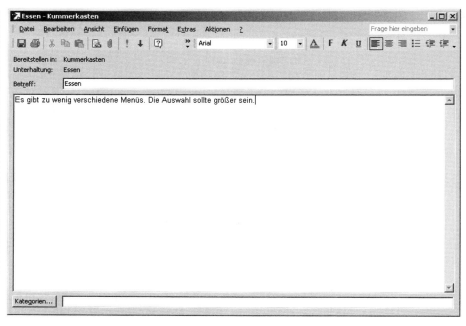

❸ Öffnen Sie das eben erzeugte Element und klicken Sie auf die Schaltfläche *Zustimmen*.

Es wird jetzt ein neuer Eintrag erzeugt mit dem Betreff *ZU: Essen*.

Abbildung 3.21
Test des Lesen-
Layouts

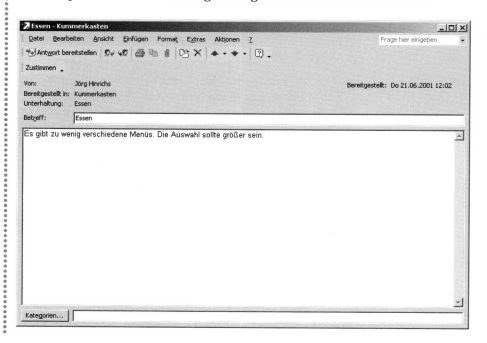

4 Formularelemente

In diesem Kapitel lernen Sie

- welche Steuerelemente es gibt und wozu sie verwendet werden können.
- wie Sie eigene Steuerelemente erzeugen.
- wie Sie die Größe von Steuerelementen einstellen.
- wie Sie Steuerelemente ausrichten und positionieren.
- wie Sie Eigenschaften von Steuerelementen festlegen.
- wie Sie Beschriftungen erstellen.
- wie Sie mehrzeilige Textfelder definieren.
- wie Sie Steuerelemente an Datenbankfelder binden.
- wie Sie Pflichtfelder definieren.
- wie Sie die Reihenfolge der Steuerelemente festlegen.
- wie Sie Tastenkombinationen einrichten.

Grundlagen

Steuerelemente sind die grundlegenden Bestandteile eines Formulars: Textfelder, Beschriftungen, Schaltflächen usw. Wir werden uns zunächst einen Überblick darüber verschaffen, welche Steuerelemente überhaupt zur Verfügung stehen, und dann lernen, wie wir eigene Steuerelemente für unser Formular erzeugen können.

In diesem Kapitel werden wir ein Formular für die Erfassung von Projekt-Statusberichten entwickeln. Dieses Formular wird von Projektleitern benutzt, um an ihre Vorgesetzten in regelmäßigen Abständen Bericht zu erstatten. Es beinhaltet eine generelle Einschätzung des Projektstatus (grün = alles o.k., gelb = größere Schwierigkeiten, rot = Projekt ernsthaft gefährdet) sowie eine Aufstellung der gegenwärtig größten Risiken und der dazugehörigen Gegenmaßnahmen.

Kapitel 4 Formularelemente

projektstatus.oft

Das Endresultat der Übungen aus diesem Kapitel finden Sie in der Beispieldatei *projekstatus.oft*. Falls Sie die Beispieldateien noch nicht installiert haben, dann finden Sie im Abschnitt „Die Übungsdateien auf der Festplatte installieren" ab Seite 14 in diesem Buch detaillierte Hinweise zum Setup. Im gleichen Abschnitt ist ebenfalls beschrieben, wie Sie die Beispieldateien in Outlook verfügbar machen.

Arten von Steuerelementen

Steuerelemente werden in der Entwurfsansicht des Formulars mit dem Hilfsmittel »Werkzeugsammlung« zur Verfügung gestellt. Die folgende Tabelle gibt einen Überblick über die Steuerelemente und erklärt kurz deren Verwendung.

Icon	Steuerelement	Verwendung
▶	Auswahlzeiger	Dieses Icon symbolisiert kein eigenes Steuerelement, sondern wird zum Auswählen von vorhandenen Steuerelementen benutzt.
A	Bezeichnungsfeld	Dieses Element dient zum Beschriften von Feldern.
ab|	Textfeld	Hier können Anwender Eingaben in einem Formular machen.
📋	Kombinationsfeld	Aufklappbare Listen werden mit diesem Steuerelement realisiert.
📋	Listenfeld	Beinhaltet dieselbe Funktionalität wie ein Kombinationsfeld. Der einzige Unterschied besteht darin, dass die Liste der möglichen Werte ständig angezeigt wird und dass nur Listeneinträge ausgewählt werden können.
☑	Kontrollkästchen	Dieses Steuerelement realisiert eine Ja/Nein Funktionalität.
⊙	Optionsfeld	Optionsfelder bieten die Möglichkeit, aus einer Liste weniger Möglichkeiten genau einen Eintrag auszuwählen.
⇄	Umschaltfeld	Ein Umschaltfeld bietet wie ein Kontrollkästchen eine Ja/Nein Funktionalität. Lediglich die optische Darstellung ist anders.
▢	Rahmen	Rahmen werden allgemein zur Gruppierung von Elementen verwendet. Im Fall von Optionsfeldern koppeln sie mehrere Felder zu einer Einheit, so dass von den Optionsfeldern in einem Rahmen immer nur eines ausgewählt werden kann. Sie können Rahmen aber auch einfach für die optische Gruppierung von Steuerelementen benutzen. ▶

Kapitel 4

Formularelemente

Icon	Steuerelement	Verwendung
	Befehlsschaltfläche	Eine Befehlsschaltfläche stellt eine zusätzliche Funktionalität in einem Formular zur Verfügung. Welche das ist, hängt davon ab, welchen Programmcode Sie dafür schreiben.
	Register	Stellt mehrere Registerkarten zur Verfügung, um viele Steuerelemente übersichtlicher anzuordnen.
	Multiseiten	Beinhaltet dieselbe Funktionalität wie ein Register, die Handhabung ist aber deutlich einfacher.
	Bildlaufleiste	Realisiert eine Scroll-Leiste für sehr große Formulare.
	Drehfeld	Mit einem Drehfeld können Sie einen zugeordneten Wert schrittweise nach oben oder unten verändern. Diese Funktion wird fast immer in Kombination mit Zahlenwerten verwendet.
	Anzeige	In einem Anzeige-Element können Sie jegliche Form von Bilddateien darstellen. Meistens wird dieses Element in Formularen für Logos oder ähnliche Bilder verwendet.
	Calendar	Ein Kalender-Element bietet Ihnen die Möglichkeit, Datumsangaben bequem mit der Maus auszuwählen (ähnlich wie in Outlook selbst).

Wenn Sie Registerkarten in Ihrem Formular zur Verfügung stellen wollen, möchten Sie meistens viele verschiedene Steuerelemente auf unterschiedliche Registerkarten verteilen. Benutzen Sie für diesen Zweck unbedingt ein Multiseiten-Steuerelement.

Das Register-Steuerelement dient dazu, in denselben Steuerelementen unterschiedliche Informationen darzustellen, je nachdem, auf welches Register geklickt wurde. Dazu müssen Sie entsprechenden Programmcode schreiben, der die Inhalte jedes Mal austauscht.

Eigene Steuerelemente erstellen

Für die meisten Ihrer Anwendungen werden die Standardformulare von Outlook nicht ausreichen. Das fängt schon damit an, dass Sie fast immer eigene zusätzliche Felder definieren müssen. Diese Felder müssen natürlich auch im Formular vorhanden sein und das geht nur über die Erstellung eigener Steuerelemente zusätzlich zu den bereits vorhandenen.

Für unser Formular zur Erfassung von Projekt-Statusberichten benötigen wir folgende zusätzliche Informationen:

- Projektname,

- Berichtsdatum,

Kapitel 4   **Formularelemente**

- Projektstatus,
- Risikofaktor 1–3,
- Gegenmaßnahme 1–3,
- Budgetnachforderung notwendig.

Da der Bericht per E-Mail verschickt werden soll, wählen wir als Basis ein Nachrichten-Formular. Alle Informationen bis auf den Projektstatus und die Budgetnachforderung werden als Textfelder realisiert. Für den Projektstatus wählen wir Optionsfelder, die Budgetnachforderung wird durch ein Kontrollkästchen dargestellt. Die folgende Übung zeigt, wie diese Steuerelemente im Formular erstellt werden können (Hinweis: Die Formatierung und die Konfiguration der Steuerelemente über die Eigenschaften wird in den nächsten Abschnitten behandelt).

❶ Wählen Sie im Menü *Extras* den Befehl *Formulare*, klicken Sie auf *Ein Formular entwerfen* und öffnen Sie dann im nachfolgenden Dialog das Formular *Nachricht*.

❷ Wechseln Sie auf die Registerkarte *S.2* und blenden Sie die Werkzeugsammlung ein.

❸ Klicken Sie in der Werkzeugsammlung auf das Symbol für ein Bezeichnungsfeld.

❹ Bewegen Sie anschließend die Maus in der Registerkarte nach links oben (nicht ziehen!). Der Mauszeiger wird zu einem kleinen Kreuz.

❺ Ziehen Sie jetzt an der gewünschten Stelle das Bezeichnungsfeld auf. Es wird mit dem Standardtext **Label1** gefüllt.

❻ Klicken Sie in der Werkzeugsammlung auf das Symbol für ein Textfeld und wiederholen Sie die Prozedur.

❼ Platzieren Sie das Textfeld rechts neben dem Bezeichnungsfeld.

Machen Sie sich keine Sorgen darüber, ob die Maße und die Positionen genau übereinstimmen. Diese Anpassungen werden wir später noch durchführen.

Kapitel 4 — Formularelemente

Abbildung 4.1
Einfügen eines Bezeichnungsfeldes und eines Textfeldes

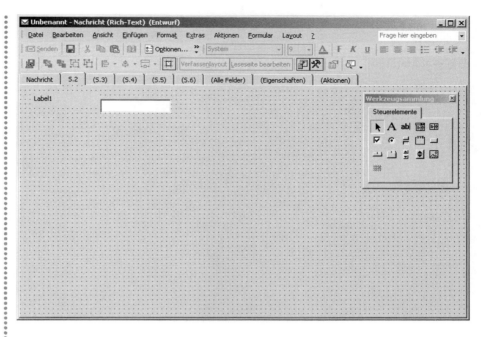

❽ Ergänzen Sie weitere Steuerelemente anhand der Abbildung 4.2. Erstellen Sie dabei erst die Rahmen (Frame1 und Frame2) und platzieren Sie hinterher die Steuerelemente dort hinein. Links oben befinden sich zwei Textfelder und ein Kontrollkästchen mit den zugehörigen Beschriftungen. Der Rahmen rechts oben beinhaltet drei Optionsfelder für den Projektstatus.

Verwenden Sie für die Erzeugung von Textfeldern und Bezeichnungsfeldern folgende Methode: Ziehen Sie das Feld im Formular nicht auf, sondern klicken Sie nur ein einziges Mal an die gewünschte Stelle. Die Felder werden dann mit einer Standardgröße automatisch erzeugt.

Kapitel 4 Formularelemente

Abbildung 4.2
Projektstatus-Formular mit allen Steuerelementen

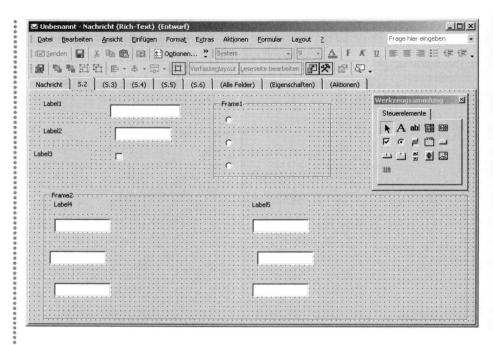

Steuerelemente formatieren

Der nächste Schritt besteht darin, die Größe und Position der Steuerelemente des Formulars so anzupassen, dass die Oberfläche optisch gut gestaltet ist.

Größe verändern

Als Erstes werden wir die Breite der beiden Textfelder links oben angleichen. Sie ist unterschiedlich, weil das erste Textfeld von Hand aufgezogen und das zweite automatisch mit Standardwerten erstellt wurde.

❶ Markieren Sie die beiden Textfelder. Halten Sie dabei die [Strg]-Taste gedrückt und klicken Sie zuerst auf das breitere Textfeld, anschließend auf das schmalere.

Das zuerst angeklickte Textfeld dient als Referenz bei der Angleichung der Breite.

❷ Wählen Sie im Menü *Layout* den Befehl *Größe angleichen* und klicken dann auf *Breite*. Beide Textfelder haben jetzt die gleiche Breite.

Die Textfelder für Risiken und Gegenmaßnahmen befinden sich im unteren Rahmen und sollen so groß wie möglich gemacht werden, damit dort auch etwas mehr Text eingetragen werden kann. Das erste Textfeld werden wir von Hand vergrößern, die übrigen können dann in Höhe und Breite wie eben angeglichen werden.

❸ Klicken Sie eines der Textfelder mit der Maus einmal an, so dass ein Rahmen mit Ziehpunkten zu sehen ist.

❹ Ziehen Sie mit der Maus den rechten unteren Ziehpunkt, damit das Textfeld die maximal mögliche Größe erreicht (ohne die anderen Textfelder zu verdecken).

❺ Markieren Sie jetzt alle sechs Textfelder im Rahmen. Beginnen Sie mit dem Feld, welches Sie gerade vergrößert haben.

❻ Wählen Sie anschließend im Menü *Layout* den Befehl *Größe angleichen* und klicken Sie dann auf *Höhe und Breite*.

Abbildung 4.3 zeigt das Ergebnis der Größenveränderungen.

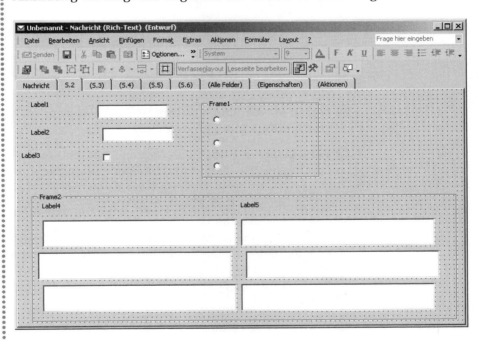

Abbildung 4.3
Projektstatus-Formular nach Anpassung der Größen für Textfelder

Positionieren und Ausrichten

Nach dem Hinzufügen der Steuerelemente ist noch ein wenig Arbeit notwendig, um das Aussehen des Formulars zu verbessern. Insbesondere sollen einige Steuerelemente bündig angeordnet werden, um die Optik zu verbessern.

Es fällt auf, dass ganz oben links im Formular das Textfeld und das zugehörige Bezeichnungsfeld vertikal zueinander versetzt stehen. Hier stehen Ihnen grundsätzlich zwei Möglichkeiten zur Verfügung:

- Sie verschieben die Steuerelemente manuell. Dabei kommt Ihnen das Raster im Formularentwurf zugute, denn es sorgt dafür, dass die Verschiebung nicht stufenlos erfolgt. Um ein Steuerelement zu verschieben, müssen Sie es markieren und dann die Maus auf den Rand setzen. Wenn der Cursor zu einem Kreuz wird, können Sie das Element verschieben (tatsächlich genügt es sogar, die Maus irgendwo innerhalb des Elementes zu platzieren – bis auf die Ziehpunkte natürlich).

- Sie markieren mehrere Steuerelemente und benutzen die Menüfunktionen zum Ausrichten.

Die zweite Methode ist vor allem sinnvoll, um mehrere Steuerelemente gleichzeitig auszurichten.

Zur Angleichung der vertikalen Position der beiden Steuerelemente verschieben wir das Bezeichnungsfeld mit der Maus nach unten:

❶ Markieren Sie das Bezeichnungsfeld durch einfachen Klick mit der Maus.

❷ Setzen Sie die Maus ins Innere des Feldes und ziehen Sie es auf die gleiche Höhe mit dem Textfeld.

❸ Verschieben Sie auch den oberen Rahmen mit der Maus, bis er horizontal auf gleicher Höhe mit dem Bezeichnungsfeld »Label5« ist.

Auch die horizontalen Positionen einiger Steuerelemente sind nicht bündig. Um diese anzugleichen, benutzen wir die zweite Methode.

❹ Klicken Sie das Element an, welches als Referenz für die horizontale Position dienen soll. Markieren Sie dann alle weiteren Elemente (z.B. die drei Bezeichnungsfelder links oben im Formular), die zu diesem Element bündig stehen sollen. Halten Sie dabei die `Strg`-Taste gedrückt.

❺ Wählen Sie im Menü *Layout* den Befehl *Ausrichten* und klicken Sie auf *Links*, um die drei Bezeichnungsfelder linksbündig zu positionieren.

❻ Wiederholen Sie diesen Schritt bei den anderen Steuerelementen falls notwendig (Textfelder links oben, Optionsfelder, Textfelder im unteren Rahmen usw.).

❼ Zuletzt verändern wir die Position der drei Bezeichnungs- und Textfelder links oben im Formular, so dass sie bündig zu den Steuerelementen der beiden Rahmen stehen (und nicht zu den Rahmengrenzen).

Abbildung 4.4 zeigt das Formular mit ausgerichteten Steuerelementen.

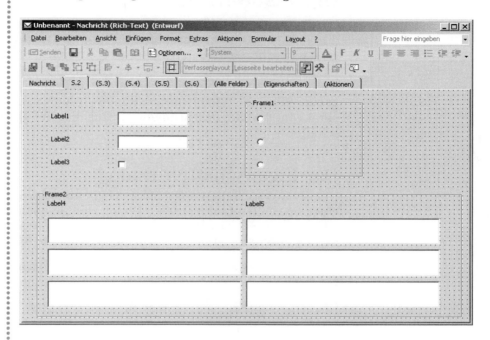

Abbildung 4.4
Formular Projektstatus mit ausgerichteten Steuerelementen

Abstände angleichen

Eine weitere Möglichkeit der optischen Korrektur besteht darin, die Abstände zwischen mehreren Steuerelementen gleich groß zu gestalten. Dadurch erhalten Sie eine symmetrische Oberfläche, die den meisten Betrachtern angenehmer erscheint.

In unserem Formular ist dieser Schritt nicht mehr notwendig, da die Abstände bereits entsprechend gewählt sind. Die prinzipielle Vorgehensweise dabei sieht so aus:

- Markieren Sie die relevanten Steuerelemente

- Wählen Sie aus dem Menü *Layout* den Befehl *Vertikaler Abstand/ Horizontaler Abstand* und klicken auf *angleichen*. Hier finden Sie auch Befehle, um bestehende Abstände zu vergrößern oder zu verringern.

Beim Verändern von Abständen auf diese Weise kann es passieren, dass die Steuerelemente nicht mehr anhand des Formularrasters platziert werden.

Kapitel 4 — Formularelemente

Eigenschaften von Steuerelementen

Das Erscheinungsbild von Steuerelementen und ihr Verhalten werden durch so genannte Eigenschaften bestimmt. Tatsächlich haben Sie bereits im vorhergehenden Abschnitt Eigenschaften benutzt, um die Größe und Positionierung von Steuerelementen festzulegen. Im Folgenden werden wir einen Überblick über einige gebräuchliche Eigenschaften geben. Eine vollständige Behandlung würde den Rahmen dieses Buches sprengen, deshalb beschränken wir uns hier auf die wichtigsten Eigenschaften.

Der Eigenschaften-Dialog

Um die Eigenschaften eines Steuerelementes einzustellen, benutzen Sie einen speziellen Dialog. Dieser Dialog stellt je nach Steuerelement eine oder mehrere Registerkarten für die Konfiguration zur Verfügung. Um den Eigenschaften-Dialog aufzurufen, gehen Sie folgendermaßen vor:

❶ Markieren Sie das Steuerelement, dessen Eigenschaften Sie bearbeiten möchten.

❷ Klicken Sie auf die Schaltfläche für *Eigenschaften*.

Die folgende Tabelle gibt einen Überblick über die Registerkarten und ihre Bedeutung.

Registerkarte	Beschreibung
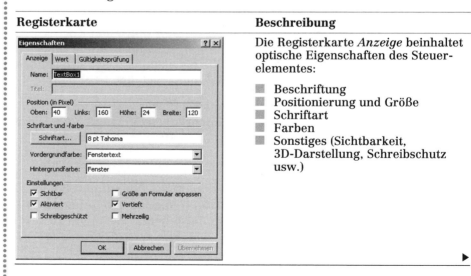	Die Registerkarte *Anzeige* beinhaltet optische Eigenschaften des Steuerelementes: ■ Beschriftung ■ Positionierung und Größe ■ Schriftart ■ Farben ■ Sonstiges (Sichtbarkeit, 3D-Darstellung, Schreibschutz usw.)

▶

Registerkarte	Beschreibung
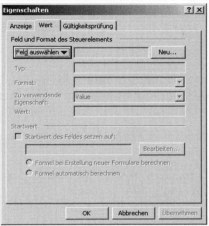	Die Registerkarte *Wert* ist dafür zuständig, die Verbindung des Steuerelementes zu einem Feld der Outlook-Datenbank festzulegen. Außerdem kann hier das Format der Darstellung gewählt und das Feld mit einem Anfangswert versehen werden. Auch berechnete Felder können Sie hier festlegen. Diese Karte wird nicht verwendet, wenn ein Steuerelement unabhängig von einem Feld sein soll (z.B. bei einem normalen Bezeichnungsfeld, welches nur eine Beschriftung enthält, oder bei einem Rahmen).
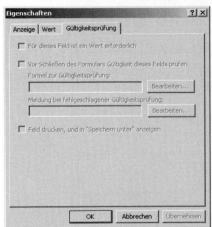	Die Registerkarte *Gültigkeitsprüfung* bietet die Möglichkeit, Eingaberegeln für ein Feld festzulegen. Hier können Sie z.B. Wertebereiche vorgeben oder Pflichtfelder festlegen. Diese Einstellungen werden nur freigeschaltet, wenn das Steuerelement mit einem Feld der Datenbank verbunden wurde.

Einige Eigenschaften lassen sich nur über diesen Dialog festlegen, andere werden Sie normalerweise alternativ festlegen. Beispielsweise lassen sich Größe und Position von Steuerelementen sowie ein Großteil der Formatierung (Farben, Zeichenformatierung) viel bequemer mit der Maus und den entsprechenden Symbolleisten einstellen. Nutzen Sie diese Hilfsmittel und verwenden Sie den Dialog nur für die Eigenschaften, die auf andere Weise nicht zugänglich sind.

Beschriftungen

Auch Beschriftungen sind in Form von Eigenschaften verfügbar. Da Sie diese Eigenschaften in jedem Formular anpassen müssen, werden wir in der nächsten Übung lernen, wie eine Beschriftung verändert wird.

Kapitel 4 Formularelemente

❶ Markieren Sie das Bezeichnungsfeld *Label1*.

❷ Klicken Sie anschließend einmal in das Innere des Feldes. Sie erhalten dann einen Cursor zum Editieren der Beschriftung.

❸ Geben Sie als Beschriftung **Projektname** ein.

Beschriftungen in Bezeichnungsfeldern können sehr einfach auf diese Weise verändert werden. Für Rahmen gilt das aber leider nicht. Deshalb benötigen wir hier eine andere Vorgehensweise.

❶ Markieren Sie den Rahmen *Frame1* und rufen Sie dann den Eigenschaften-Dialog auf.

❷ Verändern Sie die Eigenschaft *Titel* und tragen Sie dort **Projektstatus** ein. Bestätigen Sie den Dialog mit *OK*.

Abbildung 4.5
Beschriftung eines Rahmens ändern

❸ Ändern Sie die übrigen Beschriftungen entsprechend Abbildung 4.6.

Kapitel 4   Formularelemente

Abbildung 4.6
Formular Projektstatus mit veränderten Beschriftungen

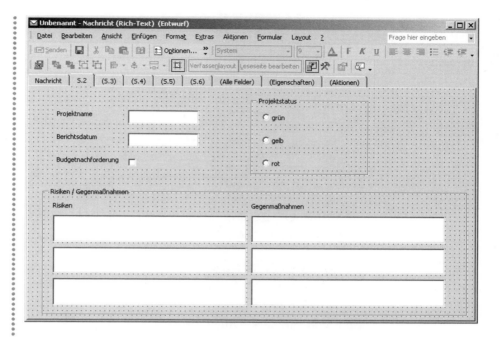

Mehrzeilige Textfelder

Die Textfelder für Risiken und Gegenmaßnahmen sind größer, um entsprechend viel Text aufnehmen zu können. Bisher ist es aber nur möglich, eine einzige Zeile Text einzugeben (auch wenn diese länger als der sichtbare Bereich des Textfeldes sein kann). Wir werden die Textfelder jetzt so anpassen, dass sie auch mehrere Zeilen verwalten können.

❶ Markieren Sie ein Textfeld und rufen Sie den Eigenschaften-Dialog auf.

❷ Wechseln Sie in die Registerkarte *Anzeige* und setzen Sie ein Häkchen bei der Option *Mehrzeilig*.

❸ Bestätigen Sie den Dialog mit *OK*.

Abbildung 4.7
Textfeld mit mehreren Zeilen definieren

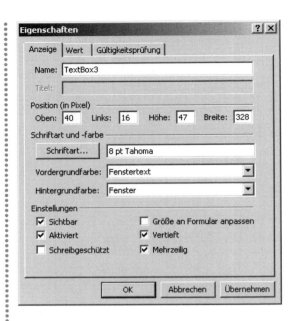

④ Wiederholen Sie diese Prozedur auch für die anderen Textfelder in diesem Rahmen.

Erweiterte Eigenschaften

Wir möchten die Optionsfelder für den Projektstatus mit den zugehörigen Hintergrundfarben versehen, damit ihre Bedeutung noch mehr ins Auge sticht. Auf den ersten Blick eignet sich dafür der Eigenschaften-Dialog, welcher in der Registerkarte *Anzeige* die Einstellung der Hintergrundfarbe erlaubt. Allerdings sind dort nur Systemfarben hinterlegt (Schaltflächen-Grau, Blau eines Fenstertitels usw.). Diese Farben sind aus zwei Gründen nicht ausreichend:

- Sie stellen nicht die Farben zur Verfügung, die wir benötigen.
- Sie können von System zu System anders sein.

Es gibt aber noch eine weitere Möglichkeit, diese und andere Eigenschaften einzustellen: Die so genannten „erweiterten Eigenschaften". Sie bieten nicht nur großzügigere Einstellmöglichkeiten, sondern auch zusätzliche Eigenschaften, die im Eigenschaften-Dialog gar nicht zu finden sind.

Kapitel 4

Formularelemente

Die folgende Übung zeigt Ihnen, wie Sie mit Hilfe der erweiterten Eigenschaften die Farben der Optionsfelder verändern können.

❶ Markieren Sie das oberste Optionsfeld.

❷ Klicken Sie mit der rechten Maustaste in das Feld und rufen Sie im Kontextmenü den Befehl *Erweiterte Eigenschaften* auf.

❸ Machen Sie einen Doppelklick auf die Eigenschaft *BackColor*.

Abbildung 4.8
Das Dialogfeld mit den erweiterten Eigenschaften

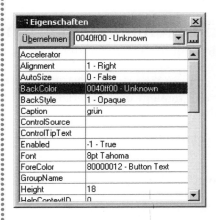

❹ Wählen Sie die Farbe *grün* aus und bestätigen Sie mit *OK*.

Abbildung 4.9
Farbpalette

95

Kapitel 4 — Formularelemente

Formularfelder

Um unser Formular richtig einsetzen zu können, müssen wir noch die Bindung der Textfelder und Optionsfelder an die zugehörigen Datenbankfelder in Outlook durchführen. Erst dieser Schritt gewährleistet, dass der Absender die Datei weiterverarbeiten kann. Wenn keine Bindung der Datenbankfelder an die Textfelder erfolgt, werden diese Daten auch nicht zum Empfänger der Nachricht übertragen.

Textfelder an Datenbankfelder binden

Da wir ausschließlich Felder benutzen, die in Outlook standardmäßig nicht vorhanden sind, müssen wir diese Felder neu anlegen. Die nächste Übung demonstriert am Beispiel des Textfeldes *Projektname*, wie ein neues Feld in Outlook angelegt und gleichzeitig die Bindung an das Textfeld erzeugt wird.

❶ Markieren Sie das Textfeld *Projektname* und rufen Sie den Eigenschaften-Dialog auf.

❷ Klicken Sie in der Registerkarte *Wert* auf die Schaltfläche *Neu*.

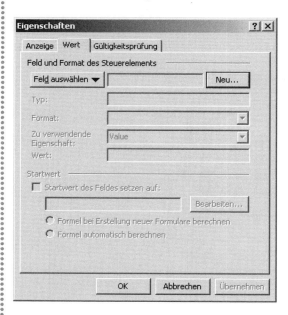

Abbildung 4.10
Neues Feld erzeugen

❸ Tragen Sie die entsprechenden Eingaben gemäß Abbildung 4.11 ein. Als Feldtyp wählen Sie *Text*.

❹ Bestätigen Sie diesen und den vorhergehenden Dialog mit *OK*.

Abbildung 4.11
Feld *Projektname* anlegen

Sie haben jetzt ein neues Feld *Projektname* in der Outlook-Datenbank angelegt und mit dem zugehörigen Textfeld verbunden.

❺ Wiederholen Sie die Schritte 1 bis 3 mit den übrigen Feldern. Machen Sie dabei folgende Einstellungen:

Feldname	Feldtyp	Format
Berichtsdatum	Datum/Uhrzeit	23. Juni 2001
Budgetnachforderung	Ja/Nein	Symbol
Projektstatus	Text	Text
Risiko1	Text	Text
Risiko2	Text	Text
Risiko3	Text	Text
Gegenmassnahme1	Text	Text
Gegenmassnahme2	Text	Text
Gegenmassnahme3	Text	Text

Einige Feinarbeiten schließen die Erstellung der Felder ab. Die nachfolgende Übung zeigt, wie Sie das heutige Datum als Startwert für das Berichtsdatum festlegen können, und weist den Optionsfeldern aussagekräftigere Werte zu.

❶ Markieren Sie das Textfeld *Berichtsdatum* und rufen Sie den Eigenschaften-Dialog auf.

❷ Wechseln Sie in die Registerkarte *Wert* und klicken Sie dort auf die Schaltfläche *Bearbeiten*.

Kapitel 4 **Formularelemente**

Abbildung 4.12
Startwert
festlegen

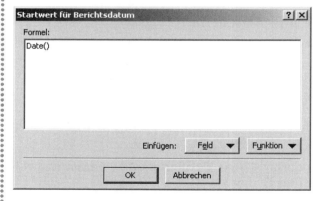

❸ Wählen Sie die Funktion *Date()* aus dem Bereich *Datum/Uhrzeit* und bestätigen Sie diesen und den vorhergehenden Dialog mit *OK*.

Abbildung 4.13
Tagesdatum vorgeben

Das Feld *Berichtsdatum* bekommt jetzt bei jedem neuen Bericht das Tagesdatum als Startwert.

❹ Markieren Sie das Optionsfeld *grün* und rufen Sie den Eigenschaften-Dialog auf.

Die Optionsfelder für den Projektstatus sollen Werte bekommen, die ihrer Bedeutung besser entsprechen:

❺ Wechseln Sie in die Registerkarte *Wert* und machen Sie dort im Textfeld *Wert* den Eintrag *grün*.

Kapitel 4 Formularelemente

Abbildung 4.14
Optionswert
ändern

❻ Wiederholen Sie diese Schritte bei den Optionsfeldern *gelb* und *rot*.

❼ Setzen Sie für das Feld *Projektstatus* den Startwert auf *grün*. Benutzen Sie dazu ein beliebiges Optionsfeld und geben Sie den Wert manuell ein. Die anderen Optionsfelder übernehmen diese Einstellung automatisch, weil sie an dasselbe Datenbankfeld gebunden wurden.

Pflichtfelder

In jedem Projektbericht sollen zumindest die Felder *Projektname*, *Berichtsdatum* und *Projektstatus* ausgefüllt werden. Um das zu gewährleisten, legen wir diese Felder als Pflichtfelder fest. Die nächste Übung zeigt Ihnen, wie das geht.

❶ Markieren Sie das Textfeld *Projektname* und rufen Sie den Eigenschaften-Dialog auf.

❷ Wechseln Sie in die Registerkarte *Gültigkeitsprüfung* und aktivieren Sie die Option *Für dieses Feld ist ein Wert erforderlich*.

❸ Bestätigen Sie den Dialog mit *OK*.

Abbildung 4.15
Pflichtfeld festlegen

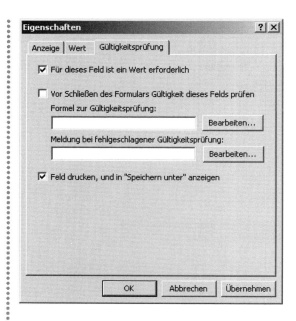

Wenn ein Pflichtfeld in einem Formular nicht ausgefüllt wird, erscheint eine diesbezügliche Fehlermeldung, die von Outlook generiert wird. Dort werden Sie darauf hingewiesen, dass ein Feld ausgefüllt werden muss (es wird aber nicht gesagt welches).

Leider können Sie auch keine eigene Fehlermeldung ausgeben, ohne eine Formel für die Gültigkeitsprüfung festzulegen. Versehen Sie deshalb alle Pflichtfelder mit einer neutralen Hintergrundfarbe oder ändern Sie die Textfarbe für die Beschriftungen. Dadurch sind die Pflichtfelder sofort erkennbar.

Alternativen

Das vorhergehende Kapitel hat Ihnen gezeigt, welche Möglichkeiten der Formulargestaltung im Zusammenhang mit Steuerelementen bestehen. Nun werde ich Ihnen eine effizientere Methode zeigen, um Felder zu erstellen und ihre Eigenschaften festzulegen. Warum ich das nicht gleich getan habe? Dann hätte ich Ihnen einige wichtige Eigenschaften gar nicht zu präsentieren brauchen, weil sie schon automatisch gesetzt werden! Also:

❶ Blenden Sie das Hilfsfenster *Feldauswahl* ein, falls dieses noch nicht sichtbar ist.

❷ Wählen Sie in der Liste ganz oben den Eintrag *Benutzer-Posteingangsfelder*.

Abbildung 4.16
Benutzerdefinierte Felder

❸ Ziehen Sie mit der Maus eines der Felder in das Formular. Dabei finden folgende Einstellungen automatisch statt:

- Das Textfeld (bzw. allgemein das Steuerelement) wird an das zugehörige Datenbankfeld gebunden.

- Es wird gleichzeitig ein Bezeichnungsfeld mit dem Namen des Feldes erzeugt.

Wenn Sie diese Methode verwenden, müssen Sie natürlich vorher die Felder angelegt haben. Dazu benutzen Sie die Schaltfläche *Neu* im Fenster für die Feldauswahl (siehe Abbildung 4.16).

Getrenntes Leselayout

Bis auf die Felder für die Gegenmaßnahmen sollen die Einträge im Projektbericht nach dem Absenden nicht mehr editierbar sein. Um das zu erreichen, legen wir ein separates Leselayout fest, in welchem wir die entsprechenden Felder deaktivieren.

❶ Wählen Sie im Menü *Formular* den Befehl *Separates Leselayout*.

❷ Klicken Sie auf das Symbol *Leseseite bearbeiten*.

❸ Markieren Sie das Textfeld *Projektname* und rufen Sie den Eigenschaften-Dialog auf.

❹ Wechseln Sie in die Registerkarte *Anzeige* und entfernen Sie das Häkchen bei der Option *Aktiviert*.

Kapitel 4   **Formularelemente**

Abbildung 4.17
Textfeld deaktivieren

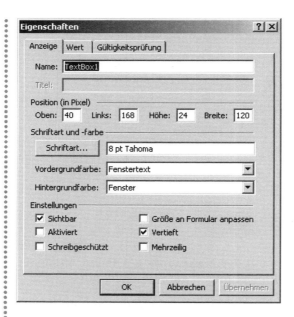

⑤ Wiederholen Sie die Schritte 3 und 4 für die Felder *Berichtsdatum*, *Budgetnachforderung*, *Projektstatus* und *Risiko1-3*.

⑥ Zu guter Letzt entfernen Sie noch die farbliche Hervorhebung der Pflichtfelder, weil dort jetzt keine Eingaben mehr gemacht werden können.

Tastatursteuerung

Mit der Maus ist das Formular komplett benutzbar, eine komfortable Tastatursteuerung fehlt aber noch. Insbesondere erfahrene Anwender werden Ihnen dankbar sein, wenn das Formular auch vollständig über die Tastatur bedienbar ist.

Tastenkombinationen erstellen

Die folgende Übung zeigt Ihnen, wie Sie Tastenkombinationen für einzelne Steuerelemente einrichten können.

❶ Markieren Sie das Bezeichnungsfeld *Projektname* und rufen Sie den Eigenschaften-Dialog auf.

❷ Fügen Sie im Feld *Titel* ein Ampersand-Zeichen (&) vor dem ersten Buchstaben ein. Bestätigen Sie anschließend den Dialog mit *OK*.

Im Formular wird das Zeichen nach dem Ampersand unterstrichen dargestellt. Mit der Tastenkombination [Alt]+[P] können Sie jetzt in das zugehörige Textfeld wechseln.

Kapitel 4 — Formularelemente

Abbildung 4.18
Hinzufügen der Tastatursteuerung

❸ Versehen Sie auch die Bezeichnungsfelder *Berichtsdatum*, *Projektstatus (nur die Optionsfelder)*, *Risiken* und *Gegenmaßnahmen* mit geeigneten Tastenkombinationen (keine Buchstaben doppelt vergeben!).

Abbildung 4.19 zeigt das Ergebnis dieser Schritte.

Abbildung 4.19
Formular Projektstatus mit Tastenkombinationen

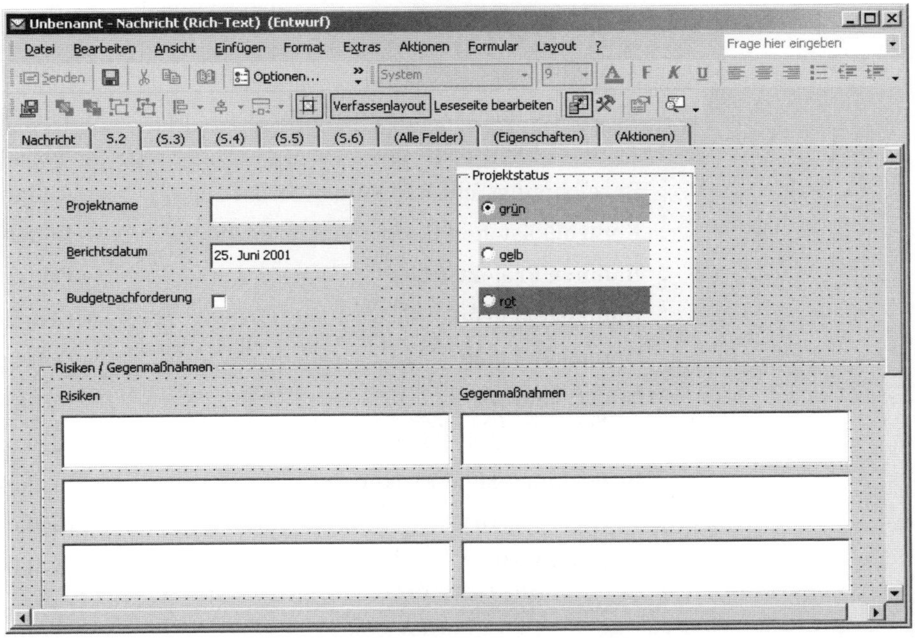

Kapitel 4 — Formularelemente

Tabulator-Reihenfolge

Wenn ein Anwender mit der ⇥-Taste der Reihe nach die Elemente des Formulars durchläuft, erwartet er, dass eine bestimmte sinnvolle Reihenfolge eingehalten wird. Diese Reihenfolge können (und sollten) Sie entsprechend festlegen.

Die Tabulator-Reihenfolge oder Aktivierreihenfolge ist noch aus einem anderen Grund sehr wichtig: Um die Tastenkombinationen aus dem letzten Abschnitt richtig zu implementieren. Die Verbindung zwischen einem Bezeichnungsfeld und dem zugehörigen Textfeld wird nämlich ausschließlich durch die Reihenfolge festgelegt. Dazu müssen zuerst das Bezeichnungsfeld und direkt anschließend das Textfeld aufgeführt sein.

Damit Sie eine sinnvolle Reihenfolge festlegen können, ist es wichtig, für die Steuerelemente sprechende Namen zu vergeben. Ansonsten ist es schwer, die einzelnen Elemente anhand von Standardnamen wie z.B. *TextBox1* auseinander zuhalten. Gehen Sie dazu folgendermaßen vor:

❶ Markieren Sie das Bezeichnungsfeld *Projektname* und rufen Sie den Eigenschaften-Dialog auf.

❷ Machen Sie im Feld *Name* den Eintrag *ProjektnameLabel* und bestätigen Sie den Dialog mit *OK*.

❸ Vergeben Sie auf die gleiche Weise für die übrigen Steuerelemente folgende Namen:

Steuerelement	Name
Textfeld Projektname	ProjektnameText
Bezeichnungsfeld Berichtsdatum	BerichtsdatumLabel
Textfeld Berichtsdatum	BerichtsdatumText
Bezeichnungsfeld Budgetnachforderung	BudgetLabel
Kontrollkästchen Budgetnachforderung	BudgetCheck
Rahmen Projektstatus	ProjektstatusFrame
Optionsfeld grün	GruenOption
Optionsfeld gelb	GelbOption
Optionsfeld rot	RotOption
Rahmen Risiken/Gegenmaßnahmen	RisikoFrame
Bezeichnungsfeld Risiken	RisikoLabel
Textfeld Risiko1	Risiko1Text
Textfeld Risiko2	Risiko2Text
Textfeld Risiko3	Risiko3Text

▶

Kapitel 4 Formularelemente

Steuerelement	Name
Bezeichnungsfeld Gegenmaßnahmen	GegenLabel
Textfeld Gegenmaßnahme1	Gegen1Text
Textfeld Gegenmaßnahme2	Gegen2Text
Textfeld Gegenmaßnahme3	Gegen3Text

In der nächsten Übung werden wir eine geeignete Reihenfolge für die Elemente unseres Formulars festlegen.

❶ Rufen Sie im Menü *Layout* den Befehl *Aktivierreihenfolge* auf.

❷ Verändern Sie die Reihenfolge der Elemente mit den Schaltflächen *Nach oben* bzw. *Nach unten* so lange, bis sie Abbildung 4.20 entspricht. Bestätigen Sie dann den Dialog mit *OK*.

Abbildung 4.20
Reihenfolge der Formularelemente

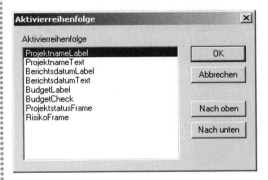

❸ Markieren Sie den Rahmen *Projektstatus* und rufen Sie im Kontextmenü mit der rechten Maustaste den Befehl *Aktivierreihenfolge* auf. Ändern Sie falls erforderlich die Reihenfolge wie in Abbildung 4.21 gezeigt.

Abbildung 4.21
Reihenfolge der Optionsfelder

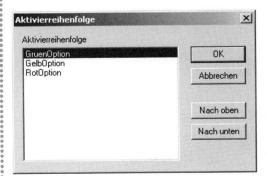

❹ Markieren Sie den Rahmen *Risiken/Gegenmaßnahmen* und rufen Sie im Kontextmenü den Befehl *Aktivierreihenfolge* auf. Ändern Sie die Reihenfolge gemäß Abbildung 4.22.

Abbildung 4.22
Reihenfolge für den zweiten Rahmen

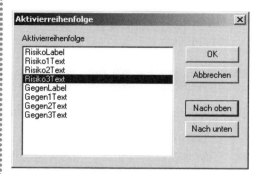

Was die Steuerelemente betrifft, ist unser Formular jetzt fertig. Die übrigen formularbezogenen Arbeiten müssen natürlich auch noch erledigt werden. Speichern Sie also das Formular an einem sicheren Ort und veröffentlichen Sie es später.

Soll das Formular zusammen mit einem öffentlichen Ordner verwendet werden, dann müssen Sie diesen erstellen und die dazugehörigen Rechte vergeben. Wie das gemacht wird, können Sie in den vorangegangenen Kapiteln lesen.

5 Praxisbeispiel: Seminarbuchung

In diesem Kapitel lernen Sie

- wie Sie die bisher besprochenen Techniken im Zusammenhang anwenden.
- wie Sie Daten von einem Formular zum anderen übertragen.
- wie Sie mit einer Formularaktion einen Anhang verschicken können.
- wie Sie eine neue Ansicht als Standardansicht für einen Ordner definieren.
- wie ein Abschlusstest konkret durchgeführt wird.
- welche Probleme beim Troubleshooting auftreten können.
- was der Formular-Cache ist und wie er arbeitet.

Bisher haben wir an Einzelbeispielen die einzelnen Komponenten einer Formularanwendung kennen gelernt. Nun wollen wir anhand eines durchgehenden Beispiels den kompletten Ablauf der Anwendungserstellung durchspielen. Während die vorhergehenden Kapitel unter dem Aspekt der thematischen Zugehörigkeit standen, geht es uns jetzt hauptsächlich um die logische Reihenfolge der einzelnen Schritte und deren gegenseitige Abhängigkeiten. Deshalb ist das Beispiel selbst sehr einfach gehalten, um die Beschreibung nicht unnötig aufzublähen.

Außerdem werden noch einige zusätzliche Aspekte beschrieben, die bisher nicht zur Sprache kamen:

- Übertragen der Daten von einem Formular zum anderen.
- Verschicken von Anhängen mit benutzerdefinierten Aktionen.
- Definieren einer neuen Ansicht als Standardansicht für einen Ordner.
- Durchführung des Abschlusstests.
- Troubleshooting.
- Formular-Cache.

Kapitel 5 — Praxisbeispiel: Seminarbuchung

Die Mitarbeiter von Powercom besuchen regelmäßig interne Seminare zur Weiterbildung. Der zugehörige Verwaltungsaufwand soll vereinfacht werden, indem eine Möglichkeit der Anmeldung per E-Mail geschaffen wird. Dazu entwickeln wir ein einfaches Formular und veröffentlichen dieses in einem öffentlichen Ordner auf dem Exchange-Server. Die folgenden Abschnitte beschreiben die dazu notwendigen Schritte:

- Wir erstellen für die Entwicklung einen persönlichen Ordner.
- Wir entwickeln die Formulare für die Anwendung.
- Wir führen einen Test der Anwendung durch.
- Wir portieren die Anwendung in einen öffentlichen Ordner auf dem Exchange-Server.
- Wir führen einen abschließenden Test unter realen Bedingungen durch.

seminar1.pst
seminar.oft
seminaranmeldung.oft

Das Endresultat der Übungen aus diesem Kapitel finden Sie in den Beispieldateien *seminar1.pst, seminar.oft* und *seminaranmeldung.oft*. Falls Sie die Beispieldateien noch nicht installiert haben, dann finden Sie im Abschnitt „Die Übungsdateien auf der Festplatte installieren" ab Seite 14 in diesem Buch detaillierte Hinweise zum Setup. Im gleichen Abschnitt ist ebenfalls beschrieben, wie Sie die Beispieldateien in Outlook verfügbar machen.

Persönlichen Ordner erstellen

Wir beginnen damit, einen persönlichen Ordner zu erzeugen, den wir für die Anwendungsentwicklung verwenden. Wenn die Anwendung zufrieden stellend läuft, werden wir sie auf den Exchange-Server portieren.

Datendatei erstellen

❶ Wählen Sie im Menü *Datei* den Befehl *Neu* aus und klicken auf *Outlook-Datendatei*.

❷ Bestätigen Sie den Dialog mit *OK*.

Kapitel 5　　Praxisbeispiel: Seminarbuchung

Abbildung 5.1
Speichertyp
auswählen

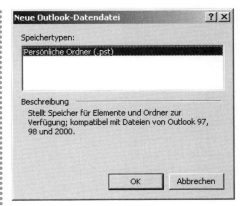

❸ Wählen Sie das Verzeichnis und den Dateinamen aus und bestätigen Sie mit *OK*.

Abbildung 5.2
Dateinamen
auswählen

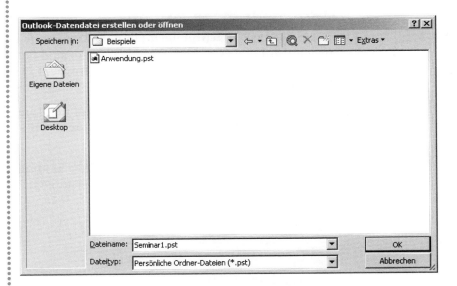

❹ Tragen Sie als Namen für den persönlichen Ordner **Seminarbuchung 1** ein und klicken Sie auf *OK*.

Kapitel 5   **Praxisbeispiel: Seminarbuchung**

Abbildung 5.3
Ordnereigenschaften festlegen

Unterordner erzeugen

In der Ordnerliste wurde jetzt ein neuer persönlicher Ordner hinzugefügt. Bis auf den Ordner *Gelöschte Objekte* sind dort aber noch keine Unterordner vorhanden. Diese werden wir jetzt in der nächsten Übung anlegen.

❶ Klicken Sie mit der rechten Maustaste auf den Eintrag *Seminarbuchung 1* in der Ordnerliste und wählen Sie aus dem Kontextmenü den Befehl *Neuer Ordner*.

❷ Geben Sie als Namen für den neuen Ordner **Seminare** ein und legen Sie als Typ für die Elemente *Kalender* fest. Bestätigen Sie den Dialog mit *OK*.

Abbildung 5.4
Neuen Ordner erzeugen

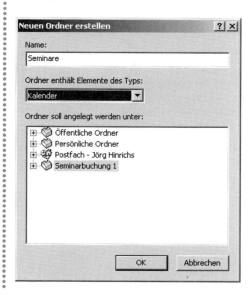

❸ Klicken Sie bei der Nachfrage nach einer Verknüpfung in der Outlook-Leiste auf *Nein*.

Formulare

Unsere Anwendung besteht aus zwei verschiedenen Formularen:

- Das Formular *Seminar* dient zum Erzeugen von neuen Seminaren im öffentlichen Ordner. Diese Elemente werden von den Koordinatoren für Weiterbildung erstellt.

- Das Formular *Seminaranmeldung* dient zum Erzeugen einer Nachricht, die an den Koordinator geschickt wird. Dieses Formular wird von dem Formular *Seminar* aus mit einer benutzerdefinierten Aktion aufgerufen.

Diese Konzeption beruht auf einigen grundsätzlichen Überlegungen.

- Die Anmeldung der Teilnehmer soll als Nachricht verschickt werden, z.B. damit die Koordinatoren der Seminare individuell antworten können. Es gibt aber noch weitere Gründe, die für diese Vorgehensweise sprechen. Der Zeitverzug bei Nachrichten ist in der Regel deutlich kürzer als bei öffentlichen Ordnern. Das hängt damit zusammen, dass eine eingehende Nachricht bei den Koordinatoren meistens sofort registriert wird, während diese ansonsten gezwungen sind, in regelmäßigen Abständen in den öffentlichen Ordner zu schauen.

- Termine eignen sich als Elementtyp für die Seminare am besten. Deshalb sollte das Basisformular für die Erstellung von Seminaren auch ein Termin-Formular sein. Das bedeutet aber automatisch, dass die Anmeldung (da es sich um eine Nachricht handeln soll) ein separates Formular erfordert.

Wir beginnen mit dem Formular für die Anmeldung, weil dieses von dem anderen Formular aus aufgerufen werden soll.

Formular für die Anmeldung erstellen

❶ Wählen Sie im Menü *Extras* den Befehl *Formulare* aus und klicken dann auf *Ein Formular entwerfen*.

❷ Wählen Sie das Formular *Nachricht* aus und klicken Sie auf die Schaltfläche *Öffnen*.

Kapitel 5 — Praxisbeispiel: Seminarbuchung

Abbildung 5.5
Formulartyp auswählen

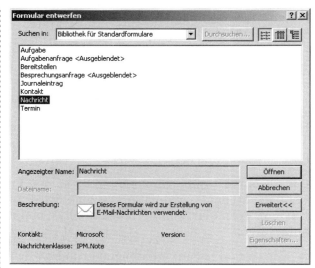

❸ Löschen Sie das große Textfeld für den Inhalt der Nachricht. Markieren Sie es dazu und drücken Sie die `Entf`-Taste.

❹ Erzeugen Sie in der Feldauswahl zwei neue Felder mit folgenden Eigenschaften:

Feldname	Feldtyp	Format
Kostenstelle	Text	Text
Vorkenntnisse	Ja/Nein	Symbol

Klicken Sie dazu jeweils auf die Schaltfläche *Neu*.

❺ Ziehen Sie die Felder aus der Feldauswahl in den Formularbereich. Passen Sie die Größe und Position so an, dass die Felder zu den übrigen Elementen bündig ausgerichtet sind (siehe Abbildung 5.6).

❻ Erzeugen Sie außerdem für das Kontrollkästchen ein eigenes Bezeichnungsfeld und benutzen Sie dieses statt der internen Beschriftung.

Kapitel 5 — Praxisbeispiel: Seminarbuchung

Abbildung 5.6
Formular
Seminaranmeldung

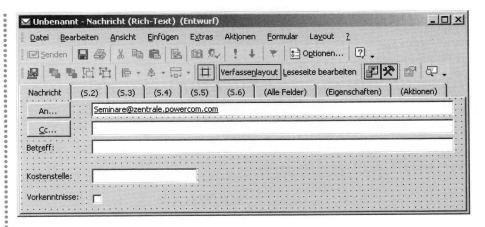

❼ Rufen Sie für das Textfeld mit der Empfängeradresse die *Eigenschaften* auf. Entfernen Sie das Häkchen bei der Eigenschaft *Aktiviert*.

❽ Richten Sie eine Tastatursteuerung für die Felder *Kostenstelle* und *Vorkenntnisse* ein, indem Sie die Eigenschaft *Titel* der zugehörigen Bezeichnungsfelder mit einem Ampersand-Zeichen vor dem jeweiligen Buchstaben versehen. Das Ergebnis sehen Sie in Abbildung 5.7.

❾ Vergeben Sie sinnvolle Namen für die hinzugefügten Text- und Bezeichnungsfelder und stellen Sie die richtige Aktivierreihenfolge ein.

❿ Markieren Sie die neu hinzugefügten Bezeichnungs- und Textfelder und übernehmen Sie diese in die Zwischenablage. Klicken Sie dann auf das Symbol *Leseseite bearbeiten*. Fügen Sie anschließend die markierten Felder aus der Zwischenablage wieder ein (machen Sie das Nachrichtenfeld ein wenig kleiner). Entfernen Sie für die Textfelder das Häkchen bei der Eigenschaft *Aktiviert*. Das Ergebnis sehen Sie in Abbildung 5.7.

Kapitel 5   Praxisbeispiel: Seminarbuchung

Abbildung 5.7
Formular *Seminaranmeldung*, Leseseite

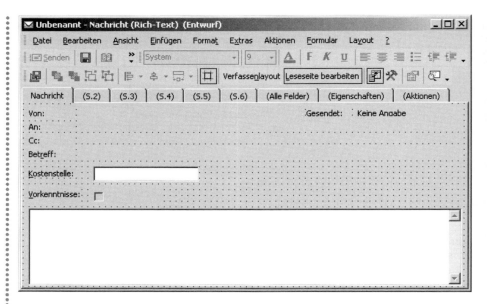

❶ Speichern Sie das Formular unter dem Dateinamen *Seminaranmeldung.oft* und veröffentlichen Sie es in der Bibliothek für persönliche Formulare.

Formular für Seminare erstellen

Das Formular zum Erstellen von Seminaren wird von den Koordinatoren für Weiterbildung benutzt, um neue Seminare im öffentlichen Ordner bekannt zu machen. Dabei sollen folgende Informationen zu den Seminaren bereitgestellt werden:

- Seminartitel,

- Beginn und Ende,

- Veranstaltungsort.

Alle diese Informationen werden bereits standardmäßig in Outlook in Form von Terminen zur Verfügung gestellt. Das ist auch der Grund, weshalb wir den Ordner mit Elementen vom Typ Kalender angelegt haben.

Das Standardformular für die Erzeugung von Terminen lässt keine Veränderung der ersten Registerkarte zu. Wir können hier entweder diese Karte benutzen oder sie ausblenden und eine eigene Karte erstellen. Wenn nicht gravierende Gründe dagegen sprechen, sollte die erste Karte verwendet werden, deshalb übernehmen wir sie einfach. Die zusätzlichen Informationen schaden nicht, da die Erstellung von Seminaren nur von einigen wenigen Anwendern vorgenommen wird, die für diesen Prozess leicht instruiert werden können.

Damit Anwender sich für ein Seminar anmelden können, erstellen wir eine Aktion in Form einer Schaltfläche in der Symbolleiste. Durch Klick auf diese Aktion wird das Anmeldeformular aufgerufen, in welches dann zusätzliche Eintragungen gemacht werden können.

❶ Wählen Sie im Menü *Extras* den Befehl *Formulare* aus und klicken Sie auf *Ein Formular entwerfen*.

❷ Wählen Sie das Formular *Termin* aus und klicken Sie auf die Schaltfläche *Öffnen*.

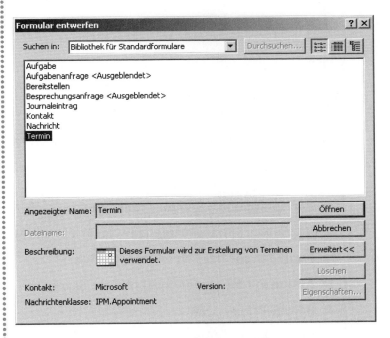

Abbildung 5.8
Formular *Termin* für den Entwurf öffnen

❸ Wechseln Sie in die Registerkarte *Aktionen*.

❹ Klicken Sie auf die Schaltfläche *Neu*.

Kapitel 5 Praxisbeispiel: Seminarbuchung

Abbildung 5.9
Neue Aktion anlegen

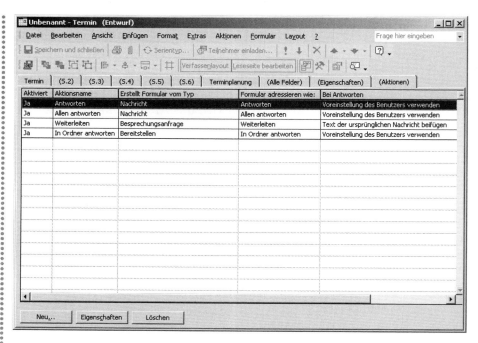

5. Machen Sie im nachfolgenden Dialog folgende Angaben (siehe Abbildung 5.9):

- Aktionsname = **Anmelden**,
- Formularname = **Seminaranmeldung**,
- Bei Antworten: **Ursprüngliche Nachricht als Anlage beifügen**,
- Formular adressieren wie: **Antworten**,
- **Aktion auf Menü und Symbolleiste anzeigen**,
- Betreff-Präfix: **ANM**,
- Diese Aktion: **Öffnet das Formular**.

Abbildung 5.10
Einstellungen für die Aktion Anmelden

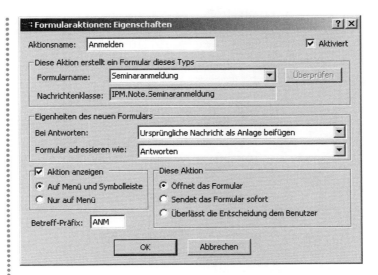

❻ Speichern Sie das Formular als Datei und veröffentlichen Sie es in der Bibliothek für persönliche Formulare.

Anwendung testen

Ordner einrichten

Der Ordner *Seminare* muss jetzt noch so eingerichtet werden, dass er unser Formular für die Darstellung der Elemente benutzt.

❶ Klicken Sie auf den Ordner *Seminare* und rufen Sie im Kontextmenü mit der rechten Maustaste die *Eigenschaften* auf.

❷ Klicken Sie in der Registerkarte *Allgemein* auf die Liste *Bereitstellen in diesem Ordner mit* und wählen Sie den Eintrag *Formular*.

Kapitel 5 Praxisbeispiel: Seminarbuchung

Abbildung 5.11
Anzeigeformular auswählen

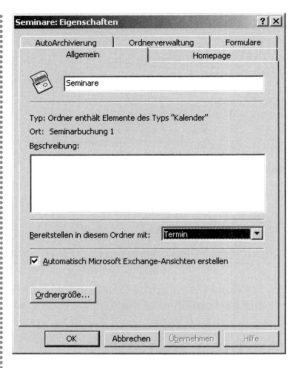

❸ Wählen Sie das Formular *Seminar* aus der Bibliothek der persönlichen Formulare aus und klicken Sie anschließend auf *Öffnen*.

Abbildung 5.12
Formular aus der persönlichen Bibliothek auswählen

❹ Bestätigen Sie den Dialog aus Schritt 2 mit *OK*.

Praxistest

Bevor die Anwendung in einem öffentlichen Ordner zur Verfügung gestellt wird, sollten Sie noch einmal einen typischen Arbeitsablauf durchspielen, um die Funktionsfähigkeit zu testen.

❶ Erstellen Sie ein neues Element im Ordner *Seminare*. Geben Sie folgende Werte ein:

- Betreff = **Grundlagen Projektmanagement**,
- Beginn = **26.06.2001**,
- Ende = **28.06.2001**,
- Ganztägig = **Aktiviert**.

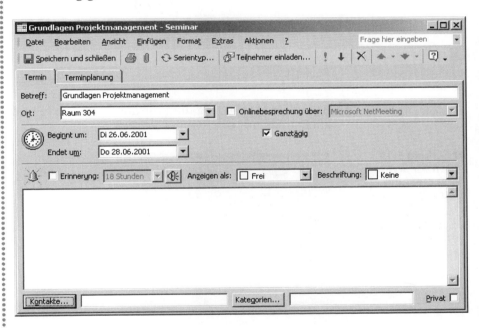

Abbildung 5.13
Testdaten für ein Seminar

❷ Speichern Sie das Element mit dem Symbol *Speichern und Schließen*.

❸ Öffnen Sie das eben erzeugte Element mit einem Doppelklick. Im Formular steht jetzt die Schaltfläche *Anmelden* in der Symbolleiste zur Verfügung.

❹ Klicken Sie auf *Anmelden*. Das Formular für die Seminaranmeldung wird eingeblendet.

Kapitel 5

Praxisbeispiel: Seminarbuchung

Abbildung 5.14
Erzeugtes Seminar öffnen

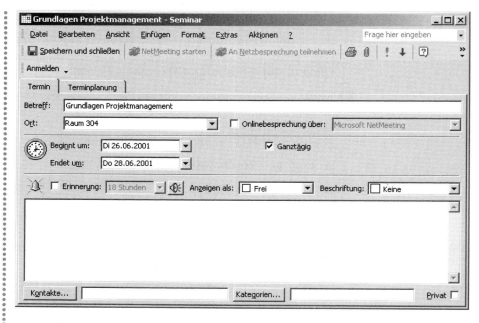

❺ Ergänzen Sie die Angaben für die Kostenstelle und Vorkenntnisse und klicken Sie auf das Symbol *Senden*.

Abbildung 5.15
Daten für Seminaranmeldung eintragen

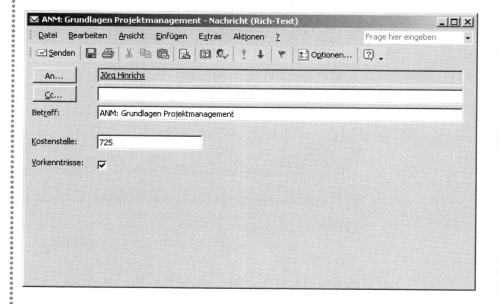

Kapitel 5

Praxisbeispiel: Seminarbuchung

❻ Dadurch, dass Sie selbst das Seminar erstellt haben, sollte Ihre Adresse als Empfänger automatisch in das Anmeldeformular eingetragen werden. Sie können deshalb in Ihrem Posteingang nachsehen, wie die Anmeldung angekommen ist.

❼ Öffnen Sie die Nachricht mit dem Betreff „ANM: Grundlagen Projektmanagement".

Die Nachricht enthält die Daten für eine normale Nachricht und zusätzlich die beiden Informationen für Kostenstelle und Vorkenntnisse. Außerdem ist das ursprüngliche Seminar noch einmal als Anlage beigelegt worden. So kann der Koordinator nachvollziehen, zu welchem Seminartermin die Anmeldung stattfinden soll. Abbildung 5.16 zeigt die Beispieldaten:

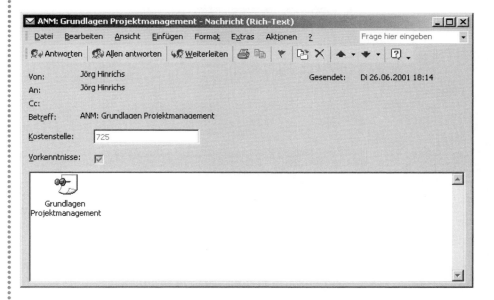

Abbildung 5.16
Beispielnachricht an den Koordinator

Verteilen der Anwendung

Öffentlichen Ordner erstellen

Als Erstes erstellen wir einen öffentlichen Ordner für die Seminare auf dem Exchange-Server. Jeder Anwender, der Zugriff auf diesen Server hat, kann im Rahmen seiner Berechtigungen mit diesem Ordner arbeiten. Die folgende Übung zeigt, wie der öffentliche Ordner eingerichtet wird.

❶ Markieren Sie den öffentlichen Ordner *Alle öffentlichen Ordner* und wählen Sie dann aus dem Kontextmenü den Befehl *Neuer Ordner*.

❷ Vergeben Sie für den Ordner den Namen **Seminare** und legen Sie fest, dass er Elemente des Typs *Kalender* enthält. Bestätigen Sie den Dialog mit *OK*.

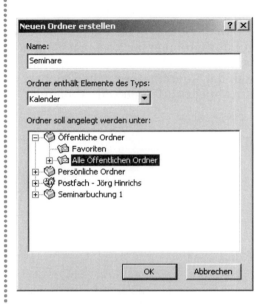

Abbildung 5.17
Neuen öffentlichen Ordner erstellen

❸ Markieren Sie den eben erstellten Ordner *Seminare,* wählen Sie im Menü *Datei* den Befehl *Ordner* und klicken Sie dann auf *Ordnerdesign kopieren*.

❹ Wählen Sie den Ordner aus, dessen Design in den öffentlichen Ordner kopiert werden soll. Aktivieren Sie im rechten Teil des Dialogs die Option *Formulare und Ansichten*. Bestätigen Sie anschließend mit *OK*.

Abbildung 5.18
Quellordner auswählen

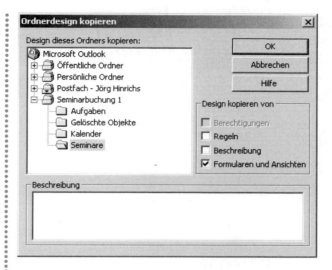

Es ist wichtig, dass Sie den Ordner nicht über Kopieren des persönlichen Ordners erstellen. Das führt zu nicht nachvollziehbaren Fehlern bei der Veröffentlichung und Benutzung von Formularen.

Benutzerdefinierte Ansicht erstellen

Um eine Übersicht über die bestehenden Seminare zu bekommen, sind die üblichen Kalenderansichten ungeeignet. Deshalb werden wir in der nächsten Übung eine eigene Ansicht erstellen, die für unsere Zwecke optimiert ist.

❶ Klicken Sie auf den öffentlichen Ordner *Seminare*, den wir gerade erstellt haben.

❷ Wählen Sie im Menü *Ansicht* den Befehl *Aktuelle Ansicht* und klicken Sie auf *Ansichten definieren*.

❸ Klicken Sie auf die Schaltfläche *Neu*.

Kapitel 5 Praxisbeispiel: Seminarbuchung

Abbildung 5.19
Ansichten verwalten

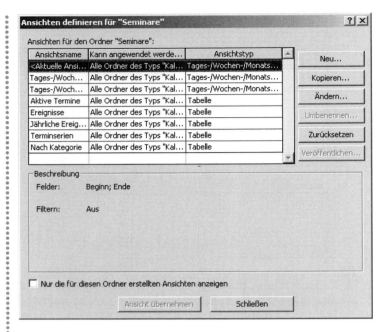

❹ Vergeben Sie für die Ansicht den Namen **Seminare**. Die Ansicht soll vom Typ *Tabelle* sein und für alle Benutzer (aber auf diesen Ordner beschränkt) gelten. Bestätigen Sie mit *OK*.

Abbildung 5.20
Ansicht definieren

❺ Wählen Sie für die Ansicht folgende Einstellungen:

- Angezeigte Felder: **Betreff, Beginn, Ende**.
- **Gruppieren nach Betreff**.
- **Sortieren nach Betreff und anschließend nach Beginn**.

Kapitel 5   **Praxisbeispiel: Seminarbuchung**

❻ Bestätigen Sie mit *OK*.

Abbildung 5.21
Anzeige, Gruppierung und Sortierung der Ansicht

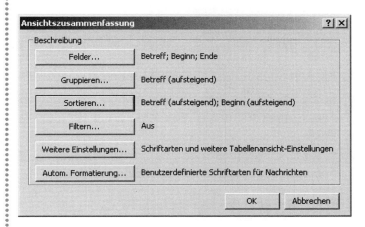

❼ Klicken Sie auf die Schaltfläche *Veröffentlichen*.

Abbildung 5.22
Neue Ansicht übernehmen

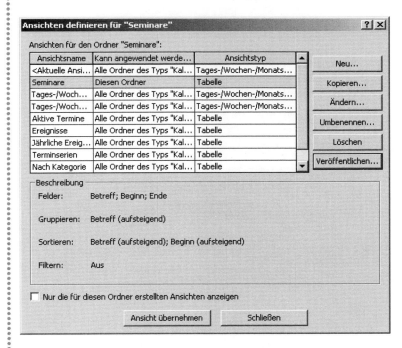

❽ Bestätigen Sie die folgende Abfrage mit *Ja*.

Kapitel 5 Praxisbeispiel: Seminarbuchung

Abbildung 5.23
Sicherheitsabfrage zur Veröffentlichung der Ansicht

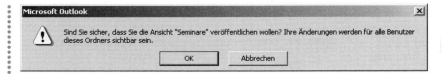

❾ Klicken Sie auf die Schaltfläche *Ansicht übernehmen*.

❿ Rufen Sie für den öffentlichen Ordner *Seminare* die Eigenschaften aus dem Kontextmenü auf. Wechseln Sie in die Registerkarte *Ordnerverwaltung*.

⓫ Wählen Sie im Feld *Erste Ansicht des Ordners* aus der Liste den Eintrag *Seminare*. Bestätigen Sie den Dialog mit *OK*.

Abbildung 5.24
Seminare als Standardansicht festlegen

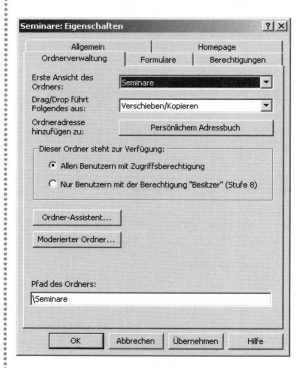

Rechte festlegen

Für die Benutzung des öffentlichen Ordners *Seminare* gibt es zwei Gruppen von Anwendern:

- **Koordinatoren für Seminare:**
  Sie müssen neue Seminare erstellen und bearbeiten können.

Kapitel 5 Praxisbeispiel: Seminarbuchung

- **Anwender, die sich zu einem Seminar anmelden möchten:**
  Diese Nutzergruppe benötigt nur Leserechte für die bereits erstellten Seminare.

Die nächste Übung befasst sich mit dem Einrichten der erforderlichen Rechte.

❶ Markieren Sie den Ordner *Seminare* und rufen Sie im Kontextmenü die *Eigenschaften* auf. Wechseln Sie in die Registerkarte *Berechtigungen*.

❷ Vergeben Sie für die Gruppe *Standard* die *Berechtigungsstufe 2* (die Stufen für *Besitzer* und *Anonym* können so bleiben).

❸ Erstellen Sie mit dem Microsoft Exchange Administrator eine Verteilerliste *Koordinatoren Seminare*.

❹ Klicken Sie in Outlook bei den Berechtigungen auf die Schaltfläche *Hinzufügen* und nehmen Sie die Gruppe *Koordinatoren Seminare* mit in die Liste hinein.

❺ Vergeben Sie für diese Verteilerliste die *Berechtigungsstufe* 6. Abbildung 5.25 zeigt das Ergebnis noch einmal in der Übersicht:

Abbildung 5.25
Berechtigungen für den Ordner *Seminare*

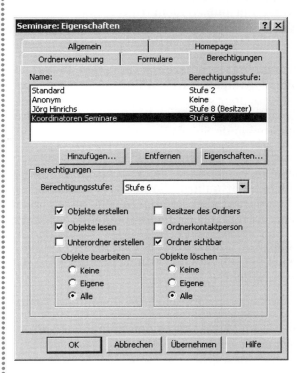

❻ Bestätigen Sie den Dialog mit *OK*.

Abschlusstest

Der Abschlusstest dient der endgültigen Verifizierung der gesamten Anwendung. Im Prinzip läuft er so ab wie der Test der Anwendung, den wir zum Ende der Entwicklung durchgeführt haben. Vielleicht sind Sie der Meinung, dass dieser Test überflüssig ist, da wir ihn ja im Prinzip schon durchgeführt haben. Es gibt jedoch viele Fehlerquellen, die in der neuen „Umgebung" des öffentlichen Ordners auftreten können:

- **Berechtigungen sind nicht ausreichend**
  Wenn Sie selbst als Entwickler den Test durchführen, verfügen Sie fast immer über weit mehr Rechte, als die normalen Anwender später besitzen werden. Deshalb ist es wichtig, dass der Test mit adäquaten Berechtigungen wiederholt wird. Am besten haben Sie selbst ein ganz normales Anwenderkonto, welches Sie für den Test benutzen können. Wenn nicht, dann lassen Sie einen der späteren Anwender den Test durchführen (am besten wenn Sie daneben sitzen).

- **Formulare stehen nicht zur Verfügung**
  Ein Anwender hat keinen Zugriff auf Formularbibliotheken, die Sie als Entwickler benutzen können. Deshalb findet Outlook die entsprechenden Formulare nicht. Dieser Fehler ist besonders tückisch, weil Outlook dann einfach ein Standardformular verwendet (es sei denn, Sie haben das in den Ordnereigenschaften anders festgelegt).

Gabi Tüchtig hat sich bereit erklärt, den Test stellvertretend für einen normalen Anwender durchzuführen. Sie haben probehalber ein Seminar in den Ordner gestellt. Gabi Tüchtig öffnet das Element – und sucht vergebens nach einer Möglichkeit, sich für das Seminar anzumelden! Die entsprechende Schaltfläche ist nicht vorhanden.

Nach kurzer Überlegung finden Sie den Grund für dieses Phänomen. Die Formulare *Seminare* und *Seminaranmeldung* sind zwar in Ihrer persönlichen Formularbibliothek veröffentlicht worden, andere Anwender haben darauf aber keinen Zugriff. Also benutzt Outlook ein normales Terminformular, um die Elemente des Ordners darzustellen.

Die beiden Formulare müssen also noch veröffentlicht werden. Dafür bietet sich der öffentliche Ordner *Seminare* an. Die nächste Übung zeigt, wie es geht:

❶ Wechseln Sie in den Entwurf des Formulars *Seminar*.

❷ Wählen Sie im Menü *Extras* den Befehl *Formulare* aus und klicken Sie auf *Formular veröffentlichen unter*.

❸ Wählen Sie in der Liste *Suchen in* den Eintrag für den öffentlichen Ordner *Seminare* und geben Sie unter *Angezeigter Name* und *Formularname* jeweils **Seminar** ein.

❹ Klicken Sie anschließend auf die Schaltfläche *Veröffentlichen*.

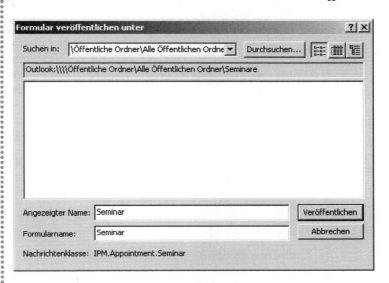

Abbildung 5.26
Formular *Seminar* veröffentlichen

❺ Wiederholen Sie die Schritte 1 bis 3 für das Formular *Seminaranmeldung*.

Nachdem Sie die Formulare veröffentlich haben, wiederholt Gabi Tüchtig den Test – leider immer noch mit negativem Resultat! Sie gehen noch einmal alle Einstellungen durch, finden aber keinen Fehler.

Nach intensiven Recherchen stoßen Sie auf das Prinzip des Formular-Cache. Damit die Formulare nicht jedes Mal aus öffentlichen Ordnern über das Netzwerk geladen werden müssen, legt Outlook lokal eine Datei auf der Festplatte an, in der die Formulare gespeichert werden. Diese Datei heißt *frmcache.dat,* wird für jeden Benutzer neu erzeugt und liegt unter Windows 2000 in folgendem Pfad:

*Dokumente und Einstellungen\Benutzername\Lokale Einstellungen\
Anwendungsdaten\Microsoft\Forms*

Diese Datei wird korrumpiert, wenn Sie ein Formular in mehr als zwei Ordnern veröffentlichen. Outlook lädt nur dann ein Formular neu in den Cache, wenn das Formular verändert wurde und dadurch einen Zeitstempel bekommen hat, der auf ein späteres Datum verweist. Es genügt also nicht, das Formular einfach neu zu veröffentlichen.

Das Verhalten des Formular-Caches in unserem Beispiel ist etwas undurchsichtig. Offensichtlich wurde aber beim ersten Testlauf ein normales Termin-Formular für das Formular *Seminare* dort abgelegt und anschließend nicht mehr aktualisiert.

Um dieses Problem zu lösen, haben Sie im Wesentlichen zwei Möglichkeiten:

- Verändern Sie das Formular und veröffentlichen Sie es erneut.
- Wenn das noch nicht reicht, löschen Sie die Datei *frmcache.dat*. Sie wird von Outlook neu erzeugt und die Formulare werden wieder neu geladen.

Wenn Sie eine Anwendung entwickeln, kann es leicht passieren, dass Sie ein Formular in mehreren Ordnern oder Bibliotheken veröffentlicht haben. Dann ist es wichtig zu wissen, in welcher Reihenfolge Outlook die Ordner und Bibliotheken nach Formularen durchsucht:

- Formular-Cache,
- Aktueller Ordner,
- Bibliothek für persönliche Formulare,
- Bibliothek für organisatorische Formulare,
- Web-Formulare auf einem Webserver.

Fazit

Wie Sie gesehen haben, gibt es im „realen Leben" eine Reihe von Aspekten, die oft überraschende Probleme aufwerfen. Um diese Probleme zu verringern, brauchen Sie sich nur an einige einfache Regeln zu halten:

- Veröffentlichen Sie das gleiche Formular in mehreren Ordnern oder Bibliotheken, dann wählen Sie unterschiedliche Formularnamen. Dadurch vermeiden Sie Probleme mit dem Formular-Cache von Outlook.
- Führen Sie auf jeden Fall einen Abschlusstest mit Anwenderrechten durch. Prüfen Sie vorher, ob alle Formulare korrekt veröffentlicht wurden und ob die Rechte ausreichend definiert sind.

Für eine Formularanwendung müssen Sie immer eine Reihe von Design-Entscheidungen treffen. In unserem Beispiel war das die Frage, ob wir ein oder zwei Formulare verwenden und welche Elementtypen der öffentliche Ordner enthalten soll. Oft gibt es hier mehrere sinnvolle Lösungen (und einige weniger sinnvolle). Eine allgemeine Regel dafür anzugeben ist fast unmöglich, dafür spielen zu viele Aspekte eine Rolle.

Versuchen Sie stattdessen, zu Beginn der Entwicklung eine Liste mit folgenden Punkten aufzustellen:

- Welche Informationen müssen verarbeitet werden?
- Welche Arbeitsschritte sind erforderlich?
- Welche Formulare gehören zu welchen Arbeitsschritten?
- Wie können Informationen von einem Formular zum anderen übertragen werden?
- Ist ein öffentlicher Ordner überhaupt notwendig?

Wenn Sie diese Fragen ausführlich beantwortet haben, fällt es Ihnen wesentlich leichter, ein geeignetes Design für Ihre Anwendung zu finden.

6 Praxisbeispiel: Urlaubsantrag

In diesem Kapitel lernen Sie

- wie Sie Daten direkt von einem Formular in ein anderes übertragen können.
- wie Kombinationsfelder in Formularen eingesetzt werden.
- wie Sie eine Bibliothek für organisatorische Formulare erstellen können.
- wie Sie organisatorische Formulare einsetzen.

Das zweite Praxisbeispiel demonstriert, wie eine Anwendung ohne öffentlichen Ordner aufgebaut wird. Auch hier geht es darum, den gesamten Arbeitsablauf der Anwendungserstellung kennen zu lernen.

Einige neue Aspekte werden wir ebenfalls behandeln:

- Übertragen der Daten von einem Formular zum anderen.
- Verwenden des Kombinationsfeldes in Formularen.
- Benutzung der Bibliothek für organisatorische Formulare.

Die Mitarbeiter von Powercom möchten gerne Ihren Urlaubsantrag per E-Mail einreichen können. Die Bearbeitung der Anträge findet durch den jeweiligen Vorgesetzten statt. Aus diesem Grund ist eine Anwendung mit öffentlichem Ordner etwas aufwändig: Entweder muss für jeden Vorgesetzten ein eigener Ordner erstellt werden, oder viele Personen müssen in demselben Ordner arbeiten (und ihre Daten auseinander halten). Außerdem besteht die Problematik des Zeitverzuges, sowohl bei der Bearbeitung des Antrages als auch bei der Benachrichtigung des Mitarbeiters. Deshalb beschließt die Firma, Nachrichtenformulare ohne öffentlichen Ordner einzusetzen. Die folgenden Abschnitte beschreiben die dazu notwendigen Schritte:

- Wir entwickeln die Formulare für die Anwendung.
- Wir führen einen Test der Anwendung durch.

urlaubsantrag.oft
urlaubsbearbei-
tung.oft

- Wir veröffentlichen die Formulare in der Bibliothek für organisatorische Formulare.
- Wir führen einen abschließenden Test unter realen Bedingungen durch.

Das Endresultat der Übungen aus diesem Kapitel finden Sie in den Beispieldateien *urlaubsantrag.oft* und *urlaubsbearbeitung.oft*. Falls Sie die Beispieldateien noch nicht installiert haben, dann finden Sie im Abschnitt „Die Übungsdateien auf der Festplatte installieren" ab Seite 14 in diesem Buch detaillierte Hinweise zum Setup. Im gleichen Abschnitt ist ebenfalls beschrieben, wie Sie die Beispieldateien in Outlook verfügbar machen.

Formulare

Unsere Anwendung besteht aus zwei verschiedenen Formularen:

- Das Formular *Urlaubsantrag* dient zum Stellen neuer Anträge. Jeder Mitarbeiter im Unternehmen kann dieses Formular verwenden.
- Das Formular *Urlaubsbearbeitung* wird vom Vorgesetzten als Antwortformular verwendet. Es informiert den Mitarbeiter, ob sein Antrag genehmigt wurde oder nicht.

Wir beginnen mit dem Formular für die Urlaubsbearbeitung, weil dieses von dem Antragsformular aus aufgerufen werden soll.

Formular für die Urlaubsbearbeitung erstellen

❶ Wählen Sie im Menü *Extras* den Befehl *Formulare* aus und klicken Sie dann auf *Ein Formular entwerfen*.

❷ Wählen Sie das Formular *Nachricht* aus und klicken Sie auf die Schaltfläche *Öffnen*.

Kapitel 6 — Praxisbeispiel: Urlaubsantrag

Abbildung 6.1
Formulartyp auswählen

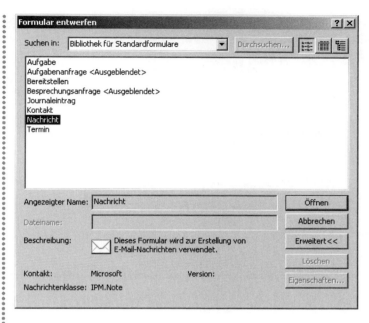

❸ Erzeugen Sie in der Feldauswahl fünf neue Felder mit folgenden Eigenschaften:

Feldname	Feldtyp	Format
Urlaubsbeginn	Datum/Uhrzeit	27. Juni 2001
Urlaubsende	Datum/Uhrzeit	27. Juni 2001
Zielort	Text	Text
UrlaubGenehmigt	Ja/Nein	Symbol
Begründung	Text	Text

Klicken Sie dazu jeweils auf die Schaltfläche *Neu*.

❹ Wechseln Sie in die Registerkarte *S.2*. Ziehen Sie die Felder aus der Feldauswahl in den Formularbereich. Passen Sie die Größe und Position so an, dass die Felder bündig zueinander ausgerichtet sind (siehe Abbildung 6.2).

Erzeugen Sie außerdem für das Kontrollkästchen ein eigenes Bezeichnungsfeld und benutzen Sie dieses statt der internen Beschriftung.

Kapitel 6 — Praxisbeispiel: Urlaubsantrag

Abbildung 6.2
Formular *Urlaubs-bearbeitung*

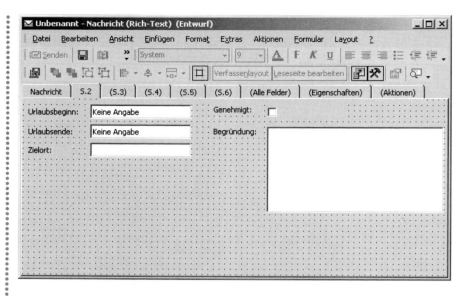

❺ Aktivieren Sie die Eigenschaft *Mehrzeilig* für das Textfeld *Begründung*.

❻ Rufen Sie für die Textfelder *Urlaubsbeginn*, *Urlaubsende* und *Zielort* die Eigenschaften auf. Entfernen Sie jeweils das Häkchen bei der Eigenschaft *Aktiviert*.

❼ Richten Sie eine Tastatursteuerung für alle Felder ein, indem Sie die Eigenschaft *Titel* der zugehörigen Bezeichnungsfelder mit einem Ampersand-Zeichen vor dem jeweiligen Buchstaben versehen. Das Ergebnis sehen Sie in Abbildung 6.3.

Abbildung 6.3
Formatierte Steuerelemente

❽ Vergeben Sie sinnvolle Namen für die hinzugefügten Text- und Bezeichnungsfelder und stellen Sie die richtige Aktivierreihenfolge ein.

❾ Wählen Sie im Menü *Formular* den Befehl *Separates Leselayout*. Klicken Sie dann auf das Symbol *Leseseite bearbeiten*.

❿ Entfernen Sie für die Felder *Genehmigt* und *Begründung* das Häkchen bei der Eigenschaft *Aktiviert*.

⓫ Speichern Sie das Formular unter dem Dateinamen *Urlaubsbearbeitung.oft* und veröffentlichen Sie es in der Bibliothek für persönliche Formulare.

Da dieses Formular später in der Bibliothek für organisatorische Formulare veröffentlicht wird, ist es nicht notwendig, die Formulardefinition zusammen mit dem Element zu speichern.

Formular für Urlaubsantrag erstellen

Das Formular zum Erstellen von Urlaubsanträgen wird von allen Mitarbeitern der Firma benutzt, um Anträge an den unmittelbaren Vorgesetzten zu stellen. Dabei sollen folgende Informationen eingetragen werden:

- Beginn und Ende,
- Zielort.

Für diese Informationen erstellen wir ebenfalls ein Nachrichtenformular. Dabei machen wir Gebrauch von den neuen Feldern, die für das letzte Formular neu angelegt worden sind.

❶ Wählen Sie im Menü *Extras* den Befehl *Formulare* und klicken dann auf *Ein Formular entwerfen*.

❷ Wählen Sie das Formular *Nachricht* aus und klicken Sie auf die Schaltfläche *Öffnen*.

Kapitel 6   Praxisbeispiel: Urlaubsantrag

Abbildung 6.4
Formular *Nachricht* für den Entwurf öffnen

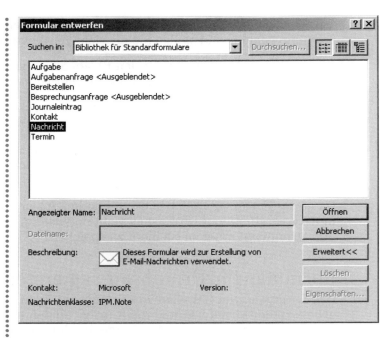

❸ Wechseln Sie in die Registerkarte *S.2*.

❹ Blenden Sie in der *Feldauswahl* die Liste der Felder *Benutzer-Posteingangsfelder* ein.

❺ Ziehen Sie die Felder *Urlaubsbeginn* und *Urlaubsende* in den Formularbereich.

❻ Blenden Sie die Werkzeugsammlung ein (falls noch nicht geschehen) und erstellen Sie ein Kombinationsfeld im Formularbereich.

❼ Rufen Sie die *Eigenschaften* für das Kombinationsfeld auf. Wechseln Sie in die Registerkarte *Anzeige* und machen Sie folgende Einträge:

- Name = **ZielortCombo**

❽ Wechseln Sie in die Registerkarte *Wert* und tragen Sie folgende Informationen ein:

- Feldauswahl = **Zielort** (zu finden unter den benutzerdefinierten Feldern)

- Mögliche Werte = **Mallorca;Griechenland;Türkei;Nordsee;Balkonien**

Trennen Sie die Einträge in der Liste der möglichen Werte jeweils mit einem Semikolon.

Kapitel 6 Praxisbeispiel: Urlaubsantrag

Abbildung 6.5
Feldeigenschaften für den Zielort

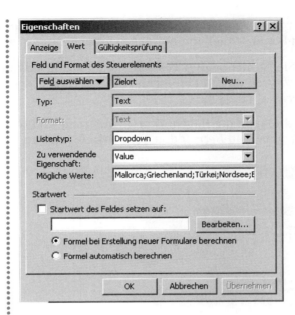

❾ Erstellen Sie ein zusätzliches Bezeichnungsfeld für den Zielort.

❿ Richten Sie alle Felder bündig zueinander aus (siehe Abbildung 6.6).

Abbildung 6.6
Formular mit ausgerichteten Feldern

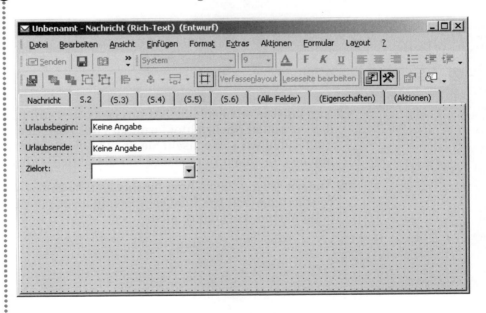

⓫ Richten Sie eine Tastatursteuerung für die Felder ein.

⓬ Vergeben Sie sinnvolle Namen und legen Sie eine geeignete Aktivierreihenfolge fest.

Kapitel 6 Praxisbeispiel: Urlaubsantrag

❸ Wählen Sie im Menü *Formular* den Befehl *Separates Leselayout* und klicken Sie anschließend auf das Symbol *Leseseite bearbeiten*.

❹ Rufen Sie für die beiden Textfelder und das Kombinationsfeld die *Eigenschaften* auf und entfernen Sie das Häkchen bei der Eigenschaft *Aktiviert*.

❺ Wechseln Sie in die Registerkarte *Nachricht* und tragen Sie als Startwert für das Feld *Betreff* den Text **Urlaubsantrag** ein.

Abbildung 6.7
Startwert für
Betreff eintragen

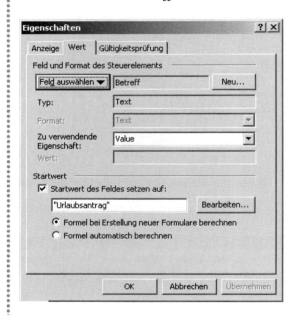

❻ Nun müssen wir noch die Aktion *Antworten* so verändern, dass statt des normalen Nachrichtenformulars das Formular *Urlaubsbearbeitung* aufgerufen wird. Wechseln Sie dazu in die Registerkarte *Aktionen* und machen Sie einen Doppelklick auf die Aktion *Antworten*.

❼ Ändern Sie die Einstellung für das Feld *Formularname* auf *Urlaubsbearbeitung* (wählen Sie dieses Formular aus der Bibliothek der persönlichen Formulare aus).

Abbildung 6.8
Änderung der
Aktion *Antworten*

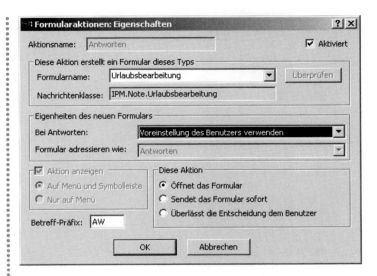

⓲ Speichern Sie das Formular als Datei und veröffentlichen Sie es in der Bibliothek für persönliche Formulare.

Anwendung testen

Praxistest

Bevor die Formulare in der Bibliothek für organisatorische Formulare veröffentlicht werden, sollten Sie noch einmal einen typischen Arbeitsablauf durchspielen, um die Funktionsfähigkeit zu testen.

❶ Erstellen Sie einen neuen Urlaubsantrag. Wählen Sie dazu im Menü *Datei* den Befehl *Neu* und klicken dann auf *Formular auswählen*.

❷ Wechseln Sie in die Bibliothek für persönliche Formulare und markieren Sie das Formular *Urlaubsantrag*.

❸ Klicken Sie anschließend auf die Schaltfläche *Öffnen*.

Kapitel 6

Praxisbeispiel: Urlaubsantrag

Abbildung 6.9
Formular *Urlaubsantrag* auswählen.

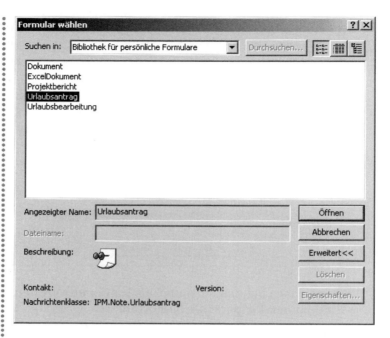

❹ Tragen Sie als Empfänger Ihre eigene Adresse ein.

❺ Wechseln Sie in die Registerkarte *S.2*. Tragen Sie dort die entsprechenden Urlaubsdaten ein (siehe Abbildung 6.10).

Abbildung 6.10
Urlaubsdaten eintragen

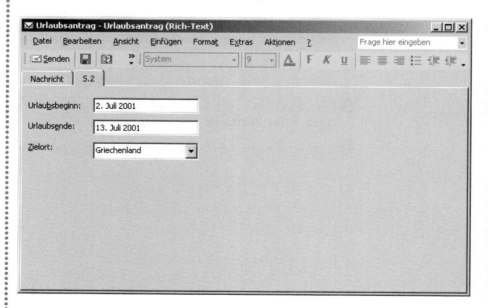

❻ Klicken Sie auf das Symbol *Senden*.

Der Urlaubsantrag wird jetzt an Ihren Posteingang geschickt. In einem zweiten Test schlüpfen wir in die Rolle des Vorgesetzten und bearbeiten den Antrag.

❶ Öffnen Sie den Urlaubsantrag in Ihrem Posteingang und wechseln Sie in die Registerkarte *S.2*. Nach kritischer Begutachtung und Gegenprüfung mit anderen Urlaubswünschen beschließen Sie, den Antrag zu genehmigen.

❷ Klicken Sie auf das Symbol *Antworten*. Das Formular für die Urlaubsbearbeitung wird eingeblendet, da wir die Aktion *Antworten* in dieser Hinsicht modifiziert haben.

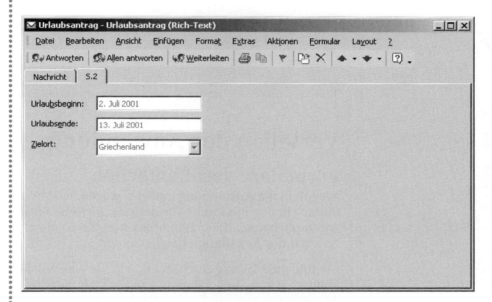

Abbildung 6.11
Urlaubsantrag öffnen

❸ Wechseln Sie in die Registerkarte *S.2* und genehmigen Sie den Antrag. Klicken Sie anschließend auf das Symbol *Senden*.

Kapitel 6 Praxisbeispiel: Urlaubsantrag

Abbildung 6.12
Urlaubsantrag genehmigen

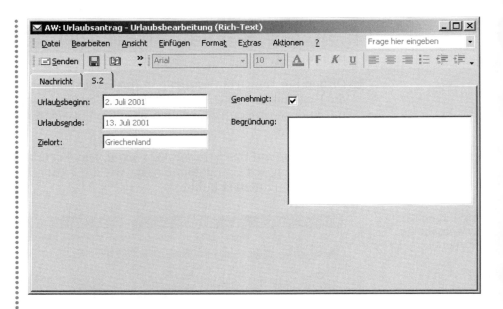

Verteilen der Anwendung

Formulare veröffentlichen

Nachdem die Anwendung getestet wurde, veröffentlichen wir die Formulare in der Bibliothek für organisatorische Formulare. Dabei prüfen wir zunächst, ob diese Bibliothek bereits existiert, denn sie muss explizit nach der Installation des Exchange-Servers angelegt werden.

Die folgende Übung zeigt Ihnen, wie Sie eine solche Bibliothek anlegen können, wenn Sie noch nicht existiert. Sie benötigen für diese Übung Administratorrechte für den Exchange-Server.

❶ Starten Sie aus dem *Startmenü* das Programm *Microsoft Exchange Administrator*.

❷ Wählen Sie im Menü *Extras* den Befehl *Formularadministrator*.

❸ Wenn die Liste leer ist, klicken Sie auf die Schaltfläche *Neu*.

Kapitel 6 Praxisbeispiel: Urlaubsantrag

Abbildung 6.13
Neue Formularbibliothek erstellen

❹ Vergeben Sie einen Namen für die Bibliothek und bestätigen Sie mit *OK*.

Abbildung 6.14
Einstellungen für die Formularbibliothek

❺ Klicken Sie auf die Schaltfläche *Berechtigungen*.

Abbildung 6.15
Liste der Formularbibliotheken

❻ Fügen Sie sich selbst zu der Liste hinzu und geben Sie sich die *Berechtigungsstufe 8*. Bestätigen Sie anschließend mit *OK*.

Abbildung 6.16
Rechte für Formularbibliothek definieren

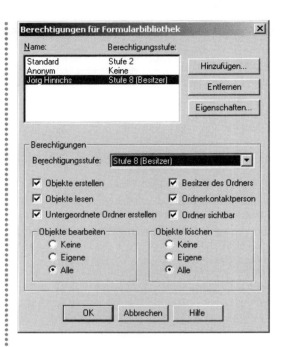

➐ Schließen Sie das Fenster für die Verwaltung der Formularbibliotheken und beenden Sie den *Microsoft Exchange Administrator*.

Nachdem Sie die Bibliothek für organisatorische Formulare erstellt haben, können Sie die Formulare für Urlaubsantrag und Urlaubsbearbeitung dort veröffentlichen.

➊ Wechseln Sie in den Entwurf des Formulars *Urlaubsantrag*.

➋ Rufen Sie im Menü *Extras* den Befehl *Formulare* auf und klicken Sie dann auf *Formular veröffentlichen unter*.

➌ Wählen Sie in der Liste die Bibliothek für organisatorische Formulare aus. Tragen Sie als Formularnamen **Urlaubsantrag** ein. Klicken Sie anschließend auf die Schaltfläche *Veröffentlichen*.

Abbildung 6.17
Urlaubsantrag
veröffentlichen

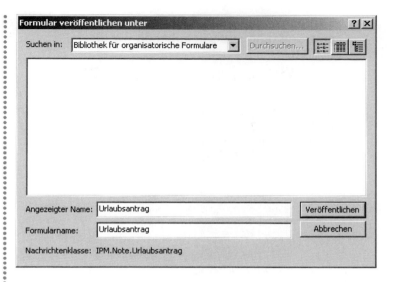

❹ Wiederholen Sie die Schritte 1 bis 3 für das Formular *Urlaubsbearbeitung*.

Abschlusstest

Wie im vorherigen Beispiel führen wir auch jetzt wieder einen Abschlusstest mit „normalen Anwenderrechten" durch. Der Test verläuft wie erwartet, deshalb wird hier auf eine nähere Beschreibung verzichtet.

Fazit

In dieser Übung taucht ein Aspekt auf, der völlig neu ist: Es ist möglich, Informationen direkt vom Formular *Urlaubsantrag* in das Formular *Urlaubsbearbeitung* zu übertragen. Im letzten Beispiel haben wir dafür einen Anhang verwendet, hier ist das nicht mehr notwendig.

Tatsächlich ist die einzige Bedingung für das Übertragen der Feldwerte von einem Formular in das andere die Gleichheit der Feldnamen. Wenn dann über eine Aktion ein anderes Formular aufgerufen wird, werden die Werte automatisch übertragen. Im Falle des letzten Beispiels wäre das auch möglich gewesen, dann hätten wir aber alle Terminfelder benutzerdefiniert neu erstellen müssen (sie stehen bei den Nachrichtenformularen nicht zur Verfügung). Deshalb wurde dort die Lösung mit dem Anhang gewählt.

Was das Formulardesign angeht hätten wir auch versuchen können, die Anwendung auf Basis eines Terminformulars aufzubauen. Da man Terminformulare aber nicht direkt, sondern auch wieder nur als Nachrichten verschicken kann, wäre das sicherlich der kompliziertere Weg gewesen (und außerdem haben wir das im letzten Beispiel ja schon gemacht).

Formulare, die in der Bibliothek für organisatorische Formulare hinterlegt werden, sind fast immer Nachrichtenformulare (denn sie sollen normalerweise an andere verschickt werden). Formulare für öffentliche Ordner könnte man prinzipiell auch dort hinterlegen, aber da deren Verwendungsbereich meist auf den Ordner beschränkt ist, werden Sie auch direkt in diesem Ordner veröffentlicht.

VBA und VBScript

Während im ersten Teil die Gestaltung von Formularen und Ordnern im Vordergrund stand, geht es jetzt um den Aspekt der Programmierung. Im Vergleich zu den anderen Office-Programmen ist Outlook in der Hinsicht einzigartig, dass es hier zwei Programmiersprachen gibt:

- **VBScript**
  VBScript wird im Zusammenhang mit Formularen eingesetzt. Jeglicher Code in einem Formular wird mit VBScript erstellt.

- **VBA**
  Visual Basic for Applications ist die Programmiersprache, welche auch in den anderen Microsoft Office-Produkten enthalten ist. Wenn Sie hier bereits Vorkenntnisse besitzen, können Sie diese ohne Probleme auf Outlook übertragen. Auch die Gestaltung von Dialogen ist mit VBA möglich.

Im Verlauf dieses Teils werden wir uns beide Programmiersprachen genau ansehen, um Gemeinsamkeiten und Unterschiede festzustellen. Außerdem werden wir Richtlinien erarbeiten, wann eine Anwendung eher mit Formularen oder mit VBA-Dialogen gestaltet werden sollte.

Ein weiterer Schwerpunkt dieses Teils liegt in der Präsentation des Objektmodells von Outlook. Sie werden die wichtigsten Objekte und ihre Einsatzmöglichkeiten kennen lernen.

Kapitel 12 und 13 behandeln jeweils ein umfangreicheres Praxisbeispiel. Anhand dieser Beispiele erkennen wir einige typische Probleme und ihre Lösungen bei der Gestaltung programmierter Outlook-Anwendungen.

7 Visual Basic for Applications

In diesem Kapitel lernen Sie

- welche Einsatzbereiche für VBScript und VBA existieren und wie diese beiden Sprachen sich unterscheiden.
- wie Sie den Visual Basic-Editor aufrufen.
- wie Sie Projekte und Module sinnvoll konzipieren.
- wie Sie einen VBA-Dialog erstellen.
- wie Sie Steuerelemente erzeugen und ihre Eigenschaften einstellen.
- wie Sie das Standardverhalten für einen Dialog festlegen.
- wie Sie Code schreiben, um auf Ereignisse zu reagieren.
- wie Sie den Dialog über eine Symbolleiste aufrufen.

VBScript und VBA

Outlook beinhaltet zwei Programmierumgebungen, die Sie für die Erzeugung von Programmcode verwenden können:

- Programmcode innerhalb von Formularen wird mit dem Skript-Editor erstellt. Der Skript-Editor ist eine ganz normale Textverarbeitung ohne zusätzliche Unterstützung für die Programmerstellung. Die Programmiersprache für den Skript-Editor ist VBScript.

- Makros und zusätzliche Funktionen werden im Visual-Basic Editor geschrieben. Der Visual-Basic Editor ist eine komplette Entwicklungsumgebung mit Texthilfen, Debugging-Werkzeugen, Syntaxüberprüfung usw. für die Verwaltung von Programmierprojekten. Die Programmiersprache für den Visual-Basic Editor ist Visual Basic for Applications (VBA).

Für den Outlook-Programmierer ist es wichtig, diese beiden Sprachen und Entwicklungsumgebungen gegeneinander abgrenzen zu können, um für seine Zwecke die richtige Wahl zu treffen. Dabei schließen sich die beiden Programmiersprachen gar nicht gegenseitig aus: Vielmehr ergänzen Sie sich in ihren Fähigkeiten und Aufgabengebieten. Im Fol-

VbaProject.otm

genden werden wir die Unterschiede (und auch die Gemeinsamkeiten) beider Sprachen herausarbeiten und damit einen Leitfaden für die Anwendung zur Verfügung stellen. Zunächst aber wollen wir ein paar Begriffe definieren, die sowohl in diesem Buch als auch in der Online-Hilfe zu Outlook ständig auftauchen.

Das Endresultat der Übungen aus diesem Kapitel finden Sie in der Beispieldatei *VbaProject.otm*. Falls Sie die Beispieldateien noch nicht installiert haben, dann finden Sie im Abschnitt „Die Übungsdateien auf der Festplatte installieren" ab Seite 14 in diesem Buch detaillierte Hinweise zum Setup. Im gleichen Abschnitt ist ebenfalls beschrieben, wie Sie die Beispieldateien in Outlook verfügbar machen.

Begriffe

Die folgende Tabelle zeigt die wichtigsten Begriffe aus dem Programmierbereich von Outlook und Visual Basic.

Begriff	Erklärung
Objekt	Dieser Begriff taucht am häufigsten auf (und ist wahrscheinlich am schwierigsten zu erklären). Ein Objekt in der Programmiersprache ist das Gegenstück zu einem real existierenden Bestandteil von Outlook. Ein Objekt kann ein Ordner oder ein Element sein, aber auch ein Formular, eine Ansicht, eine Symbolleiste usw. Die gesamte Anwendung Outlook ist letztendlich aus Objekten zusammengesetzt und die Programmiersprache arbeitet ebenfalls mit diesen Objekten.
Objektmodell	Alle Objekte von Outlook sind in einer definierten Hierarchie angeordnet, die man Objektmodell nennt. Ein Objektmodell legt fest, ob Objekte in anderen Objekten enthalten sind (z.B. Elemente in einem Ordner) und welche Aktionen mit diesen Objekten durchgeführt werden können.
Makro/ Programmcode	Programmcode ist die Gesamtheit aller Anweisungen, die in Form von Funktionen und Prozeduren zur Verfügung gestellt wird (auf den Unterschied zwischen diesen beiden werden wir später noch detailliert eingehen). Makros dagegen sind streng genommen Prozeduren, die keine Eingabewerte entgegennehmen. Das sind alle Prozeduren, die im Makro-Dialog (*Extras – Makro – Makros*) aufgerufen werden können.
VBScript / VBA	Programmiersprachen.
Skript-Editor / Visual Basic-Editor	Entwicklungsumgebungen für Programmcode.

Abgrenzung von VBScript und VBA

Verfügbarkeit
Der erste Aspekt bei der Abgrenzung der beiden Sprachen betrifft die Verfügbarkeit.

- **Verfügbarkeit von VBScript**
  VBScript steht nur innerhalb von Formularen zur Verfügung, denn nur dort kann der Skript-Editor aufgerufen werden. Das bedeutet gleichzeitig, dass ein Formular geöffnet sein muss, um den darin enthaltenen Code auszuführen.

- **Verfügbarkeit von VBA**
  VBA steht grundsätzlich zur Verfügung, solange Outlook geöffnet ist. Sie können also VBA-Programmcode jederzeit ausführen, egal in welchem Ordner Sie sich gerade befinden und welche Formulare geöffnet sind.

Aufgabenbereiche
Aus der Verfügbarkeit ergibt sich unmittelbar, für welche Aufgabenstellungen die jeweiligen Sprachen geeignet sind. Die folgende Tabelle gibt einen Überblick über typische Aufgaben von VBScript und VBA.

VBScript	VBA
Formulareingaben prüfen	Ordner bearbeiten und verwalten
Formularfelder berechnen	Elemente in Ordnern suchen und zusammenstellen
Steuerelemente im Formular verändern (aktivieren/deaktivieren, ausblenden/einblenden, Inhalte manipulieren usw.)	Inhalte von Elementen verändern
Formulareigenschaften beeinflussen	Elemente in Ordnern verwalten (neue Elemente erzeugen, Elemente löschen, kopieren usw.)

Wie Sie anhand der Tabelle sehen können, liegt der Fokus von VBScript bei Aufgaben, die direkt mit der Funktionalität des Formulars zu tun haben. Das ist auch logisch, da VBScript nur innerhalb des Formulars zur Verfügung steht. VBA dagegen wird in der Regel dann eingesetzt, wenn es um die automatisierte Verwaltung und Bearbeitung von Ordnern und darin enthaltenen Elementen geht.

Natürlich lässt sich die Trennung nicht immer so eindeutig durchführen. Es kann vorkommen, dass ein Formular für die Prüfung von Eingaben auf bereits vorhandene Elemente zurückgreifen muss (z.B. um doppelte Eingaben zu vermeiden). Es kann auch passieren, dass Formulareigenschaften und Formularinhalte in einem VBA-Makro verändert werden. Die vorherige Tabelle gibt in dieser Hinsicht nur eine generelle Richtlinie vor, die im Einzelfall durchaus einmal ignoriert werden kann.

Welche technischen Möglichkeiten gibt es, wenn die eben genannten Überschneidungen eintreten? Grundsätzlich sollten Sie dabei von der Aufgabe ausgehen, die der Code zu erfüllen hat:

- **VBScript-Code greift auf Elemente außerhalb des Formulars zu**
  Wählen Sie diese Möglichkeit, wenn beispielsweise eine Formulareingabe gegenüber bereits existierenden Elementen geprüft werden soll. Allgemein gesprochen: Wenn Inhalte eines Formulars der Auslöser für die Suche oder die Manipulation anderer Outlook-Elemente sind. Das müssen nicht immer Elemente wie Termine oder Nachrichten sein, es wäre auch denkbar, dass durch ein Formularelement automatisch ein neuer Unterordner angelegt wird.

- **VBA-Code greift auf Eigenschaften oder Inhalte eines Formulars zu**
  Dieser Fall tritt eher selten ein. Wenn VBA-Code auf Formulare zugreift, dann eigentlich nur, um diese zu verwalten. Das Öffnen eines Formulars wäre ein typisches Beispiel dafür (das ist mit VBScript gar nicht möglich, weil VBScript nicht ausgeführt werden kann, so lange das Formular noch nicht geladen ist). Wenn mehrere Formulare geöffnet sind, kann es sinnvoll sein, mit Hilfe von VBA zu steuern, welches gerade im Vordergrund angezeigt wird. Die eigentliche Funktionalität des Formulars (Erscheinungsbild und Verhalten) sollte aber immer durch VBScript automatisiert werden, auch wenn dies grundsätzlich mit VBA möglich ist.

- **VBScript-Code ruft eine VBA-Prozedur auf**
  Dieser Fall ist unter bestimmten Umständen möglich, aber auch ein wenig gefährlich. Er tritt nämlich als unbeabsichtigte Nebenwirkung des Outlook-Objektmodells auf und Microsoft empfiehlt ausdrücklich, diese Möglichkeit nicht zu nutzen. Obwohl sie funktioniert, ist sie weder dokumentiert noch getestet und wird von Microsoft nicht unterstützt.

Architektur der Sprache

VBScript und VBA sind vom Aufbau her sehr ähnlich. Beide beruhen letzten Endes auf der Sprache Basic und große Teile der Syntax sind identisch. Allerdings gibt es auch einige wesentliche Unterschiede:

VBScript	VBA
Keine Datentypen	Variablen und Werte haben Datentypen
Rudimentäre Fehlerverarbeitung	Robuste und komfortable Fehlerverarbeitung
Reine Interpretersprache	Interpreter und Compiler
Reduzierter Visual Basic Befehlsumfang	Voller Visual Basic Befehlsumfang

Entwicklungsumgebung

Die Entwicklungsumgebung ist vermutlich das, was einen Programmierer am ehesten dazu verleitet, Code mit VBA zu entwickeln. Denn der Visual Basic-Editor verfügt über eine Reihe von Features, die sowohl das Erstellen von Programmcode als auch die Fehlersuche erheblich erleichtern. Einige wichtige Features, die im Skript-Editor nicht zur Verfügung stehen, sind nachfolgend aufgelistet:

- automatische Code-Ergänzung bei Eigenschaften und Methoden,
- Syntaxhilfe während der Codeerstellung für Funktionen und Prozeduren,
- automatische Syntaxprüfung bei der Eingabe,
- Überwachung von Groß-/Kleinschreibung,
- Haltepunkte,
- Debugging-Fenster.

Die Liste ließe sich fortsetzen. Sie können aber jetzt schon erkennen, dass die Unterstützung durch die Entwicklungsumgebung bei VBA deutlich besser ist, wogegen der Skript-Editor kaum mehr Funktionalität bietet als der Texteditor Notepad von Windows.

Sowohl die Architektur als auch die Entwicklungsumgebung mögen Sie dazu verleiten, Code lieber im Visual Basic-Editor zu erstellen. Trotzdem sollte die Richtlinie für die Entwicklungsumgebung nicht der Komfort, sondern der Aufgabenbereich des Programmcodes sein. Überlegen Sie deshalb immer anhand der oben angeführten Richtlinien:

- Was tut der Programmcode?
- Welche Entwicklungsumgebung ist für diese Aufgabe am besten geeignet?

Was ist mit dem Makrorekorder passiert?

Wenn Sie bereits Makros mit Word oder Excel entwickelt haben, werden Sie sicherlich den Makrorekorder kennen und schätzen. Er bietet eine ungemein wertvolle Hilfe, sich im kaum überschaubaren Dschungel des jeweiligen Objektmodells zurechtzufinden. Leider fehlt diese Einrichtung in Outlook. Wahrscheinlich liegt das daran, dass noch nicht alle Befehle aus dem Menü auch eine Entsprechung im Code besitzen. Ganz so schlimm ist die Sache aber auch nicht, weil das Objektmodell von Outlook deutlich übersichtlicher ist als das von Word oder Excel.

Der Visual Basic-Editor

Der Visual Basic-Editor ist die Entwicklungsumgebung von VBA. Wir werden uns in diesem Abschnitt mit seinem Aufbau und seiner Handhabung befassen.

Aufbau des Visual Basic-Editors

Der Visual Basic-Editor ist eine komplette Anwendung mit eigenem Programmfenster, Menüs und Symbolleisten. Sie rufen den Visual Basic-Editor auf, indem Sie im Menü *Extras* den Befehl *Makro* anklicken und den *Visual Basic-Editor* aufrufen oder die Tastenkombination [Alt]+[F11] drücken.

Abbildung 7.1 zeigt das Programmfenster direkt nach dem Start.

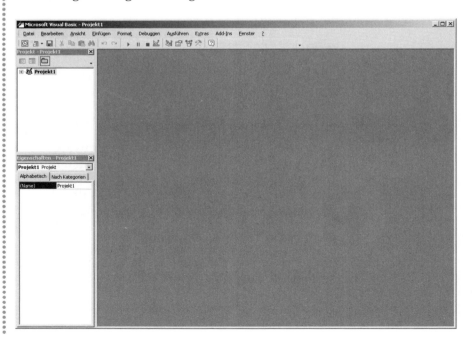

Abbildung 7.1
Das Programmfenster des Visual Basic-Editors

Neben den üblichen Elementen sind am linken Rand zwei Hilfsfenster zu sehen:

- **Der Projekt-Explorer**
  Der so genannte Projekt-Explorer bietet eine Übersicht über die vorhandenen Codemodule und ermöglicht eine einfache Navigation zwischen ihnen.

- **Das Eigenschaftenfenster**
  Dieses Fenster entspricht ziemlich genau dem Fenster *Erweitere Eigenschaften* aus der Formularentwicklung. Es hat auch dieselbe Aufgabe: Eigenschaften für Fenster und Steuerelemente auf einfache Weise zur Verfügung zu stellen.

Diese beiden Hilfsfenster (und optional noch weitere) folgen einer neuen Technik, die Microsoft seit einiger Zeit in seinen Entwicklungsumgebungen verwendet: Die Fenster „rasten ein", d.h. sie können am Rand und an anderen Fenstern verankert werden. Sie können beispielsweise die Aufteilung von Projekt-Explorer und Eigenschaftenfenster verändern, indem Sie die Maus auf die Trennlinie zwischen den Fenstern setzen und dann ziehen. Während das eine Fenster kleiner wird, wächst das andere.

Am besten lassen Sie die Aufteilung erst einmal wie sie ist. Es kann nämlich äußerst schwierig sein, ein Fenster wieder dorthin zu bekommen, wo es einmal gewesen ist. Wenn Sie es trotzdem versuchen wollen: Ziehen Sie einfach eines der Fenster in den Hauptbereich in der Mitte. Es wird dann aus der Verankerung gelöst.

Der große Bereich in der Mitte des Programmfensters ist einfach ein Container für weitere Fenster. Dies sind vor allem Fenster mit Programmcode (so genannte Modulfenster) und Dialogfenster für grafische Oberflächen. Diese und einige weitere Hilfsfenster (z.B. die Werkzeugsammlung für Steuerelemente) werden „freifliegend" innerhalb des Programmfensters angeordnet.

Der Visual Basic-Editor verfügt noch über eine ganze Reihe weiterer Fenster. Diese alle an dieser Stelle zu besprechen würde aber zu weit gehen (schließlich wollen wir die Programmierung Schritt für Schritt anhand von Beispielen vorstellen). Einige wichtige Fenster werden an geeigneter Stelle im Verlauf des Buches noch vorgestellt werden.

Kapitel 7 Visual Basic for Applications

Grundeinstellungen

Bevor wir die Arbeit mit dem Visual Basic-Editor konkret beginnen, sollten Sie auf jeden Fall zwei Einstellungen in den Optionen verändern.

❶ Rufen Sie im Menü *Extras* das Dialogfenster *Optionen* auf.

❷ Setzen Sie ein Häkchen bei der Option *Variablendeklaration erforderlich*.

Abbildung 7.2
Optionen für den Editor

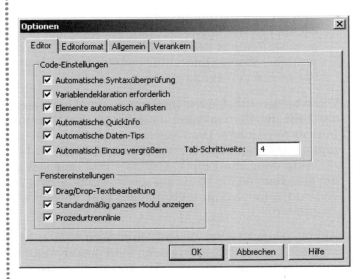

❸ Wechseln Sie in die Registerkarte *Allgemein*. Entfernen Sie im Bereich *Kompilieren* das Häkchen *Bei Bedarf*. Bestätigen Sie anschließend mit *OK*.

Abbildung 7.3
Allgemeine Optionen

Variablendeklaration erforderlich

Die Option *Variablendeklaration erforderlich* bewirkt, dass jede Variable, die Sie im Programm verwenden, vorher deklariert (d.h. bekannt gemacht) werden muss. Das gilt nicht nur für eigene Variablen, sondern auch für Namen von Steuerelementen in Dialogen und Objektbezeichnungen aus dem Outlook-Objektmodell. Wann immer Sie einen unbekannten Namen verwenden, „beschwert" sich der Compiler und zeigt Ihnen den entsprechenden Eintrag.

Der Hintergrund für das Setzen dieser Option ist folgender. Wenn Sie Variablen nicht zu deklarieren brauchen, werden Sie zur Laufzeit des Programms einfach nach Bedarf neu erzeugt. Verschreiben Sie sich dann aus Versehen bei einem Namen, entsteht einfach eine neue Variable und das Programm arbeitet nicht mehr richtig. Solche Fehler sind aus zwei Gründen schwer zu finden:

- Je weiter das Auftreten des Fehlers von seiner Verursachung entfernt ist, desto mühsamer ist die Suche danach.

- Diese Art von Fehler müssen Sie immer zur Laufzeit, d.h. während der Programmausführung, suchen. Das ist im Vergleich zu Fehlern, die Ihnen der Compiler zeigen kann, sehr zeitaufwändig.

Warum ist diese Option nicht standardmäßig gesetzt? Das hat sicherlich mit der Entstehungsgeschichte von Visual Basic zu tun, welches unter dem Motto „einfaches Programmieren" angetreten ist. Natürlich ist es einfacher, wenn man Variablen einfach so verwenden kann, ohne sie vorher zu deklarieren. Aber auf Dauer gesehen (und vor allem bei größeren Projekten) können Sie als Programmierer dabei nur verlieren.

Das Aktivieren der Option *Variablendeklaration erforderlich* führt dazu, dass in jedem neu erzeugten Codemodul als erstes die Anweisung *Option Explicit* eingetragen wird. Nur diese Anweisung (und nicht die Option) führt dazu, dass die Namensüberprüfung stattfindet. Leider wird dieser Eintrag nicht für vorhandene Codemodule eingefügt. Prüfen Sie also bereits vorhandenen Code daraufhin, ob diese Anweisung enthalten ist, und fügen Sie diese gegebenenfalls per Hand ein.

Kein Kompilieren bei Bedarf

Kompilieren ist der Vorgang der Übersetzung des Quellcodes in ausführbaren Code. Wenn Sie nach Bedarf kompilieren, bedeutet das Folgendes:

Eine Kompilierung findet nur dann statt, wenn der Code auch tatsächlich ausgeführt wird (und zwar direkt vorher). Dabei wird jeweils eine gesamte Prozedur oder Funktion überprüft.

Kompilieren bezeichnet aber nicht nur den Vorgang des Übersetzens, sondern führt auch eine Reihe von Überprüfungen des Codes durch, die wesentlich umfangreicher als der Syntaxcheck in der Entwicklungsumgebung sind. Findet der Compiler einen Fehler, dann werden Sie mit der zugehörigen Fehlermeldung genau in die Zeile gesetzt, in welcher der Fehler aufgetreten ist.

Kompilieren Sie nicht nach Bedarf (sondern immer den gesamten Code bevor das Programm gestartet wird), dann startet das Programm erst dann, wenn der gesamte Code vom Compiler als fehlerfrei bewertet wird. Der Vorteil bei dieser Vorgehensweise liegt darin, dass Fehler, die sonst erst zur Laufzeit offensichtlich werden (wenn Sie nämlich in die fehlerhafte Routine springen), bereits vor Programmstart angezeigt werden. Dadurch sparen Sie viel Zeit beim Testen.

Die Option *Variablendeklaration erforderlich* kann ihre volle Wirkung erst dann entfalten, wenn auch die Kompilierung immer vor Programmstart stattfindet!

Warum wird diese Option nicht von vornherein sinnvoll gesetzt? Es gibt einen kleinen Performanceverlust, weil jetzt bei Programmstart jedes Mal der gesamte Code kompiliert werden muss. Da VBA-Projekte aber meistens nicht besonders umfangreich sind (im Vergleich zu „richtigen" Anwendungen) und die heute üblichen Rechner schnell genug sind, ist dieser Zeitaufwand fast vernachlässigbar.

Kompilierter Code

Ich werde oft gefragt, ob denn der vom Compiler erzeugte Code echter Maschinencode ist oder nicht. Um ehrlich zu sein: Ich weiß es auch nicht. Theoretisch besteht die Möglichkeit, da ab der Version 5.0 von Visual Basic ein Maschinencode-Compiler im Produkt enthalten ist. Ob das auch für VBA gilt, ist jedoch recht fraglich (ich denke eher nicht).

Zwei Dinge können wir aber auf jeden Fall festhalten:

- Der kompilierte Code läuft auf jeden Fall schneller als im reinen Interpreter-Betrieb, auch wenn es kein richtiger Maschinencode ist.

- Kompilierung ist während der Programmentwicklung ein wertvoller Schritt, weil er viele Fehler aufzeigt, die sonst nur mit deutlich mehr Zeitaufwand zu finden sind.

Projekte und Module

Die Organisation des Programmcodes geschieht durch Projekte und Module. Thematisch zusammengehöriger Code wird dabei in Modulen zusammengefasst und mehrere Module wiederum sind Bestandteil eines Projektes. So können Sie den Code jederzeit übersichtlich ablegen und wieder finden. Alle diese Betrachtungen beziehen sich ausschließlich auf den Visual Basic-Editor und VBA. Es existiert aber meistens noch weiterer Code mit VBScript, der dann in den Formularen abgespeichert wird.

Projekte

Generell kann in Visual Basic ein Projekt mit einem Programm bzw. einer Anwendung gleichgesetzt werden. In VBA ist die Unterscheidung nicht ganz so scharf. Während in den übrigen Office-Programmen ein VBA-Projekt den Code innerhalb eines bestimmten Dokumentes bezeichnet, ist in Outlook die so genannte Sitzung der Bezugspunkt. Eine Sitzung ist dabei die Verbindung zu einer oder mehrerer Datenquellen, die von Outlook aufgebaut wird (z.B. zu einer Datendatei oder zum Exchange Server). Sämtlicher Code, der innerhalb einer solchen Sitzung existiert, bildet dann ein VBA-Projekt.

Der Code dieser Projekte wird in einer Datei gespeichert, die für jeden Benutzer (eigentlich für jede Sitzung, aber das ist das Gleiche) angelegt wird. Diese Datei heißt *VbaProject.otm* und befindet sich im Profil des Anwenders. So ist es in Outlook durchaus möglich, innerhalb eines Projektes mehrere Anwendungen zu verwalten. Sie müssen dann bei der Benennung der Module, Variablen und Dialoge sehr gut aufpassen oder verschiedene Versionen der Datei *VbaProject.otm* verwalten.

Hier wird schon ein kleines Dilemma deutlich:

- Auf der einen Seite ist VBA eine sehr mächtige Programmiersprache, die Ihnen nur wenige Einschränkungen auferlegt.

- Auf der anderen Seite ist es eigentlich nur für die Erstellung kleiner Codeeinheiten gedacht (oder zumindest einmal gedacht gewesen).

Das spiegelt sich teilweise immer noch in der Organisation der Projekte wieder. Die Erstellung ganzer Anwendungen ist in Outlook dann auch eher durch Formulare zu verwirklichen, weil diese eine geeignete Oberfläche zur Verfügung stellen. Allerdings wird die Organisation des Codes dort noch weniger unterstützt.

Module

Module sind zunächst einmal einfach Container, um artverwandten Code zusammenzufassen. Dabei gibt es verschiedene Arten von Modulen, je nach Verwendung des Codes. Die folgende Tabelle gibt eine Übersicht.

Modulart	Verwendung
(Code-)Module	Diese Module werden in der Entwicklungsumgebung namentlich nicht weiter spezifiziert. Sie enthalten ausschließlich Code, welcher allgemein verwendbar ist (das heißt z.B. kleine Makros oder Code, der nicht Elemente aus Dialogfenstern verwendet).
Fenstermodule	VBA bietet die Möglichkeit zur Erstellung von Dialogfenstern (so genannte User Forms). Jedes dieser Fenster verfügt jeweils über ein Modul.
Klassenmodule	Ein Klassenmodul bietet die Möglichkeit, eine Klasse im Sinne der objektorientierten Programmierung zu definieren. Der gesamte zugehörige Code (intern und Schnittstelle) ist dann in einem solchen Klassenmodul zu finden. Klassenmodule werden selten eingesetzt, da Visual Basic aufgrund seines Vererbungskonzeptes sehr selten für objektorientierte Programmierung benutzt wird. Wir werden in diesem Buch nicht weiter auf die Erstellung eigener Klassen eingehen.
Module für Outlook-Objekte	Für die Outlook-Anwendung selbst sind eigene Ereignisse definiert (z.B. Eintreffen neuer Nachrichten). In diesem Modul können Sie entsprechenden Code hinterlegen, der auf dieses Ereignis reagieren soll. Anderer Code sollte hier nicht gespeichert werden.

Module besitzen aber noch eine zweite Funktionalität: Sie regeln den Gültigkeitsbereich von Variablen, Funktionen und Prozeduren. Für jeden dieser Bestandteile können Sie festlegen, ob er nur innerhalb des Moduls gültig sein soll (Private) oder für das gesamte Projekt (Public). Bei der Deklaration von Variablen, Funktionen und Prozeduren werden wir auf diesen Aspekt näher eingehen.

Dialoge gestalten

In VBA haben Sie die Möglichkeit, benutzerdefinierte Dialoge zu entwerfen. Diese Dialoge haben nichts mit Formularen zu tun, sondern sind völlig eigenständige Benutzeroberflächen. Auch der zugehörige Code wird nicht mit VBScript, sondern mit VBA geschrieben.

Aufbau eines Dialogs

Ein Dialog besteht aus einem Fenster mit darin enthaltenen Steuerelementen, ähnlich wie in einem Formular. Es gibt aber auch wichtige Unterschiede:

- Ein Dialog kann weder Menüs noch Symbolleisten enthalten. Es ist durchaus möglich, per Code auf die Symbolleisten von Outlook zuzugreifen, aber im Dialogfenster selbst sind diese Elemente nicht erlaubt.

- Ein Dialog wird modal angezeigt. Das bedeutet, dass in dem gesamten Programm (und das betrifft auch Outlook, nicht nur den Visual Basic-Editor) keine andere Aktion außerhalb des Dialogs gestartet werden kann, bis der Dialog beendet ist. Sie kennen dieses Verhalten von anderen Dialogen, die Ihnen Outlook selbst zur Verfügung stellt. Ein Beispiel dafür ist der Dialog *Datei öffnen*. Erst wenn Sie den Dialog beendet haben, können Sie in Outlook weiterarbeiten. Bis dahin sind alle anderen Aktionen gesperrt.

Es ist durchaus möglich, per Code Elemente von Outlook außerhalb des Programms zu beeinflussen, während ein Dialog angezeigt wird. Per Hand (Maus oder Tastatur) ist das aber nicht möglich.

Fast alle Dialogfenster sind an einem gemeinsamen Merkmal zu erkennen: Sie besitzen eine Schaltfläche *OK* und eine Schaltfläche *Abbrechen*. Typischerweise verarbeitet *OK* die Eingaben des Dialogs, während *Abbrechen* sie verwirft.

Weil Dialogfenster immer modal angezeigt werden, sind die Einsatzmöglichkeiten eingeschränkt. Ein Gedankenexperiment soll das verdeutlichen:

Sie möchten eine Anwendung mit Hilfe von Dialogfenstern erstellen. Diese Anwendung verfügt über mehrere Fenster (es ist möglich, von einem Dialogfenster ein anderes aufzurufen). Da Sie innerhalb des Hauptfensters keine Menüs und Symbolleisten verwenden können, umgehen Sie diese Schwierigkeit mit Hilfe von Schaltflächen.

Im Hauptfenster haben Sie eine Schaltfläche hinterlegt, die eine Suchfunktion implementiert und die Ergebnisse in einem Listenfeld anzeigt. Sobald Sie aber vom Hauptfenster aus ein weiteres Fenster aufrufen, kommen Sie an diese Suchfunktion nicht mehr heran (denn das neue Fenster wird modal angezeigt). Um die Suchfunktion in der gesamten Anwendung benutzen zu können, müssten Sie also die entsprechende Schaltfläche in jedem Fenster hinterlegen, ganz zu schweigen von dem Listenfeld für die Ergebnisse.

Sie sehen schon, dass diese Vorgehensweise zu unverhältnismäßig hohem Aufwand führt, je größer die Anwendung wird. Das liegt daran, dass Dialoge für diesen Zweck gar nicht gedacht sind.

Die Aufgaben von Dialogen sind im Wesentlichen:

- Eingabewerte sammeln und an das Hauptprogramm weiterreichen. Eventuell eine begrenzte Verarbeitung der Eingabewerte durchführen.
- Komplexere Arbeitsabläufe in Form von Assistenten durch Zerlegung vereinfachen.

Der Versuch, komplexere Anwendungen mit Dialogen aufzubauen, schießt dagegen weit über das Ziel hinaus. An dieser Stelle ist es vielleicht wichtig, sich noch einmal an die ursprüngliche Motivation einer Automatisierung zu erinnern: Wiederkehrende Arbeitsabläufe auf Knopfdruck zur Verfügung zu stellen. Für das Erstellen komplexerer Anwendungen ist zumindest die Programmiersprache VBA trotz all ihrer Funktionen nicht konzipiert worden. Diese Aufgabe passt dann eher zu den „richtigen" Programmiersprachen wie Visual Basic oder Visual C++.

Wir werden nun in den folgenden Abschnitten lernen, wie ein Dialog aufgebaut ist und wie er benutzt wird. Dazu betrachten wir folgende Aufgabenstellung:

Da Powercom ein fortschrittliches Unternehmen ist, ermöglicht es seinen Kunden, die Zählerstände per E-Mail zu melden. Die Mitarbeiter von Powercom müssen dazu jeweils eine Aufforderung mit einem immer wiederkehrenden Standardtext an den Kunden schicken. Da es mehrere solcher Standardmails gibt, beschließen Sie, in Form eines Dialogs Textbausteine zur Verfügung zu stellen, die dann wahlweise in den Nachrichtentext eingebaut werden können. Dieses System ist deutlich flexibler, als für jeden Zweck fertige Vorlagen als Formular zur Verfügung zu stellen.

In der nächsten Übung lernen Sie, wie ein Dialog erzeugt wird und wie Sie einige grundlegende Einstellungen durchführen können.

❶ Rufen Sie den Visual Basic-Editor auf. Wählen Sie dann im Menü *Einfügen* den Befehl *UserForm* aus. Es wird ein leeres Fenster mit der Beschriftung »UserForm1« in der Titelzeile eingeblendet. Neben dem Fenster sehen Sie die Werkzeugsammlung (genau wie bei Formularen) und links unten werden jetzt die Eigenschaften des Dialogfensters angezeigt. Achten Sie auch darauf, dass der Projekt-Explorer um einen zusätzlichen Ordner *Formulare* und einen dort befindlichen Eintrag für das Dialogfenster erweitert wurde.

Kapitel 7 — Visual Basic for Applications

Abbildung 7.4
Erzeugen eines neuen Dialogs

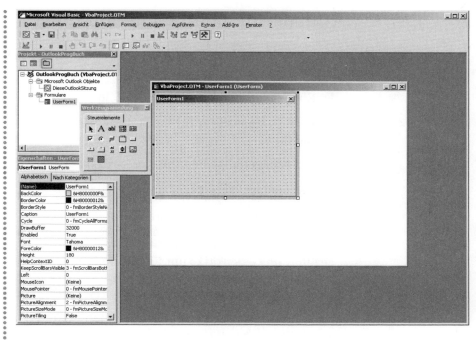

❷ Als Nächstes wollen wir zwei wichtige Eigenschaften verändern: Die Beschriftung der Titelzeile und den Namen des Fensters. Tragen Sie dazu im Eigenschaftenfenster bei der Eigenschaft *Caption* den Wert **Textbausteine** ein und bei der Eigenschaft *Name* (ganz oben) den Wert **BausteinForm**.

Die Veränderung der Eigenschaften in Schritt 2 bewirkt Folgendes:

- Die Titelzeile des Dialogfensters wird sofort aktualisiert.
- Der angezeigte Name für das Fenster im Projekt-Explorer wird ebenfalls angepasst.

Während die Eigenschaft *Caption* lediglich Auswirkungen auf das optische Erscheinungsbild des Dialogfensters hat, bestimmt die Eigenschaft *Name,* wie das Fenster im Programmcode referenziert werden kann. Das ist zumindest einmal beim Aufruf des Fensters notwendig.

Der Name Formulare im Projekt-Explorer ist etwas unglücklich gewählt. Hier handelt es sich nur um Dialogfenster in VBA, nicht um Outlook-Formulare!

Steuerelemente in einem Dialog

Der Mechanismus, um Steuerelemente zu einem Dialogfenster hinzuzufügen, ist identisch mit dem von Formularen her bekannten. Wir benötigen folgende Bestandteile für unseren Dialog:

- Ein Bezeichnungsfeld und Textfeld für den Namen des Kunden.
- Zwei Optionsfelder für die Anrede (Herr/Frau) mit zugehörigem Rahmen.
- Ein Kontrollkästchen für den Textbaustein »Zählerstand«.
- Zwei Schaltflächen (*OK* und *Abbrechen*).

Über das Eigenschaftenfenster können Sie wie bei Outlook-Formularen auch die Steuerelemente konfigurieren. Markieren Sie dazu jeweils das gewünschte Steuerelement, die Eigenschaften werden dann sofort angezeigt. Im Gegensatz zum Eigenschaften-Dialog bei Formularen brauchen Sie das Eigenschaftenfenster nicht jedes Mal zu schließen, wenn Sie ein neues Steuerelement bearbeiten möchten.

Die folgende Tabelle zeigt die einzelnen Steuerelemente und die Eigenschaften, die Sie dafür verändern müssen.

Steuerelement	Eigenschaft	Wert
Bezeichnungsfeld Kunde	Name Caption	KundeLabel **Kunde:**
Textfeld Kunde	Name	KundeText
Rahmen Anrede	Name Caption	AnredeFrame **Anrede**
Optionsfeld Herr	Name Caption	HerrOption **Herr**
Optionsfeld Frau	Name Caption	FrauOption **Frau**
Kontrollkästchen Zählerstand	Name Caption	ZaehlerCheck **Textbaustein Zählerstand**
Schaltfläche OK	Name Caption	OKButton **OK**
Schaltfläche Abbrechen	Name Caption	AbbrechenButton **Abbrechen**

Abbildung 7.5 zeigt das Dialogfenster mit allen Steuerelementen.

Kapitel 7 **Visual Basic for Applications**

Abbildung 7.5
Dialog mit Steuer-
elementen

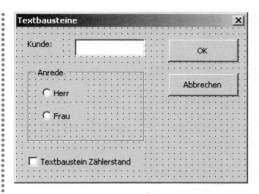

Gehen Sie folgendermaßen vor, um die Steuerelemente zu erzeugen:

❶ Klicken Sie auf die entsprechenden Steuerelemente in der Werkzeugsammlung und platzieren Sie diese anschließend im Dialog.

❷ Richten Sie die Steuerelemente entsprechend Abbildung 7.5 aus und verändern Sie die Größe falls erforderlich.

❸ Stellen Sie die Eigenschaften mit Hilfe des Eigenschaftenfensters gemäß der letzten Tabelle ein.

Wenn die Werkzeugsammlung einmal nicht sichtbar ist, genügt es in der Regel, das Formular oder eines seiner Steuerelemente anzuklicken. Wenn das auch nicht hilft, können Sie die Werkzeugsammlung über das *Ansicht*-Menü bzw. das entsprechende Symbol einblenden.

Feinarbeiten

Um unseren Dialog noch etwas komfortabler zu machen, wollen wir einige Zusatzfunktionen einbauen:

- Es soll eine Tastatursteuerung wie bei unseren Outlook-Formularen möglich sein.

- Die Aktivierreihenfolge soll richtig festgelegt werden.

- Wie bei Dialogen üblich soll die *OK*-Schaltfläche durch ⏎ und die *Abbrechen*-Schaltfläche durch Esc ausgelöst werden können.

Die nachfolgende Übung zeigt, welche Eigenschaften eingestellt werden müssen, um dieses Verhalten zu erreichen.

❶ Anders als bei Formularen wird eine Tastatursteuerung nicht über ein Ampersand-Zeichen in der Eigenschaft *Caption* eingerichtet. Markieren Sie stattdessen das Bezeichnungsfeld *Kunde*.

Kapitel 7 — Visual Basic for Applications

❷ Tragen Sie in die Eigenschaft *Accelerator* ein großes **K** ein. Der Buchstabe K wird jetzt im Dialog unterstrichen.

❸ Tragen Sie auch für die Optionsfelder und das Kontrollkästchen einen geeigneten Buchstaben in die Eigenschaft *Accelerator* ein.

❹ Rufen Sie im Menü *Ansicht* den Befehl *Aktivierreihenfolge* auf.

❺ Legen Sie die Reihenfolge der Steuerelemente gemäß Abbildung 7.6 fest. Bestätigen Sie anschließend mit *OK*.

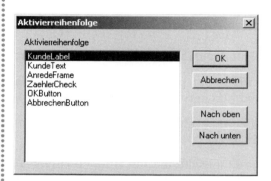

Abbildung 7.6 Reihenfolge der Steuerelemente

❻ Markieren Sie die Schaltfläche *OK* und ändern Sie die Eigenschaft *Default* auf den Wert *True*. Diese Schaltfläche kann jetzt mit der Return-Taste ausgelöst werden. Wenn Sie genau hinsehen, erkennen Sie einen dickeren Rahmen um die Schaltfläche.

❼ Markieren Sie die Schaltfläche *Abbrechen* und ändern Sie die Eigenschaft *Cancel* auf den Wert *True*. Diese Schaltfläche kann jetzt mit der Escape-Taste ausgelöst werden.

Abbildung 7.7 zeigt das Ergebnis der letzten Übung:

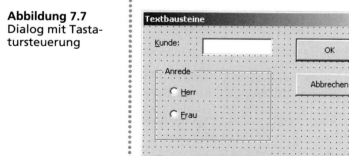

Abbildung 7.7 Dialog mit Tastatursteuerung

Der Dialog kann jetzt bereits ausgeführt werden (allerdings besitzt er noch keine echte Funktionalität). Klicken Sie dazu in das Formular und anschließend auf das Videorecorder-Symbol zum Starten.

Um den Dialog wieder zu beenden, verwenden Sie die üblichen Möglichkeiten um ein Fenster zu schließen (die Schaltflächen funktionieren jetzt noch nicht).

Code erstellen

Damit der Dialog benutzbar wird, fehlt uns noch der Code für die Schaltflächen. Dieser Code wird in Form so genannter Ereignisprozeduren erstellt, d.h. er wird nur bei bestimmten Ereignissen aufgerufen (nämlich wenn der Anwender auf die Schaltfläche klickt). Die folgende Übung zeigt Ihnen, wie Sie den Code für die Schaltflächen erzeugen können:

❶ Machen Sie einen Doppelklick auf die Schaltfläche *Abbrechen*. Sie gelangen daraufhin in das Codefenster.

❷ Der Rumpf für die Ereignisprozedur wurde bereits automatisch erzeugt. Wir müssen das Ganze jetzt noch mit Inhalt füllen. Geben Sie folgenden Code für die Schaltfläche *Abbrechen* ein (das erste und letzte Statement brauchen Sie nicht mehr einzutippen):

```
Private Sub AbbrechenButton_Click()
    Unload Me
End Sub
```

❸ Kehren Sie in das Formular zurück und machen Sie einen Doppelklick auf die Schaltfläche *OK*. Geben Sie dann folgenden Code ein:

```
Private Sub OKButton_Click()
    With ActiveInspector.CurrentItem
        If HerrOption.Value = True Then
            .Body = .Body + vbCr + "Sehr geehrter Herr "
        Else
            .Body = .Body + vbCr + "Sehr geehrte Frau "
        End If
        .Body = .Body + KundeText.Text + "," + vbCr
        If ZaehlerCheck.Value = True Then
            .Body = .Body + vbCr + "Wir benötigen Ihren Zählerstand " + _
            "für unsere jährliche Abrechnung. " + _
            "Bitte teilen Sie uns den Zählerstand per E-Mail mit."
        End If
    End With
    Unload Me
End Sub
```

Testen Sie den Dialog. Öffnen Sie dazu vorher eine neue Nachricht. Wechseln Sie anschließend in den Visual Basic-Editor und rufen Sie den Dialog auf. Tragen Sie alle Werte ein und klicken Sie anschließend auf *OK*. Abbildung 7.8 und 7.9 zeigen die Eingaben im Dialog und das Ergebnis in der Nachricht.

Abbildung 7.8
Eingaben für den Testlauf

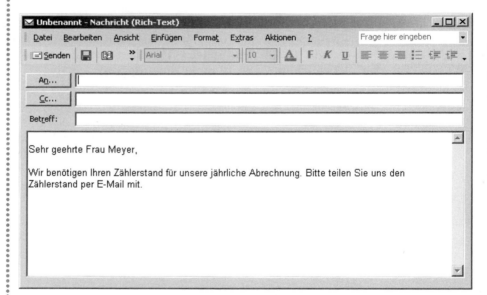

Abbildung 7.9
Erzeugter Nachrichtentext

Erläuterungen

Auf viele Aspekte der Codierung werden wir noch in weiteren Kapiteln eingehen. Da es aber sehr unbefriedigend ist, Code zu erzeugen und diesen nur teilweise zu verstehen, werde ich Ihnen die wesentlichen Bestandteile kurz erklären:

- **Sub ... End Sub**
  Diese beiden Anweisungen kennzeichnen eine so genannte Prozedur. Sämtlicher ausführbarer Code muss in Visual Basic innerhalb von Prozeduren oder Funktionen stehen.

- **Private**
  Wie schon an früherer Stelle erwähnt bedeutet Private, dass diese Prozedur nur innerhalb des Dialogs aufgerufen werden kann. Das ist bei einer Ereignisprozedur auch sinnvoll, denn die soll ja durch Klicken auf die Schaltfläche ausgelöst werden (und nicht durch einen externen Aufruf).

- **With ... End With**
  Der einzige Zweck des With-Befehls ist, Ihnen als Programmierer Schreibarbeit zu ersparen. Statt jedes Mal zu schreiben `ActiveInspector.CurrentItem.Body` können Sie innerhalb der With-Anweisung auf die ersten beiden Bestandteile verzichten und brauchen nur noch `.Body` einzugeben.

- **If ... Else ... End If**
  Die If-Anweisung realisiert eine Verzweigung im Programmablauf. Abhängig von der jeweiligen Bedingung wird eine von zwei möglichen Alternativen ausgewählt. Auf das If-Statement werden wir noch genauer im nächsten Kapitel eingehen.

- **ActiveInspector**
  Bezeichnet das gegenwärtig aktive Outlook-Formular.

- **CurrentItem**
  Gewährt den Zugriff auf die im Outlook-Formular angezeigten Felder der Nachricht.

- **Body**
  Ist die Eigenschaft für das Nachrichtenfeld einer E-Mail.

- **vbCr**
  Ist eine in Visual Basic eingebaute Konstante, welche einen Zeilenumbruch symbolisiert.

- **Dialogelemente**
  Die Verwendung von Steuerelementen des Dialogs geschieht über die dort vergebenen Namen. Auf die Eigenschaften eines Steuerelementes kann man zugreifen, indem man den Namen der Eigenschaft, durch einen Punkt getrennt, an den Namen des Steuerelementes anfügt. So bezeichnet der Ausdruck `HerrOption.Value` das Optionsfeld mit dem Namen *HerrOption* und dessen Eigenschaft *Value*, die entweder True oder False sein kann. Auf diese Art und

Weise können die Eingabewerte des Dialogs im Programmcode ausgewertet werden.

- **Unload Me**
  Entfernt den Dialog vom Bildschirm und aus dem Speicher. Me ist ein Platzhalter für das Fenster, in welchem sich der Code befindet. Wir hätten stattdessen auch schreiben können: Unload BausteinForm.

Aufruf des Dialogs

Nun müssen wir noch einen Mechanismus zur Verfügung stellen, um den Dialog einigermaßen komfortabel aufrufen zu können (schließlich wollen wir dem Anwender nicht zumuten, den Dialog aus dem Visual Basic-Editor heraus zu starten).

Dazu schreiben wir ein Makro, welches wir dann anschließend in die Symbolleiste *Format* für das Nachrichtenformular integrieren.

❶ Wählen Sie im Visual Basic-Editor im Menü *Einfügen* den Befehl *Modul* aus. Geben Sie dem Modul im Eigenschaftenfenster den Namen **Kapitel7**.

❷ Erstellen Sie im eben erzeugten Modul folgenden Code:

```
Sub StartBaustein()
    BausteinForm.Show
End Sub
```

❸ Wechseln Sie nach Outlook und erzeugen Sie eine neue Nachricht.

❹ Wählen Sie im Outlook-Formular im Menü *Extras* den Befehl *Anpassen* aus.

❺ Wechseln Sie in die Registerkarte *Befehle* und wählen Sie in der Liste *Kategorien* den Eintrag *Makros*.

Ziehen Sie anschließend das rechts angezeigte Makro *StartBaustein* mit der Maus an eine beliebige Position in der Symbolleiste *Format* des Nachrichtenformulars.

Abbildung 7.10
Anpassen der Symbolleiste

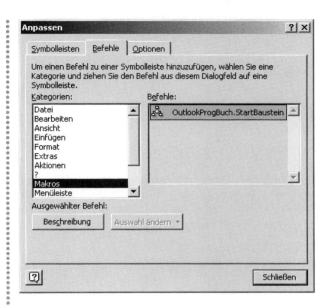

➏ Klicken Sie mit der rechten Maustaste auf den Eintrag für das Makro in der Symbolleiste. Ändern Sie den Eintrag für den Namen im Kontextmenü auf *Textbausteine* und schließen Sie den Dialog *Anpassen*.

Abbildung 7.11
Neues Symbol für das Makro *Start-Baustein*

➐ Testen Sie den Dialogaufruf, indem Sie auf das neue Symbol klicken.

8 Variablen und Kontrollstrukturen

In diesem Kapitel lernen Sie

- welche Arten von Variablen es gibt und wie sie eingesetzt werden.
- wie der Lebenszyklus einer Variablen aussieht.
- was Konstanten sind und wie sie definiert und eingesetzt werden.
- wie If- und Select Case-Anweisungen aufgebaut sind und verwendet werden.
- welche Sprungbefehle es gibt und wie sie typischerweise verwendet werden.
- wie For- und Do-Schleifen aufgebaut sind und verwendet werden.
- wie eine allgemeine Fehlerverarbeitung realisiert wird.
- welche Möglichkeiten der Reaktion auf Laufzeitfehler es gibt.

In diesem Kapitel werden Sie zunächst einige Elemente der Programmiersprache Visual Basic kennen lernen. Anschließend werden wir den Dialog für Textbausteine aus dem vorigen Kapitel erweitern und dabei die neu erworbenen Kenntnisse einsetzen.

Variablen

Eine Variable ist ein Speicherplatz irgendwo im Arbeitsspeicher des Computers. Dort können Sie einen beliebigen Wert zwischenspeichern und jederzeit wieder abrufen. Variablen erfüllen dabei im Wesentlichen drei Funktionen:

- Sie speichern Werte, die länger benötigt werden als sie sichtbar sind. Wenn Sie beispielsweise den Inhalt eines Textfeldes benötigen, nachdem der Dialog bereits geschlossen wurde, müssen Sie diesen in einer Variablen speichern.

- Sie sorgen für Übersichtlichkeit, indem Sie kurze einprägsame Namen stellvertretend für Einzelwerte oder Objekte aus dem Objektmodell zur Verfügung stellen. Eine Angabe wie `ActiveInspector`.

`CurrentItem.Body` beispielsweise ließe sich auch in einer Variable namens `text` oder `message` abspeichern. Dieser Name ist viel handlicher und macht das Programm übersichtlicher und leichter verständlich.

- Sie dienen als Übergabeparameter an Funktionen und Prozeduren (dazu mehr im nächsten Kapitel).

Lebenslauf einer Variablen

Eine Variable wird immer anhand eines bestimmten Musters verwendet, das aus insgesamt vier Schritten besteht:

- **Deklaration**
  Jede Variable sollte deklariert werden, bevor sie zum ersten Mal eingesetzt wird. Wenn das nicht der Fall ist, sorgen Sie mit dem Statement `Option Explicit` dafür (warum das sinnvoll ist, können Sie im vorigen Kapitel nachlesen)!

- **Zuweisung**
  Bevor Sie eine Variable verwenden können, erfolgt die Zuweisung eines Wertes. Dieser Wert wird an der jeweiligen Stelle im Arbeitsspeicher abgelegt.

- **Auswertung**
  Sie benutzen die Variable für Ausgaben, Berechnungen, Vergleiche oder Parameterübergaben.

- **Zerstörung**
  Wenn die Variable nicht mehr benötigt wird, kann sie zerstört werden. Das bedeutet lediglich, dass der zugehörige Speicher wieder für andere Zwecke freigegeben wird. Im Gegensatz zu den ersten drei Schritten brauchen Sie dafür keinen Code zu schreiben – dieser Schritt findet automatisch statt.

Wenn Sie sich das Leben unbedingt schwer machen wollen, können Sie den ersten Schritt auch weglassen. Ich kann aber nur dringend davon abraten. Die Zuweisung muss auf jeden Fall vor der Auswertung stattfinden: Sonst kommt am Ende nur Unsinn heraus. Wenn Sie keine Auswertung machen, können Sie sich die Variable auch sparen, dann ist sie nämlich völlig unnütz!

Die ersten drei Schritte treten also für jede Variable in genau dieser Reihenfolge auf. Danach können Zuweisung und Auswertung in jeder beliebigen Reihenfolge wiederholt werden. Wie oft das passiert und in welcher Reihenfolge hängt von der Programmlogik ab und unterliegt keinerlei Regeln.

Deklaration

Die Deklaration einer Variablen ist nichts weiter als eine Bekanntmachung des Namens und des Datentyps. Gleichzeitig mit der Deklaration legen Sie auch den Gültigkeitsbereich der Variable fest. Hier gibt es drei Möglichkeiten:

- Innerhalb einer Prozedur/Funktion:
  Platzieren Sie die Deklaration zwischen Sub ... End Sub bzw. Function ... End Function,

- innerhalb eines Moduls,

- für das gesamte Projekt.

Die beiden letzten Deklarationen finden dabei im so genannten *Allgemeinen Deklarationsbereich* statt, das ist der Bereich außerhalb von Sub ... End Sub im Modul.

Wie wird es gemacht?

Die Deklaration beginnt mit einem so genannten Schlüsselwort (Public, Private, Dim oder Global), gefolgt vom Namen der Variablen und einer Festlegung des Datentyps:

Dim Zaehlerstand As Double

Zaehlerstand ist dabei der Name der Variablen und Double der Datentyp.

Gültigkeitsbereich

Für die Verwendung des führenden Schlüsselworts gilt die folgende Tabelle:

Schlüsselwort	Ort	Gültigkeitsbereich
Dim	Zwischen Sub ... End Sub bzw. Function ... End Function	Prozedur / Funktion
Dim/Private	Allgemeiner Deklarationsbereich	Modul
Global/Public	Allgemeiner Deklarationsbereich	Projekt

Anhand der Tabelle stellt sich die Frage: Wo liegt eigentlich der Unterschied in der Verwendung von Dim/Private bzw. Global/Public?

Die Anweisungen Public und Private sind erst später dazugekommen. Beide Anweisungen sind zu großen Teilen identisch in der Verwendung und Funktionalität.

Ein paar Unterschiede gibt es aber doch:

- Sie können innerhalb einer Prozedur keine Deklaration mit `Private` durchführen.

- `Public` und `Private` lassen sich nicht nur auf Variablen, sondern auch auf Prozeduren und Funktionen anwenden (das ist mit `Dim` und `Global` nicht möglich).

Eine der größten Herausforderungen für den Neuling ist die Frage, welcher Gültigkeitsbereich am besten für die Variable geeignet ist. Die Antwort lautet: Machen Sie den Gültigkeitsbereich so klein wie möglich! Untersuchen Sie dazu genau, wo die Variable benötigt wird. Wird sie nur innerhalb einer Prozedur benutzt, dann deklarieren Sie die Variable dort. Wird sie von mehreren Prozeduren im selben Modul benötigt (aber nicht in anderen Modulen), dann platzieren Sie die Deklaration im allgemeinen Deklarationsteil. Wenn Sie Werte von einem Fenster an ein anderes übergeben müssen (z.B. bei einem Assistenten in Form von mehreren Dialogen), benötigen Sie immer globale Variablen, die im gesamten Projekt gültig sind.

Übung macht den Meister...

Mit zunehmender Erfahrung beim Programmieren werden Sie feststellen, dass Sie immer mehr „eleganten" Code schreiben. Die Eleganz von Code wird maßgeblich bestimmt durch die geeignete Platzierung von Variablen und Prozeduren und die Organisation derselben in Modulen. Das ist aber etwas, was Sie normalerweise erst im Lauf mehrerer Jahre erlernen.

Gerade zu Anfang ist es normal, dass Sie sich alten Code anschauen, den Sie vor einiger Zeit geschrieben haben, und nur noch fassungslos den Kopf schütteln können. Keine Sorge: Das ist normal und passiert manchmal selbst erfahrenen Programmierern!

Standardwerte

Jede Variable bekommt bei der Deklaration automatisch einen Standardwert zugewiesen. Dieser Wert ist die Zahl Null für alle Zahlenvariablen und ein Leerstring für alle Textvariablen.

Datentypen

Bei der Deklaration müssen Sie einen Datentyp angeben. Je nach Datentyp kann die Variable unterschiedliche Werte aufnehmen. Folgende Tabelle gibt einen Überblick über die gebräuchlichsten Datentypen.

Variablen und Kontrollstrukturen

Datentyp	Wertebereich	Geeignet für
Integer	Ca. ± 32.000	Ganze Zahlen
Long	Ca. ± 2,1 Milliarden	Ganze Zahlen
Single	Ca. ± 10^{38}	Fließkommazahlen
Double	Ca. ± 10^{308}	Fließkommazahlen
Date	01.01.100 bis 31.12.9999	Datumsangaben
Currency	Ca. ± 900 Billionen	Währungsangaben
Boolean	True/False	Ja-/Nein-Werte
String		Texte bzw. Zeichen

Anhand der Tabelle lässt sich schnell erkennen, dass der Wertebereich bei Single und Double nicht das entscheidende Kriterium sein kann (dafür sind die Zahlen einfach zu groß). Stattdessen gibt es hier einen Unterschied in der Genauigkeit. Während Single über 7 genaue Stellen verfügt (so genannte signifikante Stellen), sind es bei Double deren 15. Dabei ist es egal, ob die Stellen vor oder nach dem Komma stehen!

Variant

Einen Datentyp habe ich noch nicht eingeführt, nämlich Variant. Eine Variant-Variable besitzt keinen festgelegten Datentyp, sondern wird, je nach Verwendung im Code, in den geeigneten Datentyp konvertiert. Eine Variant-Variable deklarieren Sie einfach, indem Sie die Angabe des Datentyps weglassen oder explizit als Variant angeben:

`Dim universal` und `Dim universal As Variant` haben also dieselbe Bedeutung.

Es gibt viele Gründe, die für und gegen den Einsatz von Variant-Variablen sprechen, aber deren Behandlung würde den Rahmen dieses Buches sprengen. Ich selbst bin kein besonderer Freund von ihnen. Ich muss aber auch zugeben, dass es nur sehr wenige Situationen gibt, in denen Variant-Variablen entscheidende Nachteile haben.

Zuweisung

Eine Zuweisung an eine Variable erfolgt durch ein Gleichheitszeichen:

```
Dim zahl as Integer
zahl = 15
```

Auf der rechten Seite des Gleichheitszeichens muss nicht unbedingt eine explizite Zahl stehen, es kann auch eine andere Variable oder das Ergebnis einer Berechnung sein.

Eine Zuweisung ist keine Gleichung und hat nichts mit Mathematik zu tun!

Auswertung

Die Auswertung einer Variablen kann in verschiedenster Weise erfolgen. Die folgende Tabelle gibt einen Überblick (Auswertungsmöglichkeiten für die Variable zahl).

Auswertungsart	Beispiel
Ausgabe	MsgBox zahl
Berechnung	ergebnis = zahl * 5 + 2
Vergleich	If zahl > 15 Then
Parameterübergabe an Prozedur	Call rechnen(zahl)

Wichtig ist hier, dass der Wert von zahl nicht geändert wird. Das geschieht lediglich bei der Zuweisung.

Freigabe

Der Speicher für die Variable wird automatisch wieder freigegeben. Wann das geschieht, hängt vom Gültigkeitsbereich ab:

- Variablen innerhalb einer Prozedur werden wieder freigegeben, sobald die Prozedur beendet ist.
- Variablen mit dem Gültigkeitsbereich Modul werden freigegeben, wenn das Modul entladen wird (bei Dialogfenstern beispielsweise beim Schließen des Fensters).
- Variablen mit dem Gültigkeitsbereich Projekt bleiben bestehen, so lange Outlook läuft.

Konstante Variablen

Der Ausdruck „konstante Variable" ist eigentlich ein Widerspruch in sich. Schließlich bedeutet Variable, dass ein Wert sich verändern kann. Eine konstante Variable ist eigentlich nur eine Zahl oder ein Text, die/der einen passenden Namen bekommt. Das hat zwei Vorteile:

- Wenn die Konstante tatsächlich einmal geändert werden muss, dann ist das nur an einer Stelle im Programm erforderlich (nämlich bei der Deklaration). Das vermeidet ein fehlerträchtiges Durchsuchen des gesamten Codes.

- Gut gewählte Namen sind allemal einfacher zu lesen als Zahlen. Denken Sie nur einmal an das Internet. Kaum ein Mensch ist in der Lage, sich mehr als eine Handvoll IP-Adressen zu merken. Deshalb gibt es dort auch sinnvolle Namen wie z.B.: *www.microsoft.com*.

Der Einsatz von Konstanten ist ähnlich dem von Variablen. Allerdings darf die Zuweisung eines Wertes nur ein einziges Mal direkt bei der Deklaration erfolgen. Die Deklaration wird dabei nicht mit Dim, sondern mit dem Schlüsselwort Const durchgeführt:

```
Const mwstProzent = 16
```

Anschließend kann die Konstante ganz normal wie eine Variable verwendet werden. Nur eine Neuzuweisung des Wertes ist nicht erlaubt.

VBA beinhaltet bereits eine ganze Reihe von Konstanten. Die Konstante vbCr beispielsweise enthält die Zeichen für einen Zeilenumbruch. Die VBA-Konstanten erkennen Sie immer am Präfix vb (Visual Basic) oder ol (Outlook). Letztere spielen nur für das Outlook-Objektmodell eine Rolle.

Verzweigungen und Sprünge

Nicht nur die Verwendung von Variablen unterscheidet eine Programmiersprache wie VBA vom Makrorekorder, sondern vor allem die Möglichkeit, so genannte Kontrollstrukturen in den Programmablauf einzuflechten. Dazu zählen:

- Verzweigungen,
- Sprünge,
- Schleifen.

Mit den ersten beiden werden wir uns in diesem Abschnitt befassen, Schleifen sind Thema des nächsten Abschnitts.

Die If-Anweisung

Die If-Anweisung gibt Ihnen die Möglichkeit, abhängig von einer Bedingung mindestens zwei alternative Programmwege zu beschreiben. Sie haben diese Anweisung bereits im Beispiel aus dem letzten Kapitel kennen gelernt. Dort war folgender Code zu finden:

Kapitel 8 — Variablen und Kontrollstrukturen

```
If HerrOption.Value = True Then
    .Body = .Body + vbCr + "Sehr geehrter Herr "
Else
    .Body = .Body + vbCr + "Sehr geehrte Frau "
End If
```

Je nach Eingabe im Dialog wird hier eine von zwei möglichen Anreden eingesetzt. Welche der beiden Anweisungen ausgeführt wird, hängt von einer Bedingung ab. In diesem Fall lautet die Bedingung `HerrOption.Value = True`.

Die vollständige Syntax für eine If-Anweisung beinhaltet noch weitere Bedingungen, falls die erste nicht zutrifft. In unserem Beispiel können wir den Fall integrieren, dass die Anrede überhaupt nicht bekannt ist (keine Auswahl im Dialog). Die zugehörige If-Anweisung sähe dann so aus:

```
If HerrOption.Value = True Then
    .Body = .Body + vbCr + "Sehr geehrter Herr "
ElseIf FrauOption.Value = True Then
    .Body = .Body + vbCr + "Sehr geehrte Frau "
Else
    .Body = .Body + vbCr + "Sehr geehrte Damen und Herren "
End If
```

Mit Hilfe von ElseIf lassen sich beliebig viele Bedingungen formulieren. Ausgeführt wird aber jeweils nur eine der Alternativen (selbst wenn mehrere Bedingungen zutreffen sollten).

Select Case

Mit der Anweisung Select Case wird ebenfalls eine Verzweigung im Programmablauf realisiert. Im Gegensatz zur If-Anweisung wird als Grundlage für die Verzweigung kein Vergleich benutzt (dessen Ergebnis immer True oder False ist), sondern ein Wert. Meistens liegt dieser Wert in Form einer Variablen vor, er kann aber auch das Ergebnis einer Berechnung sein. Listing 8.1 zeigt die Syntax von Select Case für die Auswertung einer Variablen namens zahl:

Listing 8.1 Das Statement Select Case

```
Select Case zahl
Case 1
    'Code für zahl = 1
Case 2,4,7
    'Code für zahl = 2, 4 oder 7
Case 10 To 20
    'Code für zahl zwischen 10 und 20
Case Is > 50
    'Code für zahl > 50
Case Else
    'Code für andere Werte
End Select
```

Im Listing 8.1 sehen Sie etwas Neues: Die Verwendung von Kommentaren. Ein Kommentar wird durch ein einzelnes Hochkomma eingeleitet, der Rest der Zeile wird dann für die Programmausführung ignoriert.

Warum gibt es zwei Statements für dieselbe Funktionalität? Nun, zunächst einmal ist die Grundlage für die Verzweigung eine andere. Beim If ist es ein boolescher Wert, bei Select Case ein beliebiger Zahlen- oder Textwert. Dennoch ist das eher ein formaler Unterschied: Jede Select Case-Anweisung lässt sich in eine entsprechende If-Anweisung umwandeln. Außerdem ist Select Case ein wenig eingeschränkt, weil Sie immer nur einen Wert auswerten können. Eine Konstruktion wie bei dem Beispiel für die If-Anweisung (Auswahl der Anrede) wäre mit Select Case so gar nicht realisierbar.

Oft sind aber beide Statements einsetzbar und in vielen Fällen ist die Formulierung mit Select Case eleganter als die mit If. Dazu ein kurzes Beispiel:

Lösung mit if	Lösung mit case
`If zahl = 2 Or zahl = 4 Or zahl = 7 Then`	`Case 2,4,7`

Wie Sie sehen können, ist die Formulierung derselben Bedingung mit If deutlich umständlicher.

Goto

Der Goto-Befehl erlaubt einen Sprung an eine beliebige Stelle des Programms. Obwohl dies einer der umstrittensten Befehle überhaupt ist, gibt es fast keine Programmiersprache, die auf ihn verzichtet. Er ist deswegen so berüchtigt, weil Sie mit ein paar ungeschickt platzierten Gotos ein nicht mehr zu verstehendes (und damit auch nicht mehr zu wartendes) Programm erzeugen können.

Aber im Ernst: Der Goto-Befehl kann sehr leicht zu unübersichtlichen Programmstrukturen führen, weil er immer einen Bruch im regulären Programmablauf bedeutet. Er ist vielen Programmierern auch deswegen ein Dorn im Auge, weil es fast immer bessere Alternativen für die Strukturierung des Codes gibt, nämlich Verzweigungen und Schleifen. Versuchen Sie also nach Möglichkeit den Goto-Befehl zu vermeiden.

Wenn Sie unbedingt den Goto-Befehl einsetzen möchten, dann müssen Sie eine so genannte Sprungmarke definieren, nämlich das Ziel des Sprungs. Eine Sprungmarke wird immer durch einen Doppelpunkt gekennzeichnet. Listing 8.2 zeigt ein formales Beispiel:

Listing 8.2
Verwendung des
Goto-Befehls

```
Goto sprungziel
    'weitere Anweisungen
sprungziel:
```

Achten Sie darauf, dass die Sprungmarke selbst mit einem Doppelpunkt versehen wird, während der Doppelpunkt beim Goto-Befehl fehlt.

Exit-Befehle

Die *Exit-Befehle* ermöglichen Ihnen, einen Programmteil vorzeitig zu verlassen. Das kann entweder eine Schleife oder eine ganze Prozedur bzw. Funktion sein. Demzufolge gibt es vier verschiedene Exit-Befehle:

- **Exit Sub**
  Verlässt vorzeitig eine Prozedur.

- **Exit Function**
  Verlässt vorzeitig eine Funktion.

- **Exit For**
  Verlässt vorzeitig eine For-Schleife (siehe nächster Abschnitt).

- **Exit Do**
  Verlässt vorzeitig eine Do-Schleife (siehe nächster Abschnitt).

Vor allem der Befehl Exit Sub wird sehr häufig eingesetzt, meistens im Zusammenhang mit der Fehlerverarbeitung. Dazu werden wir weiter unten noch ein Beispiel zeigen. Listing 8.3 zeigt eine weitere typische Verwendung, nämlich die Überprüfung von Eingabewerten. Nehmen wir einmal an, Sie möchten das Geburtsdatum einer Person in einem Dialog mit Hilfe eines Textfeldes eingeben. Dann wissen Sie nicht, ob der eingegebene Wert tatsächlich ein gültiges Datum ist oder nicht. Außerdem müssen Sie die weitere Verarbeitung dieses Wertes von der Prüfung abhängig machen.

Ein typischer Fall für Exit Sub:

Listing 8.3
Beispiel für die
Verwendung von
Exit Sub

```
Private Sub OKButton_Click()
    If IsDate(GeburtsdatumText.Text) = False Then
        MsgBox "Das Feld Geburtsdatum enthält kein gültiges Datum!"
        Exit Sub
    End If
    'weitere Prüfungen
    'weitere Anweisungen
End Sub
```

Schleifen

Eine Schleife bietet die Möglichkeit, eine oder mehrere Anweisungen beliebig oft zu wiederholen. Damit stellen Schleifen einen unverzichtbaren Bestandteil einer Programmiersprache dar.

Visual Basic kennt zwei Arten von Schleifen:

- **Die For-Schleife**
  Die For-Schleife wird auch zählergesteuerte Schleife genannt. Die Anzahl der Schleifendurchläufe wird nämlich durch eine Zählervariable gesteuert, deren Start- und Endwert vorgegeben werden. For-Schleifen werden häufig benutzt, um mit Auflistungen im Objektmodell zu arbeiten.

- **Die Do-Schleife**
  Diese Schleife ist eine so genannte bedingte Schleife, d. h. die Anzahl der Durchläufe wird von einer Bedingung abhängig gemacht, die bei jedem Schleifendurchlauf neu ermittelt wird. Wenn die Bedingung auf Benutzereingaben aufbaut, ist es also nicht möglich zu sagen, wie oft die Schleife durchlaufen wird.

Beide Schleifen werden im Folgenden kurz vorgestellt. Dabei werden wir nicht vollständige Beispiele präsentieren, sondern kurze Codeausschnitte, welche die Arbeitsweise der jeweiligen Schleife zeigen.

Die For-Schleife

Syntax

Die Syntax der For-Schleife sieht folgendermaßen aus:

```
For i = 1 To 10
    'Schleifenanweisungen
Next i
```

Dabei ist i eine Zählervariable für die Schleife, die meistens vom Typ Integer ist (aber nicht sein muss).

Im oberen Beispiel sind die Start- und Endwerte für die Schleife festgelegt, die Schleife wird insgesamt zehn Mal durchlaufen. Sie können diese beiden Werte aber auch in Form von Variablen zur Verfügung stellen:

```
For i = startwert To endwert
    'Schleifenanweisungen
Next i
```

Während das beim Startwert eher ungewöhnlich ist, wird beim Endwert häufig von dieser Möglichkeit Gebrauch gemacht. Unser Beispiel für die Verwendung einer For-Schleife funktioniert ebenfalls auf diese Weise.

In diesem Fall zählt die Schleife in Einer-Schritten. Sie können aber auch eine beliebige Schrittweite vorgeben:

```
For i = 1 To 10 Step 3
    'Schleifenanweisungen
Next i
```

Dabei ist es nicht wichtig, den Endwert genau zu treffen. Über die Schrittweite können Sie auch Schleifen konstruieren, die rückwärts zählen, indem Sie eine negative Schrittweite vorgeben:

```
For i = 10 To 1 Step -1
    'Schleifenanweisungen
Next i
```

Achtung Falle! Wenn Sie Schleifen mit negativer Schrittweite erzeugen, sollten Sie darauf achten, dass der Startwert größer als der Endwert ist (sonst zählt die Schleife ziemlich lange).

Beispiel

Als Nächstes schauen wir uns die For-Schleife einmal im praktischen Einsatz an. Das folgende Beispiel zeigt einen kleinen Dialog, dessen Aufgabe es ist, Einzeladressen und Verteilerlisten aus dem Kontakteordner in Kombinationsfeldern anzuzeigen. Abbildung 8.1 zeigt den Dialog.

Abbildung 8.1
Der Dialog
Adressen

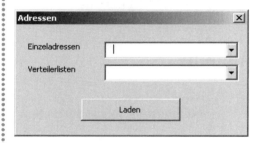

Nachdem die Schaltfläche *Laden* angeklickt wurde, werden alle Elemente des Kontakteordners der Reihe nach geprüft. Handelt es sich um eine normale Adresse, wird diese in die Liste *Einzeladressen* aufgenommen, ansonsten in die Liste Verteilerlisten. Mehr passiert in diesem Dialog auch nicht, es geht hier nur darum, die Arbeitsweise der For-Schleife zu demonstrieren.

Das Listing für die Schaltfläche *Laden* sieht dann so aus:

Kapitel 8 Variablen und Kontrollstrukturen

Listing 8.4
Überprüfen des Kontakteordners

```
Private Sub LadenButton_Click()
  Dim i As Integer

  With Application.GetNamespace("MAPI").GetDefaultFolder(olFolderContacts)
    For i = 1 To .Items.Count
      If .Items(i).Class = olContact Then
        AdressenCombo.AddItem .Items(i).LastName + "," + .Items(i).FirstName
      ElseIf .Items(i).Class = olDistributionList Then
        VerteilerCombo.AddItem .Items(i).DLName
      End If
    Next i
  End With
End Sub
```

Hier wird eine typische Verwendungsweise der For-Schleife im Zusammenhang mit so genannten Auflistungen gezeigt. Der Anfangswert wird mit 1 festgelegt, der Endwert ergibt sich aus der Anzahl der Elemente im Kontakteordner (Items.Count). Innerhalb der Schleife wird die Zählervariable i verwendet, um auf das jeweils aktuelle Element zuzugreifen (Items(i)). Mehr dazu können Sie im Kapitel über das Outlook-Objektmodell lesen, dort werden auch die übrigen Objekte näher erklärt.

Deklarieren Sie die Zählervariable für die Schleife immer lokal, das heißt innerhalb von Sub und End Sub. Der Hintergrund ist folgender: Wenn i beispielsweise global für das gesamte Projekt deklariert wird und in irgendeiner der Schleifen eine andere Prozedur aufgerufen wird, dann wird i unter Umständen doppelt benutzt (und dann gibt es garantiert Ärger). Deklarieren Sie i dagegen lokal, dann vermeiden Sie dieses Problem von vornherein.

Übrigens muss die Variable nicht unbedingt i heißen, sie können einen beliebigen Namen verwenden (aber Sie werden in fast jedem Codebeispiel i finden).

Die Do-Schleife

Syntax

Die Syntax der Do-Schleife sieht folgendermaßen aus:

```
Do While eingabewert > 10
    'Schleifenanweisungen
Loop
```

Dabei ist eingabewert eine Variable, die bei jedem Schleifendurchlauf vom Anwender neu eingegeben wird. Der der Ausdruck eingabewert > 10 steht generell für eine beliebige Bedingung, deren Ergebnis True oder False ist. Solange die Bedingung in diesem Beispiel True ist (also solange der Anwender Werte größer als 10 eingibt), läuft die Schleife weiter. Damit ist es völlig vom Benutzer abhängig, wie oft die Schleife ausgeführt wird.

Kapitel 8 — Variablen und Kontrollstrukturen

Die Do-Schleife gibt es auch noch in anderen Syntaxvarianten, die nachfolgend in der Tabelle aufgeführt sind.

Syntax	Steuerung	Bedingung

`Do While eingabewert > 10`
`    'Schleifenanweisungen`
`Loop`
	Kopfgesteuert	Laufbedingung

`Do`
`    'Schleifenanweisungen`
`Loop Until eingabewert > 10`
	Fußgesteuert	Abbruchbedingung

`Do Until eingabewert > 10`
`    'Schleifenanweisungen`
`Loop`
	Kopfgesteuert	Abbruchbedingung

`Do`
`    'Schleifenanweisungen`
`Loop While eingabewert > 10`
	Fußgesteuert	Laufbedingung

Diese Syntaxvarianten unterscheiden sich in der Steuerung der Schleife und der Art der Bedingungsauswertung.

Steuerung:

- **Kopfgesteuert**
  Bei einer kopfgesteuerten Schleife wird die Bedingung vor Ausführung der Schleifenbefehle geprüft. Es kann also passieren, dass eine Schleife überhaupt nicht ausgeführt wird, wenn die Bedingung nicht erfüllt ist.

- **Fußgesteuert**
  Eine fußgesteuerte Schleife prüft die Bedingung erst nach Ausführung der Schleifenbefehle. Deshalb wird eine fußgesteuerte Schleife auch mindestens einmal ausgeführt, unabhängig davon, ob die Bedingung erfüllt ist oder nicht.

Bedingung:

- **Laufbedingung**
  Schleifen mit einer Laufbedingung (While) werden so lange ausgeführt, wie die Bedingung erfüllt ist.

- **Abbruchbedingung**
  Schleifen mit einer Abbruchbedingung (Until) werden so lange ausgeführt, wie die Bedingung nicht erfüllt ist.

Während die beiden ersten Varianten aus der Tabelle sehr oft eingesetzt werden, sind die letzten beiden Beispiele eher selten anzutreffen. Das ist aber letztlich eine Frage der Gewohnheit. Jede Laufbedingung lässt sich auch in eine korrespondierende Abbruchbedingung transformieren. Die ersten beiden Schleifentypen sind deshalb so verbreitet, weil sie aus älteren Konstruktionen entstanden sind (nämlich der While...Wend-Schleife und der Repeat...Until-Schleife). Diese Schleifen gibt es auch nach wie vor.

Zähler

In einer Do-Schleife können Sie auch mit einem Zähler arbeiten. Anders als bei der For-Schleife müssen Sie sich hier aber selbst um die Initialisierung und Inkrementierung des Zählers kümmern:

```
i = 0
Do While eingabewert > 10
    'Schleifenanweisungen
    i = i + 1
Loop
```

Hier könnten Sie beispielsweise i benutzen, um die Anzahl der eingegebenen Werte zu zählen. Die Initialisierung erfolgt vor Beginn der Schleife, die Inkrementierung in der Schleife selbst.

Beispiel

Das folgende Beispiel demonstriert den Einsatz einer Do-Schleife. Hier geht es lediglich darum, die Anzahl der Aufgaben mit der Priorität »hoch« zu ermitteln. Damit dazu nicht jedes Element einzeln geprüft werden muss, werden die Einträge vorher nach Priorität sortiert, so dass die wichtigen Aufgaben zuerst kommen. Die Schleife zählt dann nur so lange, wie die Priorität „hoch" ist, danach hört sie auf. Listing 8.5 zeigt die Lösung für dieses Beispiel:

Listing 8.5
Ermittlung der Anzahl wichtiger Aufgaben

```
Sub CheckAufgaben()
    Dim i As Integer
    Dim myItems As Items

    Set myItems=Application.GetNamespace("MAPI"). _
                GetDefaultFolder(olFolderTasks).Items
    myItems.Sort "[Importance]", True
    i = 0
    Do While myItems(i + 1).Importance = olImportanceHigh
        i = i + 1
    Loop

    MsgBox "Es gibt " + CStr(i) + " wichtige Aufgaben"
End Sub
```

Wie Sie sehen, wird in diesem Beispiel ein eigener Zähler verwaltet, der in der Schleife hochgezählt wird. Wichtig ist auch, dass Sie hier eine kopfgesteuerte Schleife verwenden für den Fall, dass gar keine wichtigen Aufgaben existieren.

Kapitel 8   Variablen und Kontrollstrukturen

Endlosschleifen

Bei der Entwicklung von Programmteilen mit Schleifen kann es passieren, dass Sie eine Endlosschleife erzeugen (z.B. weil Sie die Bedingung falsch formuliert haben). Sobald Sie dann den Testlauf starten, bleibt ihr Programm scheinbar an der entsprechenden Stelle stehen.

Wenn Sie in eine Endlosschleife geraten sind oder das Programm aus irgendeinem anderen Grund nicht mehr zu reagieren scheint, drücken Sie die Tastenkombination [Strg]+[Pause]. Das Programm wird dann unterbrochen und Sie können es anschließend beenden.

Fehlerverarbeitung und Fehlersuche

Als Programmierer tendieren Sie immer dazu, Ihr Programm so zu testen, dass keine Fehler auftreten. Sie können das auch sehr gut, weil Sie genau wissen, wie das Programm arbeitet. Ein Anwender tut das nicht. Er ist nicht in der Lage, eine unlogisch gestaltete Benutzeroberfläche in ihrer Funktionalität zu durchschauen. Er weiß auch nicht, ob vielleicht bestimmte Eingaben in einer festgelegten Reihenfolge gemacht werden müssen. Er vertraut Ihnen als Programmierer dahingehend, dass die Eingabe eines falschen Wertes keine unerfreulichen Konsequenzen hat usw.

Kurz – Ein Anwender findet Fehler meist sehr viel schneller, als Sie das jemals tun würden. Deshalb ist es sehr wichtig, ein Produkt immer von jemandem testen zu lassen, der es nicht selbst programmiert hat.

Einige Fehler können Sie im Vorhinein abfangen. Beispielsweise können Sie bei Pflichtfeldern in Dialogen überprüfen, ob ein Wert eingegeben wurde, bevor Sie die Verarbeitung durchführen. Das sieht dann so aus:

Listing 8.6
Überprüfung eines Pflichtfeldes

```
If NachnameText.Text <> "" Then
    MsgBox "Das Feld Nachname ist ein Pflichtfeld!"
    Exit Sub
End If
```

Es gibt aber auch Fehler, die Sie nicht vorhersehen können. Ich möchte Ihnen anhand eines Beispiels zeigen, was alles passieren kann (und bestimmt sind das noch nicht alle Fehlerquellen). Sie öffnen im Programmcode eine Datei, die unter einem bestimmten Pfad und Dateinamen im Netzwerk abgelegt ist. Das Öffnen kann fehlschlagen weil:

- Die Verbindung zum Server zusammengebrochen ist.
- Das Netzlaufwerk beim Booten des Rechners nicht gemappt wurde.
- Die Datei sich inzwischen woanders befindet.
- Der Anwender keine ausreichenden Zugriffsrechte besitzt.
- Der Server wegen Überlastung nicht antwortet.

Kapitel 8 — Variablen und Kontrollstrukturen

Diese Liste ließe sich sicher noch eine Weile fortsetzen. Selbst wenn Sie versuchen, alle Fehlerquellen abzufangen, gibt es bestimmt noch etwas, woran Sie nicht gedacht haben. Was passiert, wenn ein Fehler auftritt?

Sie bekommen eine Fehlermeldung mit der Fehlernummer und dem Fehlertext. Sie können dann die Ausführung des Codes beenden (das ist nicht gut) oder Sie können in den Testmodus wechseln. Dann landen Sie im Visual Basic-Editor und müssen sich mit dem Code herumschlagen (das ist gut für Programmierer, aber schlecht für Anwender). Was immer Sie auch tun, das Ergebnis ist sehr unbefriedigend. Um diesen Zustand zu vermeiden, können Sie eine allgemeine Fehlerverarbeitung in Ihren Code integrieren, die (fast) jeden Laufzeitfehler generell abfängt. Dann hängt es von Ihnen ab, was weiter geschieht.

On Error Goto

Das Statement `On Error Goto` schaltet für Ihr Programm das Abfangen von Fehlern ein. Sie müssen dann eine Sprungmarke wie bei einem normalen Goto-Befehl angeben, an der Ihre eigene Fehlerverarbeitung einsetzt. Damit die Fehlerverarbeitung vom Rest des Codes einigermaßen getrennt ist, wird das Ganze folgendermaßen aufgebaut:

Listing 8.7
Prinzip der allgemeinen Fehlerverarbeitung

```
Sub XY()
    On Error Goto Fehler
    'regulärer Code
    Exit Sub

Fehler:
    'Fehlerverarbeitung
End Sub
```

Aus Listing 8.7 ergeben sich folgende Regeln:

- `On Error Goto` sollte das erste Statement sein. Erst danach findet ein Abfangen allgemeiner Fehler statt.

- Wie bei einem normalen Goto können Sie nicht ein Sprungziel außerhalb der Prozedur angeben. Deshalb muss jede Sub (und vielleicht auch Function) eine eigene Fehlerverarbeitung haben.

- Der reguläre Code wird mit der Anweisung `Exit Sub` abgeschlossen. Der Grund liegt auf der Hand. Wenn diese Anweisung nicht existiert und der Code ohne Fehler ausgeführt wird (das soll ja auch vorkommen), dann wird die Fehlerverarbeitung trotzdem ausgeführt.

- Sie müssen die Sprungmarke natürlich nicht unbedingt `Fehler` nennen, aber ich finde, es bietet sich an.

Fehlerverarbeitung

Der spannende Teil an der ganzen Geschichte ist natürlich die Fehlerverarbeitung. Hier stehen Ihnen erst einmal grundsätzlich drei Möglichkeiten zur Auswahl:

Variante 1 ist: Sie tun nichts Besonderes. Sie geben sicherlich eine Fehlermeldung aus, vielleicht sogar eine verständlichere als die Systemmeldung. Ansonsten machen Sie nichts. Die jeweilige Sub wird dann einfach beendet. Vorteil: Für den Anwender läuft das Programm auf jeden Fall weiter, es ist nicht „abgestürzt". Es gibt zwar einen Fehler aus, bietet aber danach die Möglichkeit zum Weiterarbeiten.

Listing 8.8 zeigt den zugehörigen Beispielcode:

Listing 8.8
Fehlerverarbeitung mit eigenen Fehlermeldungen

```
Fehler:
    If Err.Number = 48 Then
        MsgBox "Die Datei trouble.dll befindet sich nicht auf " & _
               "Ihrem Rechner!"
    Else
        MsgBox Err.Description
    End If
```

Das oben angeführte Beispiel benutzt ein Objekt mit dem Namen Err. Es handelt sich dabei um ein internes Objekt in VBA für die Fehlerverarbeitung. Die beiden wichtigsten Eigenschaften werden auch im Code benutzt:

- **Number**
  Bezeichnet die Fehlernummer

- **Description**
  Beinhaltet den Text der Fehlermeldung

In unserem Beispiel überprüfen wir die Fehlermeldung. Nehmen wir einmal an, der reguläre Code greift auf eine Datei namens *trouble.dll* zu. Diese Datei kann nicht geöffnet werden. Der mit Abstand wahrscheinlichste Grund besteht darin, dass die Datei nicht existiert, weil es sich um eine eigene Hilfsdatei handelt, die auf jeden Rechner verteilt werden muss. Für diesen Fall beschließen Sie, eine eigene und aussagekräftigere Fehlermeldung auszugeben (der Standard lautet: „Fehler beim Laden einer Code-Ressource oder DLL"). Für alle anderen Fehler verwenden Sie die Standardmeldung, die das System sonst auch ausgegeben hätte. Diese befindet sich als Text in Err.Description.

Die zweite Möglichkeit der Fehlerverarbeitung benutzt den Befehl Resume:

Listing 8.9
Fehlerverarbeitung mit Resume

```
Fehler:
    MsgBox Err.Description
    Resume
```

Resume bedeutet, dass die Ausführung des Codes in derselben Zeile fortgesetzt wird, wo der Fehler aufgetreten ist. Das setzt natürlich voraus, dass der Fehler inzwischen nicht mehr existiert! Ansonsten haben Sie eine sehr trickreiche Endlosschleife gebaut. Hierbei gibt es zwei Möglichkeiten:

- Sie sorgen in der Fehlerverarbeitung dafür, dass der Fehler beseitigt wird. Bekommen Sie beispielsweise einen Fehler, wenn Sie versuchen, eine Datei zweimal hintereinander zu öffnen, ohne sie wieder zu schließen, dann können Sie in der Fehlerverarbeitung die Datei schließen und das Öffnen noch einmal probieren.

- Der Fehler beseitigt sich von selbst. Von dieser Sorte Fehler gibt es leider nicht sehr viele. Wenn Sie z.B. versuchen, auf einen gesperrten Datensatz einer Datenbank zuzugreifen, dann wird diese Sperrung sicherlich irgendwann aufgehoben.

Sie müssen absolut sicher sein, dass der Fehler nicht mehr auftritt, wenn Sie mit Resume arbeiten. Die Verwendung von Resume ist deshalb gefährlich und sollte nur in Ausnahmefällen eingesetzt werden.

Die dritte Möglichkeit der Fehlerverarbeitung verwendet die Anweisung Resume Next. Das führt dazu, dass die Zeile mit dem Fehler ausgelassen wird und die Ausführung in der nachfolgenden Zeile weitermacht.

Listing 8.10
Fehlerverarbeitung mit Resume Next

```
Fehler:
    MsgBox Err.Description
    Resume Next
```

Das Problem bei Resume Next besteht darin, dass Sie keine Information darüber haben, in welcher Zeile der Fehler aufgetreten ist. Deshalb können Sie fast nie wissen, ob es noch Sinn macht, die Prozedur weiter auszuführen. Resume Next wird deshalb vor allem bei sehr kleinen Prozeduren mit wenigen Statements eingesetzt.

Grundsätzlich: Jede halbwegs komplexe Prozedur sollte eine On Error Goto-Anweisung besitzen. Wie die Fehlerverarbeitung im Einzelnen aussieht, müssen Sie selbst entscheiden. Ich tendiere dazu, ein schlichtes MsgBox Err.Description einzuflechten und ansonsten gar nichts zu tun. Es kann aber auch durchaus Fälle geben, in denen eine sinnvolle Behebung von Fehlern möglich ist oder wo zumindest bessere Fehlermeldungen ausgegeben werden können.

Noch ein Tipp zum Schluss: Aktivieren Sie die Fehlerverarbeitung während der Entwicklung erst ganz am Ende. Sie können die Statements jederzeit einbauen, es genügt, die On Error-Anweisung auszukommentieren.

So lange Sie nämlich keine Fehlerverarbeitung aktiviert haben, werden Sie bei einem Laufzeitfehler beim Testen genau in die fehlerhafte Zeile gesetzt. Das ist ungemein wertvoll und kann viel Zeit sparen. Erst wenn das Programm fertig ist, entfernen Sie die Kommentare und aktivieren damit die Fehlerverarbeitung.

Fehlersuche

Je komplexer die Programmstrukturen werden, desto schwieriger gestaltet sich auch die Fehlersuche. Während es bei einfachem Code genügt, scharf hinzusehen, müssen Sie bei hartnäckigen Fehlern zu ausgefeilteren Methoden greifen.

Die wichtigsten davon möchte ich Ihnen hier vorstellen:

- Haltepunkte,
- Vorschau für Variableninhalte,
- Einzelschritt,
- Überwachungsfenster.

Haltepunkte

Um einen Überblick zu bekommen, warum das Programm einen Fehler verursacht oder einfach nicht das tut, was es soll, müssen Sie den Ablauf an einer geeigneten Stelle unterbrechen. Das tun Sie, indem Sie einen Haltepunkt setzen. Klicken Sie dazu mit der Maus auf die graue Leiste am linken Rand und zwar genau auf der Höhe der Codezeile, an der Sie eine Unterbrechung wünschen. Es erscheint dort ein roter Punkt und die gesamte Zeile wird rot hinterlegt. Um den Haltepunkt wieder zu entfernen, klicken Sie einfach noch einmal an dieselbe Stelle.

Abbildung 8.2
Definition eines Haltepunktes

```
Sub CheckAufgaben()
    Dim i As Integer
    Dim myItems As Items

    Set myItems = Application.GetNamespace
    myItems.Sort "[Importance]", True
    i = 0
    Do While myItems(i + 1).Importance = o
        i = i + 1
    Loop
    MsgBox "Es gibt " + CStr(i) + " wichti'
End Sub
```

Sobald das Programm jetzt diese Zeile erreicht, wird es unterbrochen und Sie gelangen in den Testmodus. Die aktuelle Zeile ist gelb markiert (diese Zeile wurde noch nicht ausgeführt).

Kapitel 8 — Variablen und Kontrollstrukturen

Abbildung 8.3
Unterbrochene Programmausführung

```
Sub CheckAufgaben()
    Dim i As Integer
    Dim myItems As Items

    Set myItems = Application.GetNamespa
    myItems.Sort "[Importance]", True
    i = 0
    Do While myItems(i + 1).Importance =
        i = i + 1
    Loop
    MsgBox "Es gibt " + CStr(i) + " wich
End Sub
```

Vorschau von Variableninhalten

Jetzt können Sie in aller Ruhe anfangen, nach dem Fehler zu suchen. In der Regel möchten Sie die Inhalte bestimmter Variablen untersuchen. Halten Sie zu diesem Zweck einfach die Maus auf die entsprechende Variable: Nach kurzer Zeit wird der Inhalt eingeblendet.

Abbildung 8.4
Vorschau von Variableninhalten

```
Sub CheckAufgaben()
    Dim i As Integer
    Dim myItems As Items

    Set myItems = Application.GetNamespa
    myItems.Sort "[Importance]", True
    i = 0
    Do While myItems(i + 1).Importance =
        i = i + 1    i=0
    Loop
    MsgBox "Es gibt " + CStr(i) + " wich
End Sub
```

Einzelschritt

Um das Programm Schritt für Schritt zu überprüfen, können Sie jetzt im Einzelschritt die Anweisungen durchlaufen. Drücken Sie jeweils die Taste [F8], um eine Anweisung auszuführen. Bei Bedarf können Sie jederzeit alle relevanten Variablenwerte überprüfen. Jedes Mal, wenn Sie [F8] drücken, wandert die gelbe Markierung eine Programmzeile weiter.

Überwachungsfenster

Wenn Sie mehrere Variablen kontinuierlich überwachen müssen, dann ist die oben angeführte Methode mit der Vorschau recht umständlich. Zu diesem Zweck gibt es das Überwachungsfenster. Sie können dort beliebig viele Werte komfortabel im Überblick behalten. Gehen Sie dazu folgendermaßen vor:

❶ Blenden Sie das Überwachungsfenster ein. Wählen Sie dazu im Menü *Ansicht* den Befehl *Überwachungsfenster* aus.

Kapitel 8 Variablen und Kontrollstrukturen

❷ Markieren Sie eine Variable im Codefenster mit der Maus und ziehen Sie diese in das Überwachungsfenster hinein. Es wird dort ein entsprechender Eintrag erzeugt. Wiederholen Sie diesen Schritt für alle relevanten Variablen.

❸ Arbeiten Sie den Programmcode im Einzelschritt-Modus ab und überprüfen Sie, wie sich die Variableninhalte im Überwachungsfenster ändern.

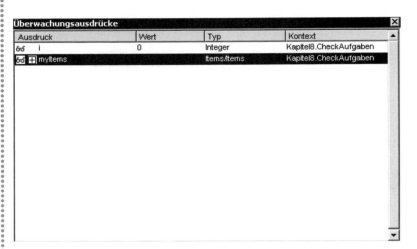

Abbildung 8.5 Das Überwachungsfenster

Praxisbeispiel

Nun wollen wir die Inhalte dieses Kapitels in einem praktischen Beispiel umsetzen. Wir wählen dazu den Dialog aus dem letzten Kapitel und erweitern ihn zu einem Assistenten mit zwei Schritten:

- Im ersten Schritt geben wir nach wie vor die Kundendaten und die Aufforderung zur Übermittlung des Zählerstandes ein.

- Im zweiten Schritt wählen Sie die Informationen für eine Signatur aus, die an das Ende der Nachricht angefügt wird.

Wie bei einem Assistenten üblich soll es die Möglichkeit zum Vor- und Zurückblättern geben. Dabei sollen alle bisherigen Eingabewerte erhalten bleiben. Außerdem sollen die Eingaben erst am Ende des zweiten Schrittes verarbeitet werden. Weil das erste Fenster zu diesem Zeitpunkt nicht mehr sichtbar ist, müssen wir die Eingabewerte in globalen Variablen speichern. Weiterhin verbessern wir den Komfort bei der Benutzung:

- Es wird überprüft, ob in das Feld *Kunde* ein Eintrag gemacht wurde und bei Bedarf eine entsprechende Fehlermeldung generiert.

Kapitel 8 Variablen und Kontrollstrukturen

- Für die Anrede und die Signatur werden Konstanten erzeugt, die das Programm lesbarer werden lassen.
- Jede relevante Prozedur bekommt eine Fehlerverarbeitung
- Es wird vor der Fertigstellung überprüft, ob das aktive Formular auch tatsächlich ein Nachrichtenformular ist. Außerdem wird eine aussagekräftige Fehlermeldung generiert, wenn gegenwärtig kein Formular angezeigt wird (die Standardmeldung lautet: »Objektvariable oder With-Blockvariable nicht festgelegt«).

Formular Assistent1

Abbildung 8.6 zeigt den Dialog für den ersten Schritt des Assistenten. Er sieht fast genauso aus wie im letzten Kapitel, lediglich die OK-Schaltfläche trägt jetzt die Beschriftung *Weiter*.

Abbildung 8.6
Erster Schritt des Assistenten

Der Dialog verfügt über folgende Ereignisprozeduren:

Listing 8.11
Code für die Schaltfläche *Abbrechen*

```
Private Sub AbbrechenButton_Click()
    Unload Me
End Sub
```

Wie Sie aus Listing 8.11 ersehen können, hat sich am Code für die Schaltfläche *Abbrechen* nichts geändert.

Listing 8.12
Code für die Schaltfläche *Weiter*

```
Private Sub WeiterButton_Click()
    On Error GoTo Fehler
    If KundeText.Text = "" Then
        MsgBox "Sie müssen den Namen des Kunden eintragen!"
        Exit Sub
    End If
    Kunde = KundeText.Text
    If HerrOption.Value = True Then
        Anrede = anrHerr
    ElseIf FrauOption.Value = True Then
        Anrede = anrFrau
```

```
        Else
            Anrede = anrSonst
        End If
        Zaehlerstand = ZaehlerCheck.Value
        Unload Me
        Assistent2Form.Show
        Exit Sub

Fehler:
    MsgBox Err.Description
End Sub
```

Die Schaltfläche *Weiter* beinhaltet den in Listing 8.12 gezeigten Code. Dieser Code erfüllt folgende Aufgaben:

- Überprüfung der Eingabe im Feld *Kunde*.
- Übertragung der Eingabewerte in die globalen Variablen (Kunde, Anrede und Zaehlerstand).
- Entfernen des Fensters für den ersten Schritt.
- Anzeigen des Fensters für den zweiten Schritt.

Außerdem ist eine allgemeine Fehlerverarbeitung eingebaut worden. Die Variable Anrede ist aus Gründen der Eindeutigkeit vom Typ Integer und kann die Werte 0, 1 und 2 annehmen. Da die Zuordnung dieser Werte zu den Optionen schwierig zu merken ist, wurden die drei Konstanten eingeführt, die jeweils mit anr beginnen. Dadurch ist der Code lesbarer.

Damit die Eingabewerte beim Vor- und Zurückblättern nicht verloren gehen, muss noch eine weitere Ereignisprozedur definiert werden, die beim Start des Dialogs die in den Variablen gespeicherten Werte wieder in den Dialog einträgt.

Listing 8.13
Code für den
Start des Dialogs

```
Private Sub UserForm_Initialize()
    On Error GoTo Fehler
    KundeText.Text = Kunde
    Select Case Anrede
    Case anrHerr
        HerrOption.Value = True
    Case anrFrau
        FrauOption.Value = True
    End Select
    ZaehlerCheck.Value = Zaehlerstand
    Exit Sub

Fehler:
    MsgBox Err.Description
End Sub
```

Hier wird ein Ereignis verwendet, welches wir bisher noch nicht kennen gelernt haben: *UserForm_Initialize*. Dieses Ereignis wird aufgerufen, wenn der Dialog in den Speicher geladen wird. Um die zugehörige Ereignisprozedur zu erzeugen, müssen Sie im Codefenster folgende Schritte durchführen:

❶ Wählen Sie in der Liste links oben im Fenster den Eintrag *UserForm* aus.

❷ Klicken Sie anschließend in der Liste rechts daneben auf den Eintrag *Initialize*. Der Rumpf für die zugehörige Ereignisprozedur wird dann automatisch erzeugt.

Beim ersten Klick auf den Eintrag *UserForm* wird bereits eine Ereignisprozedur für das Click-Ereignis erzeugt. Löschen Sie den Rumpf einfach wieder, das hat keine negativen Auswirkungen. Leider lässt sich dieses Verhalten nicht beseitigen.

Die Prozedur für *UserForm_Initialize* macht genau das Gegenteil der Schaltfläche *Weiter*: Die Werte werden jetzt von den Variablen in den Dialog übertragen. Auch hier sichert eine allgemeine Fehlerverarbeitung den Vorgang ab.

Formular Assistent2

Der zweite Schritt des Assistenten regelt die Auswahl der Signaturdaten. Abbildung 8.7 zeigt die Oberfläche des Dialogs:

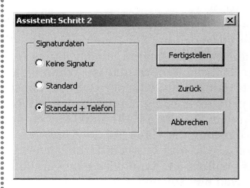

Abbildung 8.7
Zweiter Schritt des Assistenten

Der Code für die Schaltfläche *Abbrechen* ist mit dem vorigen Dialog identisch. Gleiche Funktionen (wenn auch mit anderen Variablen) erfüllen die Ereignisprozeduren für den Start des Dialogs und die Schaltfläche *Zurück*. Sie übertragen jeweils die Eingabewerte vom Dialog in die Variablen bzw. wieder zurück. Hier werden für die Signaturdaten wieder eine Integer-Variable und entsprechende Konstanten verwendet. Listing 8.14 und 8.15 zeigen den zugehörigen Code.

Kapitel 8   **Variablen und Kontrollstrukturen**

Listing 8.14
Code für den Start des Dialogs

```
Private Sub UserForm_Initialize()
    On Error GoTo Fehler
    Select Case Signatur
    Case sgnKeine
        KeineOption.Value = True
    Case sgnStandard
        StandardOption.Value = True
    Case sgnTelefon
        TelefonOption.Value = True
    End Select
    Exit Sub
Fehler:
    MsgBox Err.Description
End Sub
```

Listing 8.15
Code für die Schaltfläche *Zurück*

```
Private Sub ZurueckButton_Click()
    On Error GoTo Fehler
    If KeineOption.Value = True Then
        Signatur = sgnKeine
    ElseIf StandardOption.Value = True Then
        Signatur = sgnStandard
    ElseIf TelefonOption.Value = True Then
        Signatur = sgnTelefon
    End If
    Unload Me
    Assistent1Form.Show
    Exit Sub

Fehler:
    MsgBox Err.Description
End Sub
```

Die eigentliche Verarbeitung der Daten erfolgt jetzt mit der Schaltfläche *Fertig*. Diese überprüft zu Beginn, ob das aktive Outlook-Formular überhaupt ein Nachrichtenformular ist. Wenn nicht, wird die Prozedur sofort beendet. Hier kommt eine der Outlook-Konstanten zum Einsatz (olMail). Überprüfen Sie ruhig einmal, welcher Wert hinter dieser Konstante steht, in dem Sie einen Haltepunkt setzen und dann bei unterbrochenem Programm die Maus auf die Konstante halten. Auch die Fehlerverarbeitung ist hier etwas differenzierter. Wenn nämlich gar kein Formular geöffnet ist, dann wird eine verständliche Fehlermeldung erzeugt, weil ein Anwender mit der Standardmeldung überhaupt nichts anfangen kann.

Warum wird diese Fehlermeldung nicht von der Fehlernummer abhängig gemacht? Weil es sich hier um eine sehr allgemeine Meldung handelt, die prinzipiell von jedem Objekt ausgelöst werden kann. Deshalb ist es zwar wahrscheinlich, aber nicht sicher, dass die Meldung entsteht, weil kein Formular geöffnet ist. Die If-Abfrage in der Fehlerverarbeitung dagegen arbeitet in diesem Fall präziser.

Listing 8.16
Code für die Schaltfläche *Fertig*

```
Private Sub FertigButton_Click()
    On Error GoTo Fehler
    'Prüfen, ob das aktive Formular eine Nachricht beinhaltet
    If ActiveInspector.CurrentItem.Class <> olMail Then
        MsgBox "Sie müssen erst eine neue Nachricht erstellen!"
        Exit Sub
    End If
    With ActiveInspector.CurrentItem
        Select Case Anrede
        Case anrHerr
            .Body = .Body + vbCr + "Sehr geehrter Herr " + Kunde + ","
        Case anrFrau
            .Body = .Body + vbCr + "Sehr geehrte Frau " + Kunde + ","
        Case anrSonst
            .Body = .Body + vbCr + "Sehr geehrte Damen und Herren,"
        End Select
        If Zaehlerstand = True Then
            .Body = .Body + vbCr + vbCr + "Wir benötigen Ihren " & _
                    "Zählerstand für unsere jährliche Abrechnung. " & _
                    "Bitte teilen Sie uns den Zählerstand per " &_
                    "E-Mail mit."
        End If
      If StandardOption.Value = True Or TelefonOption.Value = True Then
            .Body = .Body + vbCr + vbCr + "Jörg Hinrichs" + vbCr + _
                    "Sachbearbeiter"
        End If
        If TelefonOption.Value = True Then
            .Body = .Body + vbCr + "Tel.: 040 / 23456-78"
        End If
    End With
    Unload Me
    Exit Sub
Fehler:
    If ActiveInspector Is Nothing Then
        MsgBox "Sie haben kein Formular geöffnet!"
    Else
        MsgBox Err.Description
    End If
End Sub
```

Globale Variablen

Nun fehlen uns noch die Anweisungen für die globalen Variablen und Konstanten. Diese sind in einem separaten Code-Modul untergebracht. Die Deklarationen erfolgen im allgemeinen Deklarationsteil mit Public, so dass die Variablen im gesamten Projekt bekannt sind. Listing 8.17 zeigt die zugehörigen Befehle:

Listing 8.17
Globale Variablen und Konstanten

```
Public Kunde As String
Public Anrede As Integer
Public Zaehlerstand As Boolean
```

```
Public Signatur As Integer
Public Const anrSonst = 0
Public Const anrHerr = 1
Public Const anrFrau = 2
Public Const sgnKeine = 0
Public Const sgnStandard = 1
Public Const sgnTelefon = 2
```

Fazit

Vielleicht haben Sie sich gefragt, weshalb ich den relativ umständlichen Weg der Speicherung von Optionsfeldern in Integer-Variablen gewählt habe. Wäre es nicht einfacher gewesen, einfach die Beschriftung des Optionsfeldes in einer Stringvariablen zu hinterlegen? Auf den ersten Blick vielleicht. Bedenken Sie aber, dass es leichter ist, sich bei einer Beschriftung zu vertun (z.B. indem Sie „Herrn" statt „Herr" abfragen) als bei einer Konstanten. Außerdem macht der Compiler Sie sofort darauf aufmerksam, wenn Sie eine Konstante verwenden, die Sie nicht deklariert haben. Bei einer Beschriftung merken Sie das auf jeden Fall erst zur Laufzeit beim Testen, da der Compiler nichts überprüft, was sich in Anführungsstrichen befindet.

9 Prozeduren und Funktionen

In diesem Kapitel lernen Sie

- wozu Prozeduren und Funktionen benötigt werden.
- wie Prozeduren und Funktionen aufgebaut sind.
- wie Ereignisprozeduren funktionieren.
- welche Funktionen es bereits fertig in Visual Basic gibt.
- welche Aspekte beim Erzeugen von Prozeduren und Funktionen beachtet werden müssen.

VbaProject.otm

Das Endresultat der Übungen aus diesem Kapitel finden Sie in der Beispieldatei *VbaProject.otm*. Falls Sie die Beispieldateien noch nicht installiert haben, dann finden Sie im Abschnitt „Die Übungsdateien auf der Festplatte installieren" ab Seite 14 in diesem Buch detaillierte Hinweise zum Setup. Im gleichen Abschnitt ist ebenfalls beschrieben, wie Sie die Beispieldateien in Outlook verfügbar machen.

Sinn und Zweck

Bevor wir mehr über Prozeduren und Funktionen lernen ist es wichtig zu wissen, wann der Einsatz dieser beiden Programmbestandteile sinnvoll ist. Um das beurteilen zu können, benötigen wir ein wenig Hintergrundinformationen über die Philosophie von Prozeduren und Funktionen.

Was ist eine Prozedur und was eine Funktion?

Eine Prozedur und eine Funktion sind sauber abgegrenzte Teile eines Programms, die Sie von jeder beliebigen Stelle aufrufen können. Sowohl eine Prozedur als auch eine Funktion umfassen eine Reihe von normalen Programmanweisungen. Der Unterschied zwischen einer Prozedur und einer Funktion besteht darin, dass die Funktion als Ergebnis einen Wert zurückgibt und die Prozedur nicht.

Typische Rückgabewerte von Funktionen umfassen beispielsweise:

- Berechnungsergebnisse,
- Suchergebnisse,
- Statusinformationen,
- Neu erzeugte Objekte.

Die Aufgaben von Prozeduren sind so vielfältig, dass eine Liste von Beispielen höchstens einen kleinen Prozentsatz abdecken kann. Deswegen verzichte ich an dieser Stelle darauf. Einige Beispiele für Prozeduren haben Sie ja bereits in Form von Ereignisprozeduren kennen gelernt.

Prozeduren und Funktionen zeichnen sich auch dadurch aus, dass sie Eingabewerte entgegennehmen können. Diese Eingabewerte werden beim Aufruf der Prozedur oder Funktion als so genannte Übergabeparameter angegeben. Dadurch wird eine viel größere Flexibilität einer Prozedur erreicht.

Wozu werden Prozeduren und Funktionen benötigt?

Die Antwort auf diese Frage ist so einfach wie vielfältig: Damit Sie Code wieder verwenden können. Das kann durchaus auf mehreren Ebenen geschehen:

- Eine Prozedur oder Funktion können Sie von jedem beliebigen Ort des Programms aufrufen (vorausgesetzt, er befindet sich im Gültigkeitsbereich). So erreichen Sie, dass ein Codebestandteil nicht doppelt und dreifach vorhanden ist.

- Wenn Sie Code in Prozeduren und Funktionen organisieren, dann erleichtert das die Wartung und Erweiterung. Haben Sie dagegen dieselbe Funktionalität sprich dieselben Statements an mehreren Stellen im Code, dann müssen Sie bei einer Änderung oder Erweiterung alle diese Stellen bearbeiten.

- Wenn Sie den Code noch einmal in einem anderen Programm benötigen, dann können Sie einfach die Prozedur oder Funktion dorthin übernehmen und dort verwenden. Der springende Punkt dabei ist, dass Sie keine Änderungen an dem kopierten Code vornehmen: Dann müssen Sie ihn nämlich auch nicht neu austesten. Wenn Sie dagegen eine Auswahl von Anweisungen (keine ganze Prozedur) direkt aus dem Programm entnehmen und woanders verwenden, sind Sie fast immer gezwungen, Teile dieses Codes zu ändern.

Prozeduren und Funktionen besitzen noch einen weiteren Vorteil: Sie steigern die Übersichtlichkeit des Programms durch Zerlegung des Codes in „handliche" Einheiten.

Das Verfahren der Organisation von Code in Prozeduren und Funktionen nennt man auch Modularisierung. Es ist ein wesentlicher Bestandteil des so genannten strukturierten Programmierens.

Die Technik des Modularisierens wurde in den siebziger Jahren entwickelt. Zu dieser Zeit wurden die verfügbaren Rechner so leistungsfähig, dass man auch Programme größeren Ausmaßes schreiben konnte. Der bisherige Stil des Programmierens war nicht in der Lage, die damit einhergehenden Probleme befriedigend zu lösen. Erst die Modularisierung war in der Lage, die Basis für übersichtliche und wartbare Programme zu liefern. Und natürlich war die Widerverwendbarkeit eine willkommene Zugabe, da sie die Entwicklung neuer Programme wesentlich beschleunigte.

Was bedeutet das im Zusammenhang mit der Programmierung von Outlook? Nun, auf der einen Seite haben wir eine Sprache, die eigentlich nicht für Projekte größeren Umfangs konzipiert wurde. Dazu kommt, dass die Handhabung von Prozeduren und Funktionen komplexer als andere Elemente der Sprache ist und gelernt sein will. Auf der anderen Seite bieten Prozeduren und Funktionen ein hervorragendes Hilfsmittel, den eigenen Code effizient zu strukturieren. Und bei der Wartung des Codes werden Sie es zu schätzen wissen, wenn er gut strukturiert ist.

Es ist schwer, für die Programmierung von Outlook-Projekten eine allgemein gültige Richtlinie aufzustellen. Das hängt auch stark davon ab, welche Art von Anwendungen Sie mit Outlook erzeugen und in welcher Größenordnung. Wenn Sie sich aber regelmäßig mit der Programmierung von Outlook beschäftigen, oder dies zumindest über einen längeren Zeitraum tun, sollten Sie sich beizeiten mit dem Konzept von Prozeduren und Funktionen vertraut machen. Außerdem verschafft Ihnen dieses Verständnis in Bezug auf das Objektmodell von Outlook einen großen Vorteil, da auch dort häufig mit diesen Techniken gearbeitet wird (dort heißen sie dann nicht Prozeduren und Funktionen, sondern Methoden). Das Praxisbeispiel am Ende dieses Kapitels wird Ihnen eine bessere Vorstellung davon geben, wo die Stärken des strukturierten Programmierens liegen und ob es sich für Ihre eigenen Einsatzzwecke eignet.

Kapitel 9 — Prozeduren und Funktionen

Syntax

Im Folgenden werden wir uns anhand einfacher Beispiele mit der Syntax und dem Aufbau von Prozeduren und Funktionen beschäftigen. Diese Kenntnisse benötigen Sie dann im Weiteren für das Verständnis des Praxisbeispiels und natürlich, um eigenen Code erzeugen zu können.

Prozeduren

Deklaration

Eine Prozedur wird immer durch die Anweisungen Sub und End Sub gebildet. Alle Anweisungen dazwischen gehören zu der Prozedur und werden ausgeführt, wenn sie aufgerufen wird. Außerdem müssen Sie wie bei Variablen einen Namen für die Prozedur vergeben. Achten Sie darauf, dass dieser Name sich von allen anderen Prozeduren, Variablen und Steuerelementen unterscheidet, die Sie in Ihrer Anwendung benutzen. Auch Schlüsselworte der Sprache Visual Basic (z.B. Select) dürfen nicht als Namen für Prozeduren verwendet werden.

Sie haben bereits eine eigene Prozedur erstellt, nämlich für den Aufruf eines Dialogs:

Listing 9.1
Grundbestandteile einer Prozedur

```
Sub StartBaustein()
    BausteinForm.Show
End Sub
```

Aufruf

Eine Prozedur ist wertlos, wenn Sie nicht in irgendeiner Form aufgerufen wird. Als wir die Prozedur *StartBaustein* erstellt haben, wurde der Aufruf durch eine Schaltfläche in der Symbolleiste gewährleistet. Sie können aber auch aus dem Programmcode heraus Prozeduren aufrufen.

```
Call StartBaustein
```

Der Befehl Call ist nicht zwingend notwendig, Sie können eine Prozedur auch einfach nur mit ihrem Namen aufrufen (dazu später mehr). Ich bevorzuge aber die Verwendung von Call, weil dann sofort ersichtlich ist, dass es sich hier um eine Prozedur handelt.

Parameterübergabe

Wirklich leistungsfähig werden Prozeduren eigentlich erst durch den Mechanismus der Parameterübergabe, denn dieser steigert die Flexibilität erheblich. Nehmen wir einmal an, Sie benötigen eine Prozedur um zu überprüfen, ob ein bestimmter Ordner bereits existiert. Der Code dazu könnte beispielsweise so aussehen:

Listing 9.2
Postfach nach Ordner *Erledigt* durchsuchen

```
Sub CheckOrdner()
    Dim i As Integer
    Dim OrdnerGefunden As Boolean

    OrdnerGefunden = False
    With GetNamespace("MAPI").Folders("Postfach - Jörg Hinrichs")
        For i = 1 To .Folders.Count
            If .Folders(i).Name = "Erledigt" Then
                OrdnerGefunden = True
            End If
        Next i
        If OrdnerGefunden = False Then
            .Folders.Add "Erledigt"
        End If
    End With
End Sub
```

Mit Hilfe einer For-Schleife durchsucht diese Prozedur das Postfach *Jörg Hinrichs* nach dem Ordner *Erledigt*. Wenn der Ordner nicht gefunden wird, dann wird er durch die Anweisung *.Folders.Add* neu angelegt.

Der Aufruf der Prozedur sieht dann so aus: `Call CheckOrdner`

Der Nachteil dieser Prozedur liegt darin, dass der Name des Postfaches und des zu suchenden Ordners fest vorgegeben sind. Wenn dieselbe Funktionalität für ein anderes Postfach oder einen anderen Ordner benötigt wird, dann müssen Sie den Code kopieren und Änderungen darin vornehmen. Eine elegantere Lösung besteht darin, die Prozedur mit zwei Übergabeparametern zu versehen. Diese übernehmen dann praktisch die Funktion von Variablen. So wird dieselbe Prozedur für jedes beliebige Postfach und jeden beliebigen Ordner verwendbar. Die Flexibilität steigt, die Wartbarkeit ist besser (denn bei einer Veränderung des Codes muss nur noch eine Stelle geändert werden) und die Übersichtlichkeit verbessert sich ebenfalls. Listing 9.3 zeigt die Prozedur *CheckOrdner2* mit Übergabeparametern.

Listing 9.3
Ordnersuche mit Übergabeparametern

```
Sub CheckOrdner2(Postfach As String, Ordner As String)
    Dim i As Integer
    Dim OrdnerGefunden As Boolean

    OrdnerGefunden = False
    With GetNamespace("MAPI").Folders(Postfach)
        For i = 1 To .Folders.Count
            If .Folders(i).Name = Ordner Then
                OrdnerGefunden = True
            End If
        Next i
        If OrdnerGefunden = False Then
            .Folders.Add Ordner
        End If
```

```
    End With
End Sub
```

Diese Prozedur weist folgende Verbesserungen auf:

- Übergabeparameter
  Im Kopf der Prozedur werden die Übergabeparameter `Postfach` und `Ordner` als Stringwerte definiert. Die Deklaration sieht aus wie bei einer Variablen ohne das Schlüsselwort `Dim`, und tatsächlich handelt es sich hier auch um Variablen. Diese werden beim Aufruf übergeben.

- In der With-Anweisung ist der Name des Postfaches nicht mehr fest vorgegeben, sondern durch die Variable `Postfach` ersetzt worden.

- In der If-Anweisung und dem Statement zum Erzeugen des Ordners ist der Name des Ordners nicht mehr fest vorgegeben, sondern durch die Variable `Ordner` ersetzt worden.

Der Aufruf der Prozedur kann jetzt auf verschiedene Art und Weise erfolgen:

```
Call CheckOrdner2("Postfach - Jörg Hinrichs", "Erledigt")
```

Dieser Aufruf arbeitet mit festen Werten. Es ist aber auch möglich, Variablen vom Typ String oder beispielsweise Eigenschaften von Textfeldern zu übergeben:

```
Call CheckOrdner2(PostfachText.Text, OrdnerText.Text)
```

Achten Sie dabei auf folgende Dinge:

- Die Anzahl der Parameter muss übereinstimmen. Wenn die Prozedur mit zwei Parametern deklariert wurde, müssen Sie auch zwei Werte beim Aufruf übergeben.

- Die Reihenfolge der Parameter muss ebenfalls übereinstimmen.

- Der Typ der Parameter muss kompatibel sein.

- Wenn Sie beim Aufruf der Prozedur Variablen als Übergabewerte verwenden, können diese beliebige Namen besitzen. Die Namen müssen nicht mit der Deklaration der Parameter in der Prozedur übereinstimmen.

Aufrufsyntax

Wie bereits weiter oben erwähnt, können Sie die Anweisung `Call` beim Aufruf von Prozeduren weglassen. Beim Aufruf von Prozeduren mit Parametern führt das zu zwei verschiedenen Syntaxvarianten:

```
Call CheckOrdner2("Postfach - Jörg Hinrichs", "Erledigt")
CheckOrdner2 "Postfach - Jörg Hinrichs", "Erledigt"
```

Die erste Variante verwendet `Call` und listet die Übergabeparameter in Klammern auf. Die zweite Variante verzichtet auf `Call` und verwendet dann auch keine Klammern mehr. Eine gemischte Form ist nicht möglich und führt zu einer Fehlermeldung des Compilers.

Die Hilfe ist in dieser Hinsicht etwas verwirrend aufgebaut. Während in der Syntaxbeschreibung meistens Klammern verwendet werden (ohne die eigentlich notwendige Angabe von `Call`!), werden in den Beispielen in der Regel Aufrufe ohne `Call` und ohne Klammern benutzt. Am besten entscheiden Sie sich für eine der beiden Varianten und benutzen diese dann durchgängig. Technisch gesehen sind sie identisch, die Unterschiede sind rein optischer Natur.

Funktionen

Funktionen und Prozeduren haben eine große Anzahl an Gemeinsamkeiten. Der wesentliche Unterschied besteht darin, dass Funktionen einen Wert zurückgeben und Prozeduren nicht. In diesem Abschnitt werden wir uns mit der Syntax von Funktionen vertraut machen.

Deklaration

Eine Funktion wird immer durch die Anweisungen `Function` und `End Function` gebildet. Alle Anweisungen dazwischen gehören zu der Funktion und werden ausgeführt, wenn sie aufgerufen wird. Außerdem müssen Sie, wie bei Variablen, einen Namen für die Funktion vergeben. Achten Sie darauf, dass dieser Name sich von allen anderen Funktionen, Variablen und Steuerelementen unterscheidet, die Sie in Ihrer Anwendung benutzen. Auch Schlüsselworte der Sprache Visual Basic (z.B. Select) dürfen nicht als Namen für Funktionen verwendet werden.

Das folgende Beispiel zeigt eine einfache Funktion für die Ermittlung der Anzahl von Aufgaben mit der Priorität hoch. Ich habe dieses Beispiel gewählt, weil wir es schon früher im Zusammenhang mit Schleifen kennen gelernt haben und Sie deshalb mit dem Code vertraut sind. Wir werden jetzt die Aufgabenstellung mit einer Funktion realisieren, welche die Anzahl der ermittelten Aufgaben als Integer-Wert zurückgibt.

Listing 9.4
Grundbestandteile einer Funktion

```
Function AnzAufgabenWichtig() As Integer
    Dim i As Integer
    Dim myItems As Items

    Set myItems = Application.GetNamespace("MAPI"). ↵
                GetDefaultFolder(olFolderTasks).Items
    myItems.Sort "[Importance]", True
    i = 0
```

```
        Do While myItems(i + 1).Importance = olImportanceHigh
            i = i + 1
        Loop
        AnzAufgabenWichtig = i
End Function
```

Folgende Aspekte sind hier anders als bei Prozeduren:

- Die Funktion wird mit `Function` eingeleitet und mit `End Function` beendet.

- Im Kopf der Funktion wird der Typ des Rückgabewertes deklariert (As Integer). Bei einer Prozedur ist das nicht notwendig, weil kein Rückgabewert existiert.

- Um den Rückgabewert festzulegen, erfolgt immer eine Zuweisung an den Namen der Funktion. Bezogen auf unser Beispiel ist das die Anweisung: `AnzAufgabenWichtig = i`
Diese Anweisung ist fast immer die letzte Anweisung der Funktion (muss es aber nicht sein).

- Weil die Funktion die Anzahl der Aufgaben über den Rückgabewert an den aufrufenden Code zurückgibt, entfällt die `MsgBox`-Anweisung aus dem Schleifenbeispiel.

Aufruf

Auch Funktionen müssen aufgerufen werden. Wie bei Prozeduren geschieht das über den Programmcode. Ein Aufruf z.B. aus einer Schaltfläche einer Symbolleiste ist nicht möglich, weil Sie den Rückgabewert dann nicht verarbeiten können. Das gleiche gilt übrigens für Prozeduren mit Parametern. Diese können nicht aus einer Symbolleiste aufgerufen werden, weil es keine Möglichkeit gibt, die Übergabeparameter festzulegen.

Beim Aufruf einer Funktion ist es wichtig, dass Sie den Rückgabewert in irgendeiner Form verarbeiten. Meistens werden Sie ihn einer Variablen zuweisen:

```
Dim wichtigeAufgaben As Integer
wichtigeAufgaben = AnzAufgabenWichtig()
```

Sie können den Rückgabewert auch direkt in einer Berechnung verwenden:

```
Dim unwichtigeAufgaben As Integer, gesamtAufgaben As Integer
unwichtigeAufgaben = gesamtAufgaben - AnzAufgabenWichtig()
```

Oder Sie benutzen den Rückgabewert für einen Vergleich in einer Bedingung:

```
If AnzAufgabenWichtig > 15 Then
    MsgBox "Jetzt wird es kritisch!"
End If
```

Parameterübergabe

Auch in diesem Beispiel lässt sich die Leistungsfähigkeit der Funktion durch die Definition von Übergabeparametern erheblich steigern. Wir definieren dazu zwei Parameter, einen für den Ordner und einen für die Prioritätsstufe. Der Code dazu könnte beispielsweise so aussehen:

Listing 9.5
Funktion mit Parametern

```
Function AnzElemente(Ordner As Integer, Prioritaet As Integer)
    Dim i As Integer, Zaehler As Integer
    Dim myItems As Items

    Set myItems = Application.GetNamespace("MAPI"). ↵
                GetDefaultFolder(Ordner).Items
    i = 0
    For i = 1 To myItems.Count
        If myItems(i).Importance = Prioritaet Then
            Zaehler = Zaehler + 1
        End If
    Next i
    AnzElemente = Zaehler
End Function
```

Der Aufruf der Funktion sieht dann so aus:

```
Dim anzahl As Integer
anzahl = AnzElemente(olFolderTasks, olImportanceHigh)
```

Diese Funktion weist folgende Verbesserungen auf:

- Übergabeparameter
  Im Kopf der Funktion werden die Übergabeparameter Ordner und Prioritaet als Integer-Werte definiert. Die Deklaration erfolgt genauso wie bei Prozeduren. Die Werte sind vom Typ Integer, weil hinter den entsprechenden Outlook-Konstanten ebenfalls ganze Zahlen stecken.

- Die Bestimmung des Ordners als Quelle der zu durchsuchenden Elemente ist nicht mehr fest vorgegeben, sondern wird durch die Variable Ordner ersetzt:
  `Set myItems = Application.GetNamespace("MAPI").GetDefaultFolder(Ordner).Items`

- In der Schleifenbedingung ist die Prioritätsstufe nicht mehr fest vorgegeben, sondern durch die Variable Prioritaet ersetzt worden.

Der Aufruf der Funktion kann wie bei Prozeduren mit festen Werten oder Variablen für die Übergabeparameter erfolgen:

```
anzahl = AnzElemente(olFolderTasks, olImportanceHigh)
anzahl = AnzElemente(ordnerkennung, prioritaetsstufe)
```

Die Regeln für den Aufruf von Prozeduren mit Übergabeparametern gelten auch für Funktionen:

- Die Anzahl der Parameter muss übereinstimmen. Wenn die Funktion mit zwei Parametern deklariert wurde, müssen Sie auch zwei Werte beim Aufruf übergeben.
- Die Reihenfolge der Parameter muss ebenfalls übereinstimmen.
- Der Typ der Parameter muss kompatibel sein.
- Wenn Sie beim Aufruf der Funktion Variablen als Übergabewerte verwenden, können diese beliebige Namen besitzen. Die Namen müssen nicht mit der Deklaration der Parameter in der Prozedur übereinstimmen.
- Zusätzlich gilt: Der Rückgabetyp der Funktion muss kompatibel mit seiner Verwendung sein.

Besondere Prozeduren und Funktionen

Neben den Prozeduren und Funktionen, die Sie selbst schreiben, gibt es noch einige bereits vorhandene, die wir an dieser Stelle kurz beleuchten wollen.

Ereignisprozeduren

Ereignisprozeduren werden von Steuerelementen in Formularen und Dialogen generiert. Darüber hinaus gibt es einige Ereignisse für das Application-Objekt. Diese finden Sie, wenn Sie im Projekt-Explorer das Code-Modul für den Eintrag *Microsoft Outlook Objekte* den Befehl *DieseOutlookSitzung* auswählen. Im Codefenster klicken Sie dann in der Liste links oben auf den Eintrag *Application*. In der rechten Liste finden Sie dann die zugehörigen Ereignisse. Beispielsweise können Sie dort Code hinterlegen, wenn eine Nachricht gesendet wurde. Auch das Ausführen von Code direkt beim Start von Outlook (Ereignis *Startup*) ist hierüber möglich.

Ereignisprozeduren verfügen über einige Besonderheiten:

- Der Name einer Ereignisprozedur ist fest vorgegeben. Er setzt sich zusammen aus dem Namen des Steuerelementes (bzw. Dialogs) und, getrennt durch einen Unterstrich, dem Namen des Ereignisses. Der Prozedurname für das Ereignis Click der Schaltfläche *OKButton* lautet dann: OKButton_Click. Diesen Namen dürfen Sie nicht verändern (siehe unten).
- Einige Ereignisprozeduren haben Übergabeparameter, die meisten aber nicht. Sie dürfen keine eigenen Parameter hinzunehmen oder vorhandene entfernen.

- Der Aufruf einer Ereignisprozedur geschieht automatisch durch die entsprechende Aktion des Anwenders. Zwar verbietet Ihnen niemand, eine Ereignisprozedur aus dem Code heraus aufzurufen, aber das ist nicht unbedingt der Sinn der Sache.

- Ereignisprozeduren sind aus diesem Grund auch standardmäßig als Private deklariert, d. h. sie können nur innerhalb des zugrunde liegenden Dialogmoduls aufgerufen werden. Es gibt eigentlich auch keinen einsehbaren Grund, weshalb das anders sein sollte.

Achtung Falle! Wenn Sie den Namen eines Steuerelementes ändern, nachdem Sie bereits Code in Ereignisprozeduren erzeugt haben, dann geht die Verbindung zwischen dem Steuerelement und Ihrem Code verloren. Das hat damit zu tun, dass der Name der Prozedur im Code nicht automatisch mit verändert wird. Denken Sie in diesem Fall unbedingt daran, die Namen der Ereignisprozeduren manuell anzupassen.

Visual Basic-Funktionen

Die Programmiersprache VBA bringt eine ganze Reihe von Funktionen mit, die auch in Visual Basic selbst enthalten sind. Diese Funktionen werden im Folgenden kurz vorgestellt. Es handelt sich hier nur um einen Ausschnitt der wichtigsten Funktionen.

Mathematische Funktionen

Funktion	Erläuterung
Sqr(zahl)	Quadratwurzel
Exp(zahl)	Potenziert die Basis des natürlichen Logarithmus (e)
Log(zahl)	Berechnet den natürlichen Logarithmus einer Zahl
Sin/Cos/Tan(zahl)	Trigonometrische Funktionen
Abs(zahl)	Berechnet den absoluten Wert einer Zahl
Rnd()	Erzeugt eine Zufallszahl zwischen 0 und 1
Round(zahl, dezimalstellen)	Rundet eine Zahl kaufmännisch auf die angegebene Zahl von Dezimalstellen

Stringfunktionen

Die folgende Tabelle zeigt die wichtigsten Funktionen für die Verarbeitung von Strings.

Funktion	Erläuterung
Left(string, anzZeichen)	Gibt die ersten Zeichen des Strings zurück. Wie viele das sind wird durch den zweiten Parameter bestimmt.
Right(string, anzZeichen)	Wie Left(), nur werden die Zeichen hier von hinten gelesen.
Mid(string, startPosition, anzZeichen)	Liest eine bestimmte Anzahl von Zeichen, beginnend bei der durch den zweiten Parameter angegebenen Startposition.
Len(string)	Ermittelt die Länge des Strings.
Instr(string, suchString)	Sucht einen String innerhalb eines anderen. Wenn der String gefunden wird, gibt die Funktion die Position der Stelle zurück.
Trim(string)	Entfernt Leerzeichen vor und hinter einem String.
LCase/UCase(string)	Wandelt einen String in Kleinbuchstaben (LCase) oder Großbuchstaben (UCase) um.

Datumsfunktionen

Datumsfunktionen werden hauptsächlich benutzt, um Teilinformationen aus einem Datum zu ermitteln.

Funktion	Erläuterung
Date()	Ermittelt das Systemdatum
Now()	Systemdatum und Uhrzeit
Year(datum)	Berechnet das Jahr aus einem Datumswert
Month(datum)	Berechnet den Monat aus einem Datumswert
Day(datum)	Berechnet den Tag aus einem Datumswert
Weekday(datum)	Berechnet den Wochentag als Integer-Wert aus einem Datumswert

Prüffunktionen

Diese Funktionen werden in der Regel für die Überprüfung von Eingabewerten verwendet. Alle Funktionen geben einen booleschen Wert (True/False) als Ergebnis zurück.

Funktion	Erläuterung
IsNumeric(wert)	Überprüft, ob der Wert in eine Zahl umgewandelt werden kann. ▶

Funktion	Erläuterung
IsDate(wert)	Überprüft, ob der Wert in ein Datum umgewandelt werden kann. Schaltjahre werden korrekt berücksichtigt.
IsNull(wert)	Ermittelt, ob es sich um einen so genannten Null-Wert handelt. Das hat nichts mit der Zahl 0 zu tun, sondern bedeutet, dass dieser Wert noch nicht belegt wurde. Diese Funktion wird häufig im Zusammenhang mit der Programmierung von Datenbanken verwendet.
IsObject(wert)	Prüft, ob es sich um einen Einzelwert oder ein Objekt handelt. Diese Funktion ist wichtig im Zusammenhang mit Variant-Variablen, die auch ganze Objekte aufnehmen können.

Konvertierungsfunktionen

Streng genommen müssen bei Berechnungen und Zuweisungen die Typen der benutzten Werte genau übereinstimmen. Aus Komfortgründen führt Visual Basic aber eine ganze Reihe von Umwandlungen automatisch durch. So ist es z.B. möglich, einen Integer-Wert und einen Double-Wert miteinander zu verrechnen. Der Integer-Wert wird für diesen Vorgang temporär in den Datentyp Double umgewandelt.

Es gibt aber auch Situationen, in denen eine solche Umwandlung nicht automatisch stattfindet, sondern explizit angefordert werden muss. Zu diesem Zweck dienen die Konvertierungsfunktionen. Eine davon haben Sie bereits kennen gelernt. Im ersten Beispiel zur Ermittlung der Anzahl wichtiger Aufgaben wird das Ergebnis folgendermaßen ausgegeben:

```
MsgBox "Es gibt " + CStr(i) + " wichtige Aufgaben"
```

Hier muss die Variable i explizit in einen String umgewandelt werden, sonst erhalten Sie eine Fehlermeldung. Für jeden Datentyp gibt es eine entsprechende Konvertierungsfunktion.

Datentyp	Konvertierungsfunktion
Integer	CInt(wert)
Long	CLng(wert)
Single	CSng(wert)
Double	CDbl(wert)
Currency	CCur(wert)
Date	CDate(wert)

Kapitel 9 — Prozeduren und Funktionen

Datentyp	Konvertierungsfunktion
Boolean	CBool(wert)
String	CStr(wert)
Formatierter String	Format(wert, formatangabe)

Obsolete Funktionen

Aus »alten Tagen« existieren noch zwei weitere Konvertierungsfunktionen: Str() und Val(). Str konvertiert Zahlen in Texte und Val tut das Gegenteil. Insbesondere Val ist interessant, weil diese Funktion sehr viel toleranter arbeitet als die übrigen Konvertierungsfunktionen. Val verarbeitet auch Buchstaben und sogar leere Textfelder. Val untersucht den Text Zeichen für Zeichen und wandelt alles um, was als Zahl interpretiert werden kann. Taucht ein Zeichen auf, welches nicht zu einer Zahl gehört, dann werden dieses und der gesamte Rest des Textes verworfen. Leider hat Val einen kleinen Schönheitsfehler: Zahlen mit Nachkommastellen müssen mit einem Punkt eingegeben werden, ein Komma wird nicht akzeptiert.

Die in der letzten Tabelle aufgeführten Konvertierungsfunktionen orientieren sich bezüglich Dezimaltrennzeichen an den Ländereinstellungen in der Systemsteuerung. So können Sie sehr einfach internationale Anwendungen schreiben, ohne jedes Mal die Eingaben gesondert zu verarbeiten.

Methoden von Objekten

Objekte bestehen im Wesentlichen aus zwei Bestandteilen:

- **Eigenschaften**
  Eine Eigenschaft ist letzten Endes eine Variable. Eigenschaften von Objekten speichern Werte, die den Zustand des Objektes bestimmen. Das hört sich alles sehr technisch an, wird aber gleich klarer, wenn Sie z.B. an die Eigenschaften eines Dialogs denken. Die Breite und die Höhe des Dialogs werden als Eigenschaften zur Verfügung gestellt (und natürlich noch sehr viel mehr). Die gegenwärtigen Einstellungen dafür werden intern in Variablen abgelegt.

- **Methoden**
  Methoden sind nichts anderes als Prozeduren oder Funktionen. Ob Methoden Werte zurückgeben oder nicht ist so ohne weiteres nicht ersichtlich. Dazu benötigen Sie entsprechende Programmbeispiele oder Sie entnehmen diese Information der Online-Hilfe. Methoden

arbeiten immer nur mit dem Objekt, welches sie aufruft und bieten eine Möglichkeit, das Verhalten des Objekts zu steuern. Auch dafür haben wir bereits ein Beispiel kennen gelernt. Bei der Ermittlung der Anzahl wichtiger Aufgaben wird vorher eine Sortierung der Elemente des Ordners durchgeführt. Die Anweisung dazu lautet:

```
myItems.Sort "[Importance]", True
```

Sort ist eine Methode für ein Ordner-Objekt und die nachfolgenden Angaben stellen die Übergabeparameter für diese Methode dar. Außerdem wird die zweite Form der Syntax für den Methodenaufruf verwendet (ohne Klammern und ohne Call).

Für jedes Objekt finden Sie in der Hilfe eine Übersicht aller vorhandenen Eigenschaften und Methoden. Meistens sind auch kleine Codebeispiele zu finden, die eine typische Verwendungsweise zeigen.

Praxisbeispiel

Aufgabenstellung

Die Firma Powercom bietet ihren Kunden drei verschiedene Tarifmodelle an. Je nach Stromverbrauch sind unterschiedliche Tarife für den Kunden attraktiver. Die Tarife setzen sich zusammen aus einer Grundgebühr, einem Preis für die Kilowattstunde und optional einem Bonus. Die folgende Tabelle liefert einen Überblick über die verschiedenen Tarife (die Preise gelten jeweils für einen Monat).

Tarif	Grundgebühr	Kilowattstunde	Bonus
Öko	DM 3,-	DM 0,08	
Standard	EUR 5,-	DM 0,06	
Stromfresser	DM 10,-	DM 0,03	20 Kilowattstunden frei

Als Kundenservice möchte Powercom folgende Leistung zur Verfügung stellen: Die vom Kunden geschickten Daten über den Stromverbrauch werden in einen Dialog eingetragen. Anhand dieser Daten werden die zu zahlenden Beträge berechnet. Als besondere Funktion findet ein Vergleich der Tarife statt. Wenn ein günstigerer Tarif gefunden wird, bekommt der Kunde eine diesbezügliche Nachricht zugeschickt. Die Daten sind im Einzelnen:

- Anzahl der Monate,
- Verbrauch an Kilowattstunden,
- Freistunden,
- Gegenwärtiger Tarif,
- Rechnungsbetrag.

Abbildung 9.1 zeigt den zugehörigen Dialog.

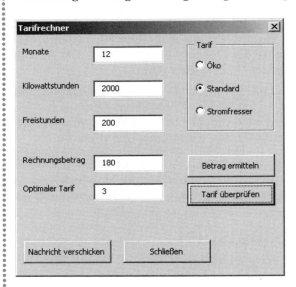

Abbildung 9.1
Dialog für den Tarifrechner

Im Folgenden wollen wir den Code für die einzelnen Schaltflächen betrachten. Die Schaltfläche *Schließen* enthält lediglich die Anweisung *Unload Me*, deshalb wird sie hier nicht genauer betrachtet.

Schaltfläche *Betrag ermitteln*

Diese Schaltfläche ermittelt aus den vorhandenen Eingaben (Monate, Verbrauch, Freistunden, Tarif) den zu zahlenden Rechnungsbetrag. Ausnahmsweise, damit alle Anweisungen in eine Zeile passen, arbeite ich hier mit der Standardeigenschaft Text für das Textfeld Betrag (BetragText statt BetragText.Text).

Listing 9.6
Code für die Schaltfläche *Betrag*

```
Private Sub BetragButton_Click()
    Dim Tarif As Integer

    On Error GoTo Fehler
    If Pruefen = False Then
        Exit Sub
    End If
    Tarif = GetTarif
    BetragText = CalcBetrag(MonateText.Text, VerbrauchText.Text, _
                            FreistundenText.Text, Tarif)
    Exit Sub

Fehler:
    MsgBox Err.Description
End Sub
```

Beachten Sie folgende Punkte:

- Zwei Funktionalitäten wurden in eigene Funktionen ohne Parameter ausgelagert: Zum einen die Prüfung der Eingabefelder auf gültige Werte (Funktion Pruefen), zum anderen die Ermittlung des Integer-Wertes für den ausgewählten Tarif (Funktion GetTarif). Dies geschieht, um die Übersichtlichkeit zu steigern und weil der entsprechende Code an mehreren Stellen gebraucht wird.

- Die Ermittlung des Rechnungsbetrages erfolgt ebenfalls in einer eigenen Funktion (CalcBetrag), die vier Parameter erhält. Dabei werden die ersten drei als Textfeldeigenschaft übergeben, der letzte dagegen als Variable. Der Grund liegt darin, dass die Funktion CalcBetrag hier einen Integer-Wert erwartet. Dieser lässt sich aber aus den Optionsfeldern nicht direkt generieren, deshalb wird er in einer eigenen Variablen Tarif gespeichert.

- Die Funktion Pruefen wird für einen Vergleich benutzt, während die beiden anderen Funktionen ihre Rückgabewerte an Variablen zuweisen.

- Der Code für die Ereignisprozedur ist hinreichend komplex, deshalb existiert eine allgemeine Fehlerverarbeitung.

Schaltfläche *Tarif überprüfen*

Listing 9.7
Code für die Schaltfläche *Tarif überprüfen*

```
Private Sub TarifButton_Click()
    Dim Tarif As Integer, OptimalTarif As Integer
    Dim Betrag As Currency, Testbetrag As Currency
    Dim i As Integer

    On Error GoTo Fehler
    If Pruefen = False Then
        Exit Sub
    End If

    Tarif = GetTarif
    OptimalTarif = Tarif
    Betrag = CalcBetrag(MonateText.Text, VerbrauchText.Text, _
                        FreistundenText.Text, Tarif)
    For i = 1 To 3
        If i <> Tarif Then
            Testbetrag = CalcBetrag(MonateText.Text, VerbrauchText.Text, _
                                    FreistundenText.Text, i)
            If Testbetrag < Betrag Then
                Betrag = Testbetrag
                OptimalTarif = i
            End If
        End If
```

```
        Next i
        OptimalText.Text = OptimalTarif
        Exit Sub

Fehler:
    MsgBox Err.Description
End Sub
```

Diese recht umfangreiche Prozedur lässt sich besser verstehen, wenn man sie in gröbere Ablaufschritte unterteilt:

- Eingabewerte prüfen.
- Gegenwärtigen Tarif und Rechnungsbetrag ermitteln.
- Alle Tarife bis auf den aktuellen testen. Wenn einer dieser Tarife einen niedrigeren Rechnungsbetrag ergibt, dann soll dieser Tarif für später vermerkt werden.
- Optimalen Tarif ausgeben.

Bemerkungen:

- In dieser Prozedur werden wieder die Funktionen `GetTarif`, `Pruefen` und `CalcBetrag` aufgerufen. Jetzt zahlt es sich aus, dass wir sie in eigene Funktionen ausgelagert haben, der Code wäre sonst doppelt vorhanden.
- Die Ermittlung des Rechnungsbetrages erfolgt hier noch einmal, damit das Ermitteln des besten Tarifes unabhängig davon geschieht, dass vorher der Rechnungsbetrag ermittelt wurde.
- Das Testen des aktuell gültigen Tarifs wäre sinnlos. Es wird mit der Anweisung
  `If i <> Tarif Then`
  verhindert.
- Der Einsatz von Variablen ist bei dieser Prozedur nicht mehr zu umgehen. Das ist typisch für Prozeduren, die komplexere Mechanismen zur Verfügung stellen.
- Auch hier ist eine Fehlerverarbeitung sinnvoll.

Schaltfläche *Nachricht verschicken*

Wenn ein günstigerer Tarif für den Kunden existiert, soll er benachrichtigt werden. Die Nachricht wird mit Hilfe dieser Schaltfläche erzeugt. Dazu muss bereits ein Nachrichtenformular in Outlook geöffnet sein.

Kapitel 9 — **Prozeduren und Funktionen**

Listing 9.8
Code für die Schaltfläche *Nachricht verschicken*

```
Private Sub NachrichtButton_Click()
    Dim Text As String
    Dim Sparbetrag As Currency

    On Error GoTo Fehler
    If Pruefen = False Then
        Exit Sub
    End If
    If IsNumeric(OptimalText.Text) = True Then
        MsgBox "Sie haben noch keinen optimalen Tarif ermittelt!"
        Exit Sub
    End If
    If OptimalText.Text <> GetTarif Then
        Sparbetrag = BetragText.Text - CalcBetrag(MonateText.Text, _
                    VerbrauchText.Text, _
                    FreistundenText.Text, OptimalText.Text)
        With ActiveInspector.CurrentItem
            Text = .Body + vbCr + "Sehr geehrter Kunde,"
            Text = Text + vbCr + vbCr + "Wir haben ermittelt, dass " _
                    + "Ihr gegenwärtiger Tarif nicht die " _
                    + "günstigste Möglichkeit für Ihren aktuellen " _
                    + Stromverbrauch darstellt."
            Text = Text + vbCr + "Der Tarif " + _
                    GetTarifName(OptimalText.Text) + _
                    " ist für Sie noch günstiger!"
            Text = Text + vbCr + "Sie sparen " + _
                    Format(Sparbetrag, "#,##0.00 DM") + "."
            Text = Text + vbCr + "Sprechen Sie mit uns, wenn Sie den " _
                    + " Tarif wechseln möchten."
            .Body = .Body + Text
        End With
    End If
    Exit Sub

Fehler:
    MsgBox Err.Description
End Sub
```

Diese Prozedur prüft ebenfalls zunächst einmal die Eingabewerte. Sie verlässt sich darauf, dass der optimale Tarif bereits ermittelt wurde (indem sie einfach das Textfeld ausliest), deshalb wird noch einmal überprüft, ob dort auch ein Eintrag steht. Wenn es tatsächlich einen besseren Tarif gibt, dann wird die Nachricht erzeugt. Dazu wird vorher noch ermittelt, wie viel Geld der Kunde durch den neuen Tarif sparen kann. Diese Information wird dann in den Nachrichtentext eingebaut.

Bemerkungen:

- Hier wird eine neue Funktion GetTarifName verwendet. Wir benötigen sie, um aus der Tarifnummer den zugehörigen Namen zu ermitteln.

- Die Funktion `Format` wird verwendet, um den Währungsbetrag geeignet zu formatieren. `Format` kann praktisch beliebige Formate für verschiedenste Zahlen erzeugen (inklusive Datumsangaben). Sehen Sie sich einmal die Hilfe zu dieser Funktion an. Sie werden feststellen, dass die Formate denen zum Formatieren von Zellen in Excel sehr ähnlich sind. Der einzige Unterschied besteht darin, dass im Programmcode englischsprachige Formate verwendet werden. Deshalb sind Punkt und Komma bei der Währungsformatierung auch „vertauscht".

Zusatzfunktionen

In den Ereignisprozeduren für die Schaltflächen werden einige Funktionen aufgerufen, die hier vorgestellt werden. Diese Funktionen verwenden drei Konstanten für die Tarife, die im allgemeinen Deklarationsbereich des Fenstermoduls deklariert werden:

```
Const tarOeko = 1
Const tarStandard = 2
Const tarStromfresser = 3
```

Die Funktion `CalcBetrag` berechnet aus den Eingabewerten den Rechnungsbetrag. Beachten Sie, dass die Funktion nur mit Übergabewerten und lokalen Variablen arbeitet. Das macht sie komplett unabhängig vom Rest des Programms und erleichtert es ungemein, sie in einem anderen Programm zu nutzen. Eine kleine Ausnahme gibt es allerdings doch: Die drei Konstanten müssen ebenfalls transferiert werden.

Listing 9.9
Die Funktion CalcBetrag

```
Function CalcBetrag(Monate As Integer, Verbrauch As Double, _
                    Freistunden As Integer, _
                    Tarif As Integer) As Currency
    Dim Ergebnis As Currency
    
    Select Case Tarif
    Case tarOeko
        Ergebnis = Monate * 3 + Verbrauch * 0.08
    Case tarStandard
        Ergebnis = Monate * 5 + Verbrauch * 0.06
    Case tarStromfresser
        Ergebnis = Monate * 10 + (Verbrauch - Freistunden) * 0.03
    End Select
    CalcBetrag = Ergebnis
End Function
```

Die Funktionen `GetTarif` und `GetTarifName` bestehen im Grunde nur aus einer einzigen Verzweigung. Sie werden benötigt, um die Optionsfelder in Integer-Werte zu konvertieren und umgekehrt. Beachten Sie, dass die Zuweisung an den Funktionsnamen mehrfach passiert, um eine Zwischenvariable wie `Ergebnis` im Listing 9.9 zu vermeiden.

Kapitel 9   **Prozeduren und Funktionen**

Listing 9.10
Die Funktion GetTarif

```
Function GetTarif() As Integer
    If OekoOption.Value = True Then
        GetTarif = tarOeko
    ElseIf StandardOption.Value = True Then
        GetTarif = tarStandard
    ElseIf StromfresserOption.Value = True Then
        GetTarif = tarStromfresser
    End If
End Function
```

Listing 9.11
Die Funktion GetTarifName

```
Function GetTarifName(Tarif As Integer) As String
    Select Case Tarif
    Case tarOeko
        GetTarifName = "Öko"
    Case tarStandard
        GetTarifName = "Standard"
    Case tarStromfresser
        GetTarifName = "Stromfresser"
    Case Else
        GetTarifName = "Unbekannt"
    End Select
End Function
```

Die Funktion Pruefen schließlich überprüft der Reihe nach die Eingabefelder. Als Ergebnis wird entweder True für gültige Werte oder False für ungültige Werte zurückgegeben.

Listing 9.12
Die Funktion Pruefen

```
Function Pruefen() As Boolean
    Dim Ergebnis As Boolean
    
    Ergebnis = True
    If IsNumeric(MonateText.Text) = False Then
        MsgBox "Der Wert für die Anzahl der Monate ist ungültig!"
        Ergebnis = False
    End If
    If IsNumeric(VerbrauchText.Text) = False Then
        MsgBox "Der Wert für den Verbrauch ist ungültig!"
        Ergebnis = False
    End If
    If OekoOption.Value = False And StandardOption.Value = False And _
        StromfresserOption.Value = False Then
        MsgBox "Bitte wählen Sie einen Tarif aus!"
        Ergebnis = False
    End If
    If StromfresserOption.Value = True And _
            IsNumeric(FreistundenText.Text) = False Then
        MsgBox "Bitte tragen Sie die Anzahl der Freistunden ein!"
        Ergebnis = False
    End If
    Pruefen = Ergebnis
End Function
```

Bleibt noch zu bemerken, dass die Funktionen `Pruefen` und `GetTarif` natürlich nicht unabhängig vom Rest des Programms sein können. Das liegt an ihren Aufgaben, die eng mit den Steuerelementen des Dialogs verknüpft sind.

Wenn Sie alles korrekt implementiert haben, dann erzeugt der Dialog aus Abbildung 9.2 folgende Nachricht:

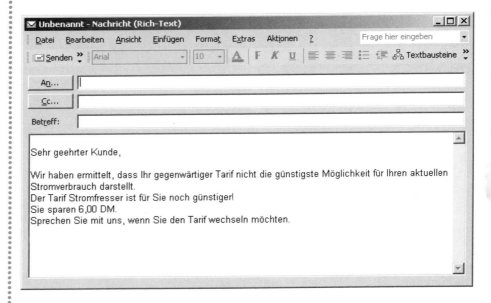

Abbildung 9.2
Durch den Dialog erzeugte Nachricht

10 VBScript

In diesem Kapitel lernen Sie

- für welche Einsatzzwecke VBScript am besten geeignet ist.
- welche Fähigkeiten in VBScript im Vergleich zu VBA fehlen.
- wie Sie in VBScript auf Steuerelemente und Felder des Formulars zugreifen können.
- wie Sie aus VBScript auf andere Outlook-Elemente zugreifen können.

Wie bereits mehrfach erwähnt, ist VBScript die Programmiersprache, welche im Zusammenhang mit Outlook-Formularen eingesetzt wird. In diesem Kapitel wollen wir VBScript ein wenig näher betrachten. Nachdem wir nun viel über Visual Basic for Applications gelernt haben, werden wir noch einmal detailliert auf die Unterschiede zwischen diesen Sprachen eingehen. Am Schluss des Kapitels betrachten wir ein weiteres Praxisbeispiel.

Angebot-
Neukunde.oft
AngebotOO.oft

Das Endresultat der Übungen aus diesem Kapitel finden Sie in den Beispieldateien *AngebotNeukunde.oft* und *AngebotOO.oft*. Falls Sie die Beispieldateien noch nicht installiert haben, dann finden Sie im Abschnitt „Die Übungsdateien auf der Festplatte installieren" ab Seite 14 in diesem Buch detaillierte Hinweise zum Setup. Im gleichen Abschnitt ist ebenfalls beschrieben, wie Sie die Beispieldateien in Outlook verfügbar machen.

Grundlagen

Was ist VBScript?

Sie kennen VBScript vielleicht aus einer ganz anderen Ecke: Nämlich im Zusammenhang mit HTML-Seiten. Dort ist VBScript bekannt als Möglichkeit, HTML-Seiten auf dem Client (also im Browser des Surfers) etwas „aufzupeppen", indem dynamische Inhalte oder optische Effekte erzeugt werden.

Was hat das dann mit Outlook zu tun? Nun, E-Mails können innerhalb von Outlook in verschiedenen Formaten erzeugt werden. Dazu zählen ASCII-Text, RTF und auch HTML. Das wissen wir spätestens seit den üblen Viren, die als VBScript in HTML-Mails enthalten sind. Da genügt es schon, die Mail zu öffnen, und schon ist der Code ausgeführt. Die Interpretation eines solchen Codes erfolgt im Nachrichtenformular von Outlook. Und wenn das ohnehin schon VBScript versteht, dann liegt es ja nahe, benutzerdefinierte Formulare auch mit VBScript zu erstellen. Das ist vermutlich auch der Grund, weshalb in Formularen VBScript und nicht VBA verwendet wird.

VBScript ist eine reine Interpretersprache. Denken wir noch einmal an die HTML-Seite zurück. Eine solche Seite wird Stück für Stück aufgebaut, immer ein Tag nach dem anderen. Und genauso wird auch der Code abgearbeitet: Eine Anweisung nach der anderen. Kein vorheriges Kompilieren, kein Syntaxcheck. Wenn der Code fehlerhaft ist, dann wird das erst im Browser offensichtlich, sobald er die entsprechende Zeile erreicht hat. Sie erhalten dann eine Meldung wie: „In dem Skript in Zeile 7 ist ein Fehler aufgetreten: Objekt erforderlich. Möchten Sie den Code weiter ausführen?"

Outlook arbeitet in seinen Formularen ganz genau so. Sie werden Anweisung für Anweisung abgearbeitet und überprüft wird nur die aktuelle Zeile. VBScript kennt keine Compilerfehler, weil es in VBScript keinen Compiler gibt. Wie gesagt: VBScript ist eine reine Interpretersprache.

Was ist VBScript nicht?

Diese Frage ist schon deutlich schwerer zu beantworten. Auf jeden Fall lässt sich sagen: VBScript ist nicht VBA (und schon gar kein Visual Basic), auch wenn große Teile der Sprachen ähnlich oder identisch sind.

Allenfalls könnte man VBScript mit viel gutem Willen als „abgespecktes" VBA bezeichnen. Die Frage lässt sich aber etwas einfacher beantworten, wenn wir sie ein wenig umformulieren: Welche Fähigkeiten besitzt VBScript im Vergleich zu VBA nicht? Dazu in Kürze mehr.

Was kann VBScript?

VBScript bringt fast alles mit, was eine klassische Programmiersprache auch zu bieten hat. Die Tabelle auf der folgenden Seite gibt einen Überblick über die wichtigsten Aspekte im Vergleich mit VBA:

Kapitel 10 VBScript

Feature	Erläuterung
Konstanten	Eigene Konstanten werden vollständig unterstützt.
Variablen	VBScript kennt Variablen, allerdings keine Datentypen (genauer gesagt nur den Datentyp Variant). Eine Variablendeklaration sieht dann so aus: `Dim zahl`
Verzweigungen	Die If-Anweisung ist komplett identisch mit derjenigen in VBA. Select Case gibt es auch, aber in den Case-Angaben sind nur einzelne oder durch Kommata getrennte Werte erlaubt. Eine Angabe wie `Case 10 To 20` ist nicht erlaubt. Auch `Case Is > 50` ist ungültig.
Schleifen	Sowohl die For-Schleife als auch die Do-Schleife werden unterstützt.
Prozeduren und Funktionen	Eigene Prozeduren und Funktionen werden in vollem Umfang unterstützt.
Ereignisprozeduren	Für Steuerelemente steht nur das Ereignis `Click` zur Verfügung.
VBA-Funktionen	Die meisten VBA-Funktionen stehen auch in VBScript zur Verfügung.
Objektmodell	VBScript hat vollständigen Zugriff auf das Outlook-Objektmodell.

Was kann VBScript nicht?

Wie schon erwähnt ist VBScript ein ziemlich „abgespecktes" VBA. Die nächste Tabelle zeigt, welche Features nicht oder nur ansatzweise in VBScript enthalten sind. Achtung: Diese Zusammenstellung gilt für VBScript in Outlook XP und muss nicht notwendigerweise auch für andere Umgebungen gelten!

Feature	Erläuterung
Konstanten	Die Outlook-Konstanten wie z.B. `olImportanceHigh` stehen in VBScript nicht zur Verfügung. Sie müssen stattdessen die zugehörigen Integer-Werte verwenden.
Sprünge	Weder Goto noch On Error Goto sind vorhanden. Das liegt daran, dass in VBScript keine Sprungmarken unterstützt werden.
Fehlerverarbeitung	Die einzige Anweisung für die Fehlerverarbeitung ist `On Error Resume Next`. Warum das nur begrenzt einsetzbar ist, habe ich in Kapitel 8 erklärt.
Schleifen	Die For-Schleife darf nicht mit `Next i` beendet werden, sondern nur mit `Next`. ▶

Feature	Erläuterung
VBA-Funktionen	Die Funktion Format fehlt leider.
Dateibefehle	VBA kennt einige Befehle zum Bearbeiten von Dateien. Diese Befehle sind aus Sicherheitsgründen nicht in VBScript enthalten.

Weshalb gibt es diese Beschränkungen in VBScript? Das hat mit seiner Entstehungsgeschichte zu tun. VBScript wurde als Skriptsprache für Webseiten konzipiert. Dort sind ganz andere Dinge relevant als bei der Entwicklung von Anwendungen. Sicherheit beispielsweise spielt eine viel größere Rolle. Außerdem geht es im Web nicht darum, Anwendungen zu erstellen (jedenfalls nicht auf dem Client), sondern Dokumente zu gestalten. Fähigkeiten wie eine ausgefeilte Fehlerverarbeitung spielen dabei nur eine untergeordnete Rolle.

Die Entwicklungsumgebung

Was den VBA-verwöhnten Programmierer wahrscheinlich viel mehr schmerzt als ein paar Einschränkungen in der Programmiersprache sind all die kleinen komfortablen Dinge, auf die er im Skript-Editor verzichten muss:

- Es gibt keine automatische Code-Ergänzung bei Eigenschaften und Methoden. Es gibt auch keine Syntaxeinblendung bei Prozeduren und Funktionen. Da Sie auch noch auf einen Makrorekorder verzichten müssen, ist guter Rat teuer.
  Sie können also entweder drei Viertel der Entwicklungszeit in der Hilfe verbringen – oder Sie schreiben den Code einfach in VBA und kopieren ihn dann über die Zwischenablage in den Skript-Editor (so mache ich das jedenfalls immer).

- Es gibt keine Syntaxhervorhebung, keine unterschiedlichen Farben, keine automatischen Einrückungen, keine automatische Groß-/Kleinschreibung. Mein Tipp: Machen Sie sich die Mühe, die Schreibweise von VBA beizubehalten. Schreiben Sie also MsgBox und nicht msgbox. Der Code ist wesentlich leichter zu lesen und Sie werden dadurch weniger Fehler machen.

- Es gibt weder eine Überprüfung der Syntax noch einen Compiler. Das bedeutet, dass jeder (!) Fehler ein Laufzeitfehler ist. Dadurch wird das Testen noch zeitaufwendiger, als es ohnehin schon ist.

- Eine Debugging-Unterstützung fehlt total. Weder Haltepunkte noch Einzelschritt sind vorhanden. Sie können nicht zur Laufzeit die Maus auf die Variable setzen, um den Wert nachzusehen. Sie haben kein Überwachungsfenster. Für erfahrene VB/VBA-Programmierer: Auch

`Debug.Print` wird nicht unterstützt. Die einzige Möglichkeit, Werte zur Laufzeit auszugeben, ist `MsgBox` (oder natürlich Steuerelemente, aber wer macht das schon?).

Praxisbeispiel

Als Outlook-Programmierer brauchen Sie sich eigentlich nur zu merken, was bei VBScript wegfällt. Neue Kenntnisse müssen Sie aber nicht mehr erwerben. Also können wir direkt zu einem praktischen Beispiel wechseln und uns VBScript im Einsatz ansehen.

Die Firma Powercom betreibt beträchtlichen Aufwand, um neue Kunden zu akquirieren. Als modernes Unternehmen werden dazu auch E-Mails mit verlockenden Einstiegsangeboten an potentielle Kunden verschickt.

Um den Erfolg dieser Maßnahme statistisch auswerten zu können, soll eine Möglichkeit zur Auswertung dieser Angebote geschaffen werden. Also wird auf dem Exchange-Server der Firma ein öffentlicher Ordner eingerichtet. Jedes per E-Mail verschickte Angebot soll standardmäßig dort hinein kopiert werden. Damit die Vertriebsleute das nicht selbst machen müssen, wird ein entsprechender Automatismus über ein benutzerdefiniertes Formular zur Verfügung gestellt.

Außerdem soll für jedes verschickte Angebot ein Eintrag in einem Unterordner des Kontakteordners erfolgen. Dieser Eintrag dient dazu, bei einem nachfolgenden Telefongespräch die wichtigsten Daten verfügbar zu haben. Der Einfachheit halber werden wir hier nur die E-Mail Adresse speichern, um das Beispiel nicht unnötig aufzublähen. Der Unterordner heißt *AngebotGesendet,* und natürlich soll auch das Anlegen eines neuen Kontaktes automatisiert erfolgen.

Das Nachrichtenformular

Abbildung 10.1 zeigt die zweite benutzerdefinierte Seite des Nachrichtenformulars.

Abbildung 10.1
Das Formular für
die Erstellung von
Angeboten

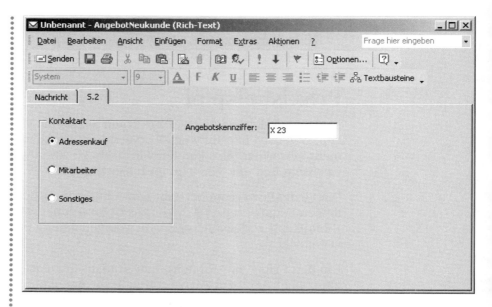

Die erste Seite ist eine ganz normale Nachrichtenseite. Die oben abgebildete zweite Seite dagegen dient zur Eingabe einiger benutzerdefinierter Daten:

- **Kontaktart**
  Die Kontaktart legt fest, woher die Adresse des potentiellen Kunden stammt.

- **Angebotskennziffer**
  Es werden von der Marketing-Abteilung regelmäßig neue Angebote konstruiert. Diese erhalten eine Kennziffer, die zu Auswertungszwecken in das Formular eingetragen wird.

Das Formular verfügt über ein getrenntes Leselayout, so dass die Einträge der zweiten Seite beim Empfänger nicht angezeigt werden.

Die Optionsfelder und das Textfeld sind ungebunden, d. h. sie sind einfache Steuerelemente ohne die Bindung an ein Datenbankfeld.

Der Code des Nachrichtenformulars

Der Code für dieses Formular besteht aus zwei Funktionen:

- Die Funktion `Pruefen` führt die bereits aus früheren Beispielen bekannte Überprüfung der Eingabewerte durch. Sie liefert als Ergebnis entweder True oder False.

- Die Funktion Item_Send ist eine Ereignisprozedur für das Formular. Sie kümmert sich um den gesamten Rest: Das ist im Wesentlichen die Erzeugung der Einträge im öffentlichen Ordner und im Kontakte-Ordner.

Listing 10.1
Die Funktion Pruefen

```
Function Pruefen()
    Pruefen = True
    With Application.ActiveInspector.ModifiedFormPages("S.2")
        If .Controls("AdresseOption").Value = False And _
            .Controls("MitarbeiterOption").Value = False And _
            .Controls("SonstigesOption").Value = False Then
            .Controls("SonstigesOption").Value = True
        End If
        If .Controls("AngebotText").Value = "" Then
            MsgBox "Sie müssen eine Angebotskennziffer eingeben!"
            Pruefen = False
        End If
    End With
End Function
```

Die Funktion führt zwei Überprüfungen durch. Zum einen wird die Kontaktart geprüft. Wenn dort keine der drei Optionen ausgewählt wurde, wird automatisch der dritte Eintrag *Sonstiges* ausgewählt. Wenn dagegen in der Angebotskennziffer kein Eintrag steht, dann erfolgt eine entsprechende Fehlermeldung und die Funktion gibt als Ergebnis False zurück.

Listing 10.2 zeigt den Code des Ereignisses Item_Send. Dieses Ereignis tritt auf, wenn die Nachricht abgesendet wird. Da das Ereignis als Funktion realisiert ist, können Sie das Senden des Ereignisses abbrechen, wenn Sie False als Funktionsergebnis festlegen. Das ist zweckmäßig, um das Senden einer Nachricht zu verhindern, wenn die Prüfung der Eingabewerte negativ ausgefallen ist.

Listing 10.2
Code für das Senden der Nachricht

```
Function Item_Send()
    Dim AngebotOrdner, GesendetOrdner
    Dim Angebot, Kontakt
    
    On Error Resume Next
    If Pruefen = False Then
        Item_Send = False
        Exit Function
    End If
    With Application.GetNamespace("MAPI")
        Set AngebotOrdner = .Folders("Öffentliche Ordner") _
                            .Folders("Alle Öffentlichen Ordner") _
                            .Folders("Angebote")
        Set Angebot = AngebotOrdner.Items.Add
        Angebot.Subject = "Strom: Sauber und günstig!"
```

```
    With Application.ActiveInspector.ModifiedFormPages("S.2")
        If .Controls("AdresseOption").Value = True Then
            Angebot.UserProperties("Kontaktart") = 1
        ElseIf .Controls("MitarbeiterOption").Value = True Then
            Angebot.UserProperties("Kontaktart")= 2
        ElseIf .Controls("SonstigesOption").Value = True Then
            Angebot.UserProperties("Kontaktart")= 3
        Else
            Angebot.UserProperties("Kontaktart")= 0
        End If
        Angebot.UserProperties("Angebotsnr")= .Controls("AngebotText").Value
    End With
    Angebot.Save
    Set Angebot = Application.ActiveInspector.CurrentItem
    Set GesendetOrdner = .GetDefaultFolder(10) _
                        .Folders("AngebotGesendet")
    Set Kontakt = GesendetOrdner.Items.Add
    Kontakt.EmailAddress = Angebot.To
    Kontakt.Save
  End With
End Function
```

Folgende Aspekte sind an diesem Code bemerkenswert:

- Die Fehlerverarbeitung wird durch On Error Resume Next gewährleistet. Das bewirkt, dass fehlerhafte Zeilen einfach ausgelassen werden. Denken Sie unbedingt daran, diese Zeile während der Entwicklung auszukommentieren! Es ist sonst praktisch nicht nachvollziehbar, warum der Code bestimmte Anweisungen nicht ausführt.

- Ähnlich wie in früheren Beispielen wird bei fehlerhaften Eingabewerten die Funktion vorzeitig verlassen. Durch Setzen des Funktionsergebnisses auf False wird erreicht, dass kein Senden der Nachricht stattfindet.

- Bei der Benutzung von Objekten aus dem Outlook-Objektmodell müssen Sie immer die vollständige Hierarchie angeben, beginnend bei Application. In der VBA-Umgebung ist das nicht der Fall, dort ist Application sozusagen implizit schon vorhanden.

- Die Variable AngebotOrdner ist eine so genannte Objektvariable, welche den öffentlichen Ordner repräsentiert. Wir werden uns im nächsten Kapitel noch intensiver mit Objektvariablen und ihren Besonderheiten auseinander setzen.

- Über die Methode Items.Add wird ein neues Element im öffentlichen Ordner erzeugt. Diese Methode gibt das erzeugte Element zurück, sie ist also eine Funktion. Achten Sie darauf, den Rückgabewert in einer eigenen Variablen zu speichern (in diesem Fall die Variable Angebot), sonst haben Sie später keine Möglichkeit mehr, die Werte für dieses Element zu verändern.

- Für das neu erzeugte Element im öffentlichen Ordner wird zunächst die Eigenschaft Betreff stellvertretend für standardmäßig vorhandene Eigenschaften gesetzt. Anschließend werden die beiden benutzerdefinierten Eigenschaften Kontaktart und Angebotsnr entsprechend den Werten aus dem Formular belegt. Der Zugriff auf die Eigenschaften erfolgt über UserProperties:

  ```
  Angebot.UserProperties("Kontaktart") = 1
  ```

  Dieser Umweg ist notwendig, weil benutzerdefinierte Eigenschaften nicht direkt angesprochen werden können, wie das bei Standardeigenschaften möglich ist.

- Für den Zugriff auf ungebundene Formularelemente ist es notwendig, sowohl den Namen der Seite (Registerkarte) als auch den des Steuerelementes zu kennen. Neben der Aktivierreihenfolge ist diese Tatsache ein weiterer Grund, Steuerelemente sinnvoll zu benennen. Der Zugriff sieht dann so aus:

  ```
  Application.ActiveInspector.ModifiedFormPages ("S.2").Controls("AngebotText").Value
  ```

  In diesem Fall erfolgt der Zugriff auf das Textfeld mit der Angebotskennziffer.

- Um die Änderungen zu speichern, müssen Sie die Methode Save für das Element aufrufen.

- Die Outlook-Konstanten aus VBA stehen in VBScript nicht zur Verfügung. Eine Anweisung wie GetDefaultFolder(olFolderContacts) ist daher nicht gültig. Stattdessen müssen Sie den numerischen Wert der Konstante verwenden: GetDefaultFolder(10). Wenn Sie den numerischen Wert nicht über die Hilfe ermitteln können, schreiben Sie den Code einfach in VBA und setzen einen geeigneten Haltepunkt. Bewegen Sie anschließend bei unterbrochenem Programm die Maus auf die Konstante und lassen Sie sich den Wert anzeigen.

- Die Variable Angebot wird doppelt benutzt. Zuerst repräsentiert sie das neue Element im öffentlichen Ordner, anschließend das Nachrichtenelement im geöffneten Formular.

Im nächsten Kapitel werden wir uns noch einmal ausführlicher mit dem zugrunde liegenden Objektmodell von Outlook vertraut machen, welches in diesem Beispiel schon intensiv verwendet wurde.

Das Formular für den öffentlichen Ordner

Damit Sie die benutzerdefinierten Einträge im öffentlichen Ordner auswerten können, reicht es nicht, eine Ansicht mit den entsprechenden Feldern zu erzeugen. Entscheidend ist hier das Formular, mit welchem die Elemente angezeigt werden. Wenn dieses Formular keine benutzerdefinierten Felder enthält, dann gehen die jeweiligen Informationen verloren. Damit das nicht geschieht, müssen Sie folgende Schritte durchführen:

❶ Erstellen Sie ein benutzerdefiniertes Formular, z.B. auf Basis des Formulars *Bereitstellen*.

❷ Erzeugen Sie die benutzerdefinierten Felder für Kontaktart und Angebotsnr.

Abbildung 10.2
Definition benutzerdefinierter Felder in der Feldauswahl

❸ Stellen Sie passende Steuerelemente zur Verfügung und binden Sie diese Steuerelemente an die Felder.

Kapitel 10 VBScript

Abbildung 10.3
Die Steuerelemente für die benutzerdefinierten Felder

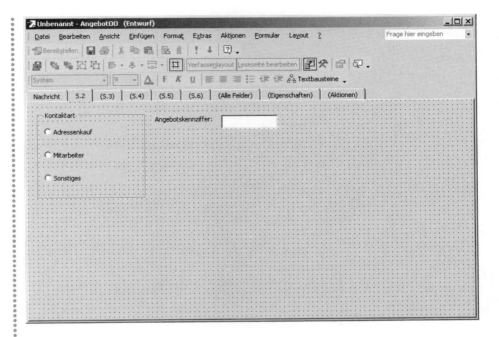

Abbildung 10.4
Eigenschaften für das Textfeld *Angebotsnr*

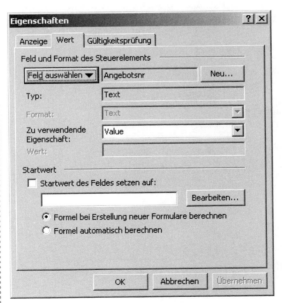

Abbildung 10.5
Eigenschaften für das Optionsfeld *Adresse*

④ Veröffentlichen Sie das Formular und geben Sie an, dass Ihr neu erstelltes Formular für die Bereitstellung der Elemente im öffentlichen Ordner verwendet werden soll.

Abbildung 10.6
Formular für die Bereitstellung auswählen

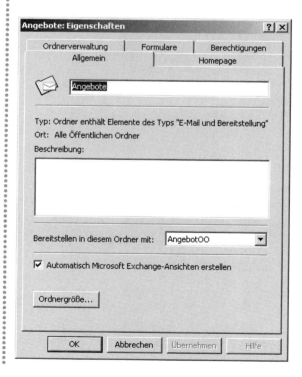

❺ Wenn Sie die Felder auch schon in der Übersicht sehen wollen, erstellen Sie eine geeignete Ansicht für den öffentlichen Ordner.

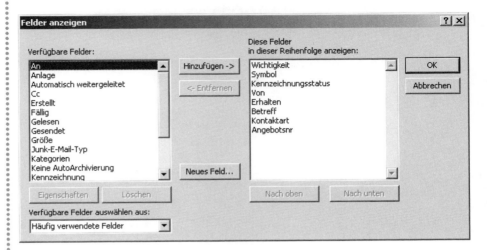

Abbildung 10.7
Benutzerdefinierte Felder in der Ansicht des öffentlichen Ordners

11 Das Outlook-Objektmodell

In diesem Kapitel lernen Sie

- wie das Outlook-Objektmodell aufgebaut ist.
- was Objektvariablen sind.
- wie Objektvariablen eingesetzt werden.
- welche Auflistungen aus dem Objektmodell wichtig sind.
- wie Sie mittels Auflistungen auf Ordner und ihre Elemente zugreifen können.
- wie Sie neue Nachrichten, Termine, Kontakte und Aufgaben erzeugen können.
- welche Eigenschaften alle Item-Objekte besitzen.
- was bei der Programmierung von Verteilerlisten beachtet werden muss.

Dieses Kapitel ist weniger eine Anleitung zum Lernen, sondern mehr zum Nachschlagen geeignet. Es lohnt sich aber das Kapitel auch dann zu lesen, wenn Sie keine konkrete Aufgabenstellung vorliegen haben. Sie erhalten nämlich ein Gefühl dafür, was bei der Programmierung mit und für Outlook überhaupt möglich ist und wo die einzelnen Informationen zu finden sind.

VbaProject.otm

Das Endresultat der Übungen aus diesem Kapitel finden Sie in der Beispieldatei *VbaProject.otm*. Falls Sie die Beispieldateien noch nicht installiert haben, dann finden Sie im Abschnitt „Die Übungsdateien auf der Festplatte installieren" ab Seite 14 in diesem Buch detaillierte Hinweise zum Setup. Im gleichen Abschnitt ist ebenfalls beschrieben, wie Sie die Beispieldateien in Outlook verfügbar machen.

Kapitel 11

Das Outlook-Objektmodell

Übersicht

Das Outlook-Objektmodell bietet Ihnen im Programmcode Zugriff auf Outlook, seine Ordner und die darin enthaltenen Elemente. Wir wollen uns zunächst eine Übersicht verschaffen, bevor wir näher auf einzelne Objekte eingehen.

Das Objektmodell

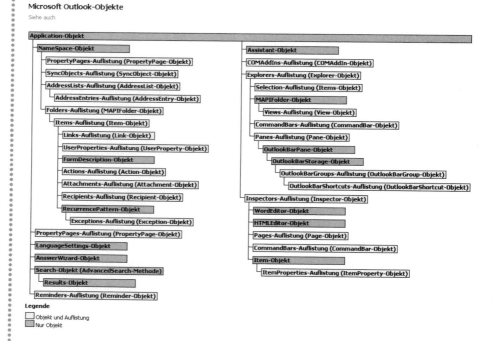

Abbildung 11.1
Das Outlook-Objektmodell

Abbildung 11.1 zeigt die Hilfeseite mit einer grafischen Übersicht des Outlook-Objektmodells. Diese Seite ist eine wertvolle Hilfe bei der Aufgabe, sich im Objektmodell zurechtzufinden. Leider ist sie ein wenig versteckt. Geben Sie im Antwort-Assistenten die Stichworte **Outlook** und **Objekte** ein und wählen Sie dann die Seite *Microsoft Outlook-Objekte*. Diese Grafik ist auch deshalb so schön, weil man von hier einfach durch Anklicken schnell zu den einzelnen Objekten findet und deren Eigenschaften und Methoden nachschlagen kann.

Lassen Sie uns eine grobe Einteilung der verschiedenen Objekte vornehmen, damit Sie eine Vorstellung davon bekommen, welche Möglichkeiten das Objektmodell bietet.

Kapitel 11 — Das Outlook-Objektmodell

Im Gegensatz zu Word und Excel beispielsweise ist das Objektmodell von Outlook nicht vollständig. Es gibt also bestimmte Aktionen, die Sie von Hand durchführen können, mit Hilfe von Code aber nicht. Damit Sie nicht Stunde über Stunde vergeblich damit verbringen, vielleicht doch eine Lösung zu finden, werde ich im Folgenden die wichtigsten Punkte auflisten, die nicht über die Programmiersprache erreicht werden können:

- **Optionen**
  Alle Einstellungen im Dialog *Extras* unter dem Befehl *Optionen* können nicht über die Programmiersprache verändert werden.

- **Ordnereigenschaften**
  Einige Ordnereigenschaften können nicht verändert werden. Dazu gehören: Einstellungen für die Archivierung, Berechtigungen, Synchronisation und das Formular für die Anzeige.

- **Ansichten**
  Die Einstellungen für vorhandene Ansichten können nicht geändert werden und es können keine neuen Ansichten erzeugt werden. Lediglich die aktuelle Ansicht für einen Ordner kann geändert werden.

- **Sanduhr**
  Es ist nicht möglich, die Form des Mauszeigers zu verändern.

- **Statuszeile**
  Sie können den Inhalt der Statuszeile nicht verändern.

Bevor wir uns jetzt die einzelnen Bereiche des Objektmodells etwas genauer ansehen, müssen wir noch einen Begriff klären: Auflistung. Eine Auflistung ist ein eigenes Objekt, welches eigentlich nichts anderes als eine Sammlung gleichartiger Objekte darstellt. Zum Beispiel gibt es eine Auflistung Folders, welche sämtliche Ordner einer bestimmten Hierarchieebene umfasst. Oder eine Auflistung Items, die alle Elemente in einem Ordner enthält. Mehr dazu erfahren Sie im Abschnitt über Auflistungen.

Application-Objekt

Wie in anderen Office-Programmen auch bildet das Application-Objekt die Spitze der Hierarchie. Das Application-Objekt steht für die Anwendung an sich (in diesem Fall also Outlook) und beinhaltet alle programmweiten Einstellungen in Form von Eigenschaften. Hauptsächlich dient das Application-Objekt aber dazu, den Zugriff auf die untergeordneten Objekte zu gewährleisten.

NameSpace-Objekt

Dieses etwas seltsame Objekt steuert den Zugriff auf alle gegenwärtig geladenen Ordner. Diese und ihre jeweiligen Unterordner liegen in Form von Auflistungen vor. Alle Objekte, die mit Adressbüchern zu tun haben, sind ebenfalls hier angesiedelt. Es handelt sich also um die oberste Ebene einer Verzeichnisstruktur, nur dass hier nicht Dateien und Verzeichnisse der Festplatte, sondern Ordner und Adressbücher von Outlook verwaltet werden.

Explorers- und Inspectors-Auflistung

Diese beiden Auflistungen sind wie NameSpace direkt unterhalb von Application angeordnet. Explorers bezeichnet dabei die Ordnerübersichten und Inspectors die gegenwärtig geöffneten Formulare. Über diese Objekte haben Sie, ähnlich wie bei NameSpace, einen Zugriff auf Ordner und die darin enthaltenen Elemente. Warum gibt es dafür zwei Mechanismen und wo liegen die Unterschiede?

- Die Auflistungen Explorers und Inspectors sind direkte Abbilder von Elementen der Oberfläche im Programmcode. Über diese Objekte lässt sich das Arbeiten „von Hand" eins zu eins (mehr oder weniger) in die Programmiersprache übertragen.

- Das NameSpace-Objekt dagegen bietet direkten Zugriff auf Ordner und Elemente, ohne dafür Bestandteile der Benutzeroberfläche zu verwenden. Mit einem NameSpace-Objekt können Sie direkt auf eine Aufgabe zugreifen und ihre Einstellungen verändern. Mit einem Inspector geht das auch, aber Sie müssen zunächst das Formular öffnen, so dass die Aufgabe angezeigt wird.

Beide Techniken haben ihre Vor- und Nachteile und wir werden sie im Verlauf dieses und der nächsten Kapitel noch näher kennen lernen.

Abgesehen von diesen größeren Bereichen existieren noch einige kleinere Objekte, die sich nirgendwo sonst unterbringen lassen. Dazu gehören z. B.:

- **Assistant**
  Damit lässt sich der Office-Assistent steuern.

- **Search**
  Um eine Suche im Programmcode durchzuführen.

- **Reminders**
  Gewährt Zugriff auf die aktuellen Erinnerungen im Zusammenhang mit Terminen.

Das Application-Objekt

Das Application-Objekt ist das oberste Objekt in der gesamten Hierarchie des Objektmodells. Aufgrund der Beschränkungen des Objektmodells ist das Application-Objekt eigentlich nur der Container für eine Reihe weiterer Auflistungen, wie z. B. Explorers oder Inspectors. Ein paar Besonderheiten gibt es aber dennoch.

Eigenschaften

Mal abgesehen von den Auflistungen verfügt das Application-Objekt über sehr wenige Eigenschaften. Hierüber lassen sich z. B. Informationen über den Produktschlüssel oder die Version von Outlook ermitteln:

```
MsgBox Application.ProductCode
MsgBox Application.Version
```

Außerdem gibt es eine Eigenschaft Session, die Informationen über die gegenwärtige Sitzung beinhaltet und nichts anderes ist als ein NameSpace-Objekt. Der nachfolgende Abschnitt beschäftigt sich eingehender mit diesem Objekt, deshalb gehe ich an dieser Stelle nicht näher darauf ein.

Methoden

Die Methoden des Application-Objekts sind schon interessanter und werden auch häufig benutzt.

Da gibt es beispielsweise drei Methoden, welche so genannte „aktive Objekte" zurückgeben. Das sind ActiveExplorer (die gegenwärtige Ordnerübersicht), ActiveInspector (das gegenwärtig aktuelle Formular) und ActiveWindow (das aktive Fenster). In den vorangegangenen Kapiteln haben wir insbesondere von ActiveInspector regen Gebrauch gemacht, um auf die Inhalte eines geöffneten Formulars zuzugreifen.

Die Methode AdvancedSearch gibt Ihnen die Möglichkeit, über den Programmcode eine Suche nach beliebigen Elementen durchzuführen. Listing 11.1 zeigt den prinzipiellen Ablauf einer solchen Suche.

Listing 11.1
Suchen mit AdvancedSearch

```
Dim Suchergebnis As Search
Const Suchfilter = "urn:schemas:mailheader:subject = 'Projektplan'"
Const Suchbereich = "Posteingang"
Const Suchname As String = "ProjektplanSuche"
Set Suchergebnis = Application.AdvancedSearch(Suchbereich, Suchfilter, _
                                    False, Suchname)
```

Das Suchergebnis befindet sich jetzt in der gleichnamigen Variablen und kann von dort aus weiter ausgewertet werden.

Die Methode CreateItem bietet eine sinnvolle Abkürzung, um neue Outlook-Elemente anzulegen. Die Alternative besteht darin, im jeweiligen

Kapitel 11 — Das Outlook-Objektmodell

Ordner der Auflistung Items ein Element hinzuzufügen. `CreateItem` funktioniert aber wesentlich eleganter.

Listing 11.2
Eine Aufgabe mit CreateItem erstellen

```
Dim Aufgabe As TaskItem
Set Aufgabe = Application.CreateItem(olTaskItem)
Aufgabe.Subject = "Statusbericht erstellen"
Aufgabe.DueDate = "30.06.2001"
Aufgabe.Role = "Jörg Hinrichs"
Aufgabe.Save
```

Ein mit `CreateItem` neu erzeugtes Element wird im Standardordner abgelegt. Wenn Sie Elemente in anderen Ordnern erzeugen müssen, dann müssen Sie doch wieder über die `Items`-Auflistung des jeweiligen Ordners gehen.

`CreateItem` kann nur Standardelemente erzeugen. Wenn Sie Elemente mit benutzerdefinierten Feldern erstellen möchten, dann müssen Sie ebenfalls die `Items`-Auflistung des jeweiligen Ordners verwenden.

Die Methode `GetNameSpace` bezieht sich auf `NameSpace`-Objekte und wird im nächsten Abschnitt genauer beleuchtet.

Mit Hilfe der Methode `Quit` können Sie Outlook komplett beenden.

`Application.Quit`

Sorgen Sie dafür, dass alle Informationen gespeichert werden, bevor Sie `Quit` aufrufen. Ansonsten werden diese nämlich verworfen.

Das NameSpace-Objekt

Wie bereits erwähnt dient das `NameSpace`-Objekt dazu, die Verzeichnisstruktur von Ordnern und Adressbüchern mit Hilfe von entsprechenden Auflistungen abzubilden. Im Zusammenhang mit dem `Application`-Objekt gibt es nun zwei Möglichkeiten, ein `NameSpace`-Objekt zu erhalten:

- Die `Session`-Eigenschaft

- Die Methode `GetNameSpace`

Die `Session`-Eigenschaft ist ein `NameSpace`-Objekt und beinhaltet die Verzeichnisstruktur der aktuellen Outlook-Sitzung. Das umfasst alle gegenwärtig geladenen Ordner und Adressbücher.

Die Methode `GetNameSpace` gibt ein `NameSpace`-Objekt zurück, welches ebenfalls die Verzeichnisstruktur der aktuellen Sitzung repräsentiert. Dabei muss ihr der Parameter *MAPI* als String übergeben werden.

Das `NameSpace`-Objekt beinhaltet eine weitere interessante Eigenschaft, nämlich den gegenwärtig angemeldeten Benutzer. Die beiden folgenden

Programmzeilen zeigen, wie der Name des Benutzers mit Hilfe von `Session` und `GetNameSpace` ermittelt werden kann.

```
MsgBox Application.Session.CurrentUser
MsgBox Application.GetNameSpace("MAPI").CurrentUser
```

> ## Session und GetNameSpace
> Wo liegt eigentlich der Unterschied zwischen `Session` und `GetNameSpace`? Während Session immer die aktuelle Sitzung beinhaltet, scheint dies zumindest vom Konzept her bei `GetNameSpace` nicht der Fall zu sein. Allerdings ist zurzeit nur ein einziger Parameterwert für diese Methode zulässig, und das ist *MAPI*. Vermutlich ist es so, dass Microsoft in zukünftigen Versionen von Outlook über diesen Weg auch den Zugriff auf andere Datenquellen als MAPI zur Verfügung stellen möchte. Bisher jedoch sind beide Wege gleichwertig.

Objektvariablen und ihre Verwendung

In den folgenden Abschnitten wird umfangreicher Gebrauch von so genannten Objektvariablen gemacht. Deshalb möchte ich Ihnen zunächst zeigen, wozu Sie Objektvariablen brauchen und wie sie eingesetzt werden können.

Was ist eine Objektvariable?

Sie haben ja bereits ganz normale Variablen kennen gelernt, z. B. Integer-Variablen. Diese Variablen speichern einen spezifischen Wert, der vom Programm jederzeit wieder abgerufen werden kann. Objektvariablen nehmen dagegen ein gesamtes Objekt auf: Alle Eigenschaften und Methoden des jeweiligen Objekts können über die Objektvariable aufgerufen werden. Weil es sich um eine Variable handelt, kann durch erneute Zuweisung ein anderes Objekt dort gespeichert werden.

Objektvariablen werden hauptsächlich aus drei Gründen eingesetzt:

- **Als Abkürzung für längere Ausdrücke**
  ```
  Session.Folders("Öffentliche Ordner").Folders("Alle Öffentlichen ⤶
  Ordner").Folders("Angebote")
  ```
  ist ein sehr unhandlicher Ausdruck, um auf den öffentlichen Ordner *Angebote* zugreifen zu können. Dieser Ausdruck lässt sich mit Hilfe einer Objektvariablen kürzer darstellen.

- **Als Zwischenspeicher für Objekte, die sonst verloren gehen**
  Die Methode `CreateItem` für das Application-Objekt legt ein neues Element im Standardordner an (siehe oben). Das allein genügt aber

noch nicht. Sie müssen das Element auf jeden Fall durch Aufruf der Methode Save speichern und wahrscheinlich wollen Sie vorher noch ein paar Eigenschaften verändern. Dazu benötigen Sie aber ein Objekt, über welches Sie die Eigenschaften und Methoden aufrufen können. CreateItem stellt dieses Objekt als Rückgabewert zur Verfügung, welcher dann einer Objektvariablen zugewiesen werden muss.

- **In For...Each-Schleifen**
  Auf die Benutzung von For...Each-Schleifen werden wir in diesem Abschnitt noch eingehend zu sprechen kommen.

Syntax und Verwendung von Objektvariablen

Objektvariablen werden ein wenig anders benutzt, als einfache Variablen. Deshalb werden wir uns jetzt ein wenig mit den Unterschieden in der Syntax beschäftigen.

Deklaration

Die Deklaration ist ähnlich wie bei einfachen Variablen. Lediglich hinter As wird jetzt ein Objektdatentyp angegeben. Dies kann ein beliebiger Typ aus dem Outlook-Objektmodell sein.

```
Dim Aufgabe As TaskItem
```

Die obige Deklaration erzeugt eine Objektvariable vom Typ TaskItem (entspricht einem Aufgabenobjekt).

Bei der Deklaration sollten Sie darauf achten, den Typ möglichst genau anzugeben. Das schränkt natürlich auch die Objekte ein, die Sie in einer solchen Variablen speichern können. Alternativ können Sie auch den Typ Object oder Variant benutzen, um in der Variablen beliebige Objekte nicht nur vom Typ TaskItem speichern zu können.

```
Dim Aufgabe As Object
Dim Aufgabe As Variant
```

Dieses Vorgehen hat jedoch zwei Nachteile:

- Bei der Ausführung des Codes ist die Performance schlechter.

- Während der Entwicklung gibt es keine automatische Ergänzung von Eigenschaften und Methoden. Das liegt daran, dass der Typ des zu speichernden Objekts ja im Vorhinein nicht feststeht und deshalb auch die jeweiligen Eigenschaften und Methoden nicht bekannt sind. Dasselbe gilt auch für den Compiler: Er kann bei einem allgemeinen Typ nicht feststellen, ob die Verwendung von Eigenschaften und Methoden korrekt ist.

Wenn Sie den Typ einer Objektvariablen schon vorher kennen (und das ist fast immer der Fall), dann verwenden Sie diesen auch für die Deklaration. Vermeiden Sie die Benutzung von Object und Variant für Objektvariablen.

Zuweisung

Objektvariablen werden im Gegensatz zu einfachen Variablen nicht mit Standardwerten belegt. Stattdessen müssen Sie eine Objektvariable initialisieren, bevor eine Benutzung der Eigenschaften und Methoden möglich ist. Die Initialisierung kann auf zwei Arten stattfinden: Sie erzeugen ein neues Objekt, oder Sie weisen der Objektvariablen ein bestehendes Objekt zu.

Um ein neues Objekt zu erzeugen, verwenden Sie das Schlüsselwort New. Dazu gibt es zwei Varianten:

- Bei der Deklaration
  ```
  Dim Anwendung As New Application
  ```

- Bei der Zuweisung
  ```
  Set Anwendung = New Application
  ```

Die Verwendung von New für Objektvariablen ist aber eher selten, weil diese Variante nicht für alle Objekte zur Verfügung steht. Die Objekte, mit denen Sie am häufigsten arbeiten, unterstützen New in der Regel nicht.

Viel häufiger kommt es vor, dass Sie einer Objektvariablen ein bereits bestehendes Objekt zuweisen. Für jede Zuweisung müssen Sie das Schlüsselwort Set verwenden, eine Zuweisung wie bei normalen Variablen ist nicht möglich.

```
Dim Kontakte As Items
Set Kontakte = Application.GetDefaultFolder(olFolderContacts).Items
```

Bestehende Objekte können wie im obigen Code als Eigenschaften vorliegen. Sie können aber auch als Rückgabewerte von Methoden erzeugt werden. Ein Beispiel liefert die Methode CreateItem des Application-Objekts.

```
Dim Aufgabe As TaskItem
Set Aufgabe = Application.CreateItem(olTaskItem)
```

Der Laufzeitfehler 91 („Objektvariable oder With-Blockvariable nicht festgelegt") entsteht praktisch immer dadurch, dass Sie eine Objektvariable benutzen, ohne sie vorher mit Set zu initialisieren. Denken Sie auch daran, dass nach einer Freigabe der Variablen (siehe unten) eine erneute Zuweisung mit Set erfolgen muss, bevor Sie eine Eigenschaft oder Methode verwenden können.

Auswertung

Die Auswertung einer Objektvariablen erfolgt durch die Verwendung ihrer Eigenschaften und Methoden.

```
Aufgabe.Subject = "Präsentation vorbereiten"
Aufgabe.Save
```

Freigeben

Auch Objektvariablen werden je nach Gültigkeitsbereich wieder freigegeben. Wenn Sie jedoch eine modulweite oder globale Objektvariable erzeugt haben und das dort gespeicherte Objekt nicht mehr benötigen, sollten Sie es explizit wieder freigeben. Ein solches Objekt beansprucht durch seine Vielfalt an Eigenschaften und Methoden nämlich sehr viel mehr Platz als eine einfache Variable.

Das Freigeben einer Objektvariablen geschieht durch die Zuweisung einer speziellen Konstante Nothing:

```
Set Aufgabe = Nothing
```

Die For...Each-Schleife

Diese besondere Form der For-Schleife vereinfacht die Benutzung von Auflistungen und verwendet dafür Objektvariablen. Anhand eines Beispiels wird der Mechanismus schnell deutlich. Sie möchten alle erledigten Aufgaben aus dem Aufgabenordner löschen. Mit einer normalen For-Schleife geht das so:

Listing 11.3
Löschen von Aufgaben mit einer For-Schleife

```
Sub AufgabenLoeschen()
    Dim i As Integer
    Dim Aufgabe As TaskItem

    For i = Session.GetDefaultFolder(olFolderTasks).Items.Count To 1 Step -1
        Set Aufgabe = Session.GetDefaultFolder(olFolderTasks).Items(i)
        If Aufgabe.Complete = True Then
            Aufgabe.Delete
        End If
    Next i
End Sub
```

Listing 11.4 zeigt den Einsatz einer For...Each-Schleife für dieselbe Aufgabe:

Listing 11.4
Löschen von Aufgaben mit einer For...Each-Schleife

```
Sub AufgabenLoeschen2()
    Dim Aufgabe As TaskItem
        For Each Aufgabe In Session.GetDefaultFolder(olFolderTasks).Items
            If Aufgabe.Complete = True Then
                Aufgabe.Delete
            End If
        Next
End Sub
```

Sie sehen, dass sowohl die Zählervariable i als auch der Set-Befehl für die Objektvariable wegfallen. Außerdem brauchen wir nicht mehr aufzupassen, dass die For-Schleife rückwärts läuft. Dieser Schritt ist sonst notwendig, weil beim Löschen von Elementen der Auflistung die größten Indizes nicht mehr gültig sind.

Wichtige Auflistungen und ihre Objekte

Auflistungen spielen im Objektmodell von Outlook eine zentrale Rolle, denn sie gewähren letztlich den Zugriff auf einzelne Elemente. Wie schon vorher erwähnt ist eine Auflistung eigentlich nur ein Container-Objekt für die Verwaltung einer Gruppe gleichartiger Objekte. Alle Auflistungen sind gleich oder zumindest ähnlich aufgebaut. Nachfolgend finden Sie eine Liste wichtiger Eigenschaften und Methoden, die praktisch für alle Auflistungen gelten.

Anzahl der Elemente einer Auflistung

Die Eigenschaft Count enthält die Anzahl der Elemente, die in einer Auflistung enthalten sind. Sie wird vor allem als Endwert für die Zählervariable von For-Schleifen verwendet. Der folgende Code zeigt ein Beispiel mit der Auflistung Items:

Listing 11.5 Verwenden der Eigenschaft Count

```
With Session.GetDefaultFolder(olFolderContacts)
    For i = 1 To .Items.Count
        'Schleifenanweisungen
    Next i
End With
```

Hinzufügen und Entfernen von Elementen

Zum Hinzufügen und Entfernen von Elementen dienen die Methoden Add und Remove. Je nach Auflistung arbeiten sie mit unterschiedlichen Übergabeparametern. Listing 11.6 zeigt ein Beispiel für die Folders-Auflistung:

Listing 11.6 Die Methoden Add und Remove

```
Dim NewFolder As MAPIFolder
With Session.GetDefaultFolder(olFolderContacts)
    Set NewFolder = .Folders.Add("Privat", olFolderContacts)
    .Folders.Remove 2
End With
```

Zugriff auf Einzelelemente

Der Zugriff auf die Einzelelemente ist der eigentliche Zweck einer Auflistung. Hier gibt es verschiedene Möglichkeiten:

- **Zugriff mit numerischem Index**
  Alle Elemente werden mit einem Index versehen, der bei 1 beginnend fortlaufend nummeriert wird:
  `MsgBox Session.Folders(2).Folders(10).Name`
- **Zugriff über den Namen als Index**
  Auflistungen, deren Elemente eine Eigenschaft Name besitzen, können in der Regel auch den Namen als Index benutzen:
  `MsgBox Session.Folders("Postfach - Jörg Hinrichs").Folders ("Posteingang").Name`
- **Zugriff mit einer Outlook-Konstanten als Parameter**
  Diese Möglichkeit besteht z. B. bei allen Standardordnern. Hier handelt es sich um eine Sonderform, weil der Zugriff nicht unter Verwendung der Auflistung, sondern einer Methode stattfindet.
  `MsgBox Session.GetDefaultFolder(olFolderInbox).Name`

Folders

Die Folders-Auflistung regelt den Zugriff auf einzelne Ordner in der Verzeichnishierarchie. Die Syntax für den Zugriff haben wir bereits im letzten Abschnitt kennen gelernt. Denken Sie hier noch einmal daran, dass GetDefaultFolder eine bequeme Möglichkeit ist, auf die Ordner des Postfaches zuzugreifen. Aber eben auch nur auf diese. Andere Ordner, z. B. öffentliche Ordner, müssen Sie auf dem herkömmlichen Weg über die Auflistung Folders verwenden.

DefaultItem und UnReadItemCount

DefaultItem und UnReadItemCount sind Eigenschaften des Folder-Objekts. DefaultItem gibt an, welcher Elementtyp in diesem Ordner gespeichert ist. UnReadItemCount gibt die Anzahl der ungelesenen Elemente zurück.

Sie kehren aus dem wohlverdienten Urlaub zurück. In Ihrer Abwesenheit hat Ihr Stellvertreter die Mails bearbeitet und auch teilweise entsprechenden Unterordnern im Posteingang zugeordnet. Sie möchten jetzt einen Überblick bekommen, wie viele Nachrichten in welchen Ordnern neu eingegangen sind.

Listing 11.7
Neue Nachrichten abfragen

```
Sub FolderObject()
    Dim Mails As MAPIFolder, Unterordner As MAPIFolder
    Dim i As Integer

    Set Mails = Session.GetDefaultFolder(olFolderInbox)
    MsgBox "Neue Nachrichten"
    MsgBox Mails.Name + ": " + CStr(Mails.UnReadItemCount)
```

```
    For i = 1 To Mails.Folders.Count
        If Mails.Folders(i).DefaultItemType = olMailItem Then
            MsgBox Mails.Folders(i).Name + ": " _
                    + CStr(Mails.Folders(i).UnReadItemCount)
        End If
    Next i
End Sub
```

CurrentView

Die Eigenschaft `CurrentView` legt die Ansicht fest, mit welcher der Inhalt des Ordners angezeigt wird.

Sie haben sich eine eigene Ansicht für den Kalender erstellt (sie heißt *KalenderJörg*) und möchten häufiger von der Tagesansicht zu Ihrer eigenen Ansicht wechseln. Sie erstellen dafür ein Makro, um nicht jedes Mal den Menüpunkt auswählen zu müssen. Achten Sie darauf, dass Sie für einen Schreibzugriff auf diese Eigenschaft nur mit einem Explorer-Objekt arbeiten können.

Listing 11.8
Wechseln der Kalenderansicht

```
Sub MeineKalenderansicht()
    ActiveExplorer.CurrentView = "KalenderJörg"
End Sub
```

Items

Die Auflistung `Items` gewährleistet den Zugriff auf die Elemente eines Ordners.

Wichtige Aufgaben

Das folgende Beispiel untersucht den Ordner *Aufgaben* und alle seine Unterordner und gibt Ihnen die Anzahl wichtiger Aufgaben aus. Dazu wird die Auflistung `Items` verwendet.

Listing 11.9
Verwendung der Auflistung Items

```
Sub ItemObject()
    'Items und Count
    Dim i As Integer
    Dim zaehler As Integer
    With Session.GetDefaultFolder(olFolderTasks)
        zaehler = 0
        For i = 1 To .Items.Count
            If .Items(i).Importance = olImportanceHigh Then
                zaehler = zaehler + 1
            End If
        Next i
    End With
    MsgBox "Sie haben " + CStr(zaehler) + " wichtige Aufgaben"
End Sub
```

Hinzufügen neuer Elemente

Das Hinzufügen neuer Elemente geschieht mit der Methode Add. Wie bereits erwähnt müssen Sie diesen Weg gehen, wenn Sie Elemente mit benutzerdefinierten Feldern erzeugen wollen, oder wenn der Ordner kein Standardordner ist.

Listing 11.10
Hinzufügen eines neuen Elementes

```
Dim Angebot
With Session.Folders("Öffentliche Ordner") + _
                .Folders("Alle Öffentlichen Ordner")
    Angebot = .Folders("Angebote").Items.Add
End With
```

Wenn Sie mit Items.Add ein neues Element erzeugt haben, müssen Sie für dieses Element die Methode Save aufrufen, sonst wird es wieder verworfen. Deshalb wird in Listing 11.10 der Rückgabewert von Add einer Variablen zugewiesen. Mit Hilfe dieser Variablen können Sie dann Save aufrufen.

Das Item-Objekt

Die verschiedenen Item-Objekte werden in einem späteren Abschnitt dieses Kapitels noch einmal gesondert behandelt.

Inspectors

Die Auflistung Inspectors verwaltet alle geöffneten Outlook-Formulare. Neben der bereits bekannten Eigenschaft Count (und einigen weniger wichtigen Eigenschaften) gibt es nur noch zwei Methoden: Add (Hinzufügen neuer Formulare) und Item (Zugriff auf geöffnete Formulare).

Hinzufügen neuer Formulare

Listing 11.11
Hinzufügen eines neuen Outlook-Formulars

```
Dim Formular As Inspector
Set Formular = Inspectors.Add(Session.GetDefaultFolder(olFolderInbox).Items(2))
Formular.Display
```

Wie Sie Listing 11.11 entnehmen können genügt es nicht, einfach nur Add aufzurufen, um das neue Formular anzuzeigen. Stattdessen müssen Sie für das Formular noch die Methode Display aufrufen. Um diesen Schritt durchzuführen, wird das von Add zurückgegebene Inspector-Objekt einer Variablen zugewiesen. Welches Formular angezeigt wird, hängt vom Typ des angezeigten Elementes ab.

CurrentItem

Die Eigenschaft CurrentItem gibt Ihnen Zugriff auf die Daten innerhalb eines Formulars. Wir haben das schon am Beispiel der Angebote im Kapitel über VBScript kennen gelernt. Dort verweist die Variable Angebot auf das aktuell angezeigte Element:

```
Set Angebot = Application.ActiveInspector.CurrentItem
```
Und anschließend können Sie mit dieser Variablen die einzelnen Felder ansprechen:
```
Kontakt.EmailAddress = Angebot.To
```
Hier wird das Empfängerfeld ausgewertet (`Angebot.To`). Die Variable ist nicht zwingend notwendig, sie dient nur der Abkürzung des längeren Ausdrucks `Application.ActiveInspector.CurrentItem`.

ModifiedFormPages

Diese Eigenschaft benötigen Sie, um auf die Steuerelemente eines Formulars zuzugreifen. Im Objektmodell sind die Steuerelemente von den Feldern klar getrennt. Das macht auch Sinn, denn Sie können in einem Formular ja auch mit ungebundenen Steuerelementen arbeiten (das sind Steuerelemente, die keinem Datenbankfeld zugewiesen sind). Als Beispiel führe ich hier noch einmal den Code des Angebotsformulars auf:

Listing 11.12
Der Einsatz von ModifiedFormPages

```
With Application.ActiveInspector
    If .ModifiedFormPages("S.2").Controls("AdresseOption").Value = True Then
        'Weitere Anweisungen
    End If
End With
```

Wie Sie sehen, besitzt `ModifiedFormPages` eine weitere Auflistung `Controls`, über welche Sie die einzelnen Steuerelemente ansprechen können.

Weitere Auflistungen

Im Folgenden stelle ich Ihnen einige weitere Auflistungen stichwortartig vor, um Ihnen einen Überblick zu geben. Die Liste erhebt keinen Anspruch auf Vollständigkeit, sie soll Sie nur mit den wichtigsten Bezeichnungen vertraut machen.

Auflistung	Erläuterung
AddressLists	Diese Auflistung enthält alle Adressbücher.
AddressEntries	AddressEntries ist eine Auflistung unterhalb von AddressLists und repräsentiert die Adressen in einem Adressbuch.
Attachments	Eine Auflistung der Dateianhänge für ein Outlook-Element.
Actions	Beinhaltet die Aktionen (z. B. Antworten oder Weiterleiten), die für ein bestimmtes Outlook-Element zur Verfügung stehen. ▶

Auflistung	Erläuterung
Recipients	Diese Auflistung bietet Zugriff auf die Empfänger einer Nachricht. Sie ist besonders nützlich, um mehrere Empfänger auseinander zu halten.
Reminders	Eine Auflistung der Erinnerungen an Termine.
CommandBars	Beinhaltet die Symbolleisten (inklusive Menüleiste) eines Fensters. Einige Befehle, die normalerweise über das Objektmodell nicht verfügbar sind, können hierüber ausgeführt werden.
OutlookBarGroups	Beinhaltet die verschiedenen Gruppen der Outlook-Leiste.
OutlookBarShortCuts	Eine Auflistung unterhalb von OutlookBarGroups, die Zugriff auf die einzelnen Verknüpfungen einer Gruppe bietet.

Item-Objekte

Die Item-Elemente symbolisieren die einzelnen Elemente in Outlook. Das können sowohl Nachrichten als auch Termine, Aufgaben, Kontakte oder eines der anderen Elemente sein. Jedes Outlook-Element besitzt ein entsprechendes Objekt im Objektmodell. Die wichtigsten dieser Objekte wollen wir uns jetzt genauer ansehen. Wir werden dabei jeweils ein neues Element erzeugen und dessen Eigenschaften der Reihe nach festlegen.

MailItem

Listing 11.13 Eigenschaften des MailItem-Objektes

```
Sub Nachrichtenelement()
    Dim Nachricht As MailItem
    Set Nachricht = Application.CreateItem(olMailItem)
    Nachricht.Subject = "Strom + Telefon"
    Nachricht.To = "joerg.hinrichs@powercom.com"
    Nachricht.CC = "info@powercom.com"
    Nachricht.Attachments.Add "C:\Werbung\StromTelefon.doc"
    Nachricht.Body = "So sparen Sie noch mehr Geld!"
    Nachricht.Categories = "Geschäftlich"
    Nachricht.Importance = olImportanceNormal
    Nachricht.Send
End Sub
```

Am Ende des Codes wird die Nachricht mit Hilfe der Methode Send verschickt. Weitere wichtige Methoden sind Reply (Antworten) und Forward (Weiterleiten). Wenn Sie mehr als einen Empfänger für eine Nachricht eintragen wollen, können Sie die Auflistung Recipients verwenden:

```
Nachricht.Recipients.Add "marketing@powercom.com"
```

Kapitel 11   Das Outlook-Objektmodell

AppointmentItem

Das `AppointmentItem` ist das zugehörige Objekt zu einem Termin.

Listing 11.14 Eigenschaften des AppointmentItem-Objekts

```
Sub Terminelement()
    Dim Termin As AppointmentItem
    Set Termin = Application.CreateItem(olAppointmentItem)
    Termin.Subject = "Brainstorming Green Power"
    Termin.Body = "Tagesordnung vorbereiten"
    Termin.Duration = 90
    Termin.Importance = olImportanceHigh
    Termin.Location = "Konferenzraum"
    Termin.ReminderMinutesBeforeStart = 60
    Termin.Start = #7/9/2001 10:00:00 AM#
    Termin.Save
End Sub
```

Sprachspezifische Besonderheiten

Solange Sie sich im Visual Basic-Editor befinden, gelten englische bzw. amerikanische Syntaxkonventionen. Dezimalzahlen mit Nachkommastellen werden beispielsweise nicht mit einem Komma, sondern mit einem Punkt angegeben.

Auch die Datumsangaben unterliegen dieser Regelung. Beim Startdatum für den Termin kommen folgende Regelungen zum Tragen:

- Der Monat kommt vor dem Tag.

- Das Trennzeichen für Tag, Monat und Jahr ist nicht der Punkt, sondern ein Slash.

- Die Angaben werden in #-Zeichen eingeschlossen.

- AM und PM können für die Unterscheidung der Tageshälften eingesetzt werden.

ContactItem

Mit Hilfe dieses Objekts können Sie Kontakte verwalten.

Listing 11.15 Eigenschaften des ContactItem-Objekts

```
Sub Kontaktelement()
    Dim Kontakt As ContactItem
    Set Kontakt = Application.CreateItem(olContactItem)
    Kontakt.FirstName = "Jörg"
    Kontakt.LastName = "Hinrichs"
    Kontakt.CompanyName = "Powercom"
    Kontakt.MailingAddressStreet = "Energiestraße 1"
    Kontakt.MailingAddressPostalCode = "39203"
    Kontakt.MailingAddressCity = "Stromstadt"
    Kontakt.HomeTelephoneNumber = "040/7600338"
```

```
        Kontakt.BusinessTelephoneNumber = "040/76103383"
        Kontakt.MobileTelephoneNumber = "0188/3948293"
        Kontakt.EmailAddress = joergh@powercom.com
        Kontakt.Categories = "Mitarbeiter"
        Kontakt.Save
End Sub
```

TaskItem

Ein `TaskItem`-Objekt entspricht einer Aufgabe. Listing 11.16 stellt die wichtigsten Eigenschaften dieses Objekts vor:

```
Sub Aufgabenelement()
    Dim Aufgabe As TaskItem
    Set Aufgabe = Application.CreateItem(olTaskItem)
    Aufgabe.Subject = "Konzept Green Power entwickeln"
    Aufgabe.Body = "Präsentation Powerpoint"
    Aufgabe.Complete = False
    Aufgabe.DueDate = #7/10/2001#
    Aufgabe.Importance = olImportanceNormal
    Aufgabe.Owner = "Jörg Hinrichs"
    Aufgabe.PercentComplete = 70
    Aufgabe.Status = olTaskInProgress
    Aufgabe.Save
End Sub
```

Listing 11.16 Eigenschaften des TaskItem-Objekts

Ebenso wie beim Termin-Objekt (`AppointmentItem`) wird auch hier das Datum nach englischer Konvention angegeben.

Gemeinsame Eigenschaften

Einige Eigenschaften und Methoden sind allen `Item`-Objekten gemeinsam. Die folgende Tabelle gibt eine kurze Übersicht:

Eigenschaft / Methode	Beschreibung
Attachments	Anhänge für dieses Element
Body	Der Textbereich
Categories	Ein String mit allen vergebenen Kategorien
Class	Eine Information über den Typ des Elements. Diese Eigenschaft wird z. B. bei einem Kontakte-Ordner ausgewertet, um einfache Kontakte und Verteilerlisten zu unterscheiden.
CreationTime	Datum der Erstellung dieses Element
GetInspector	Erzeugt ein Outlook-Formular, welches dieses Element anzeigt.
Importance	Priorität des Elements (hoch, normal, niedrig)

Eigenschaft / Methode	Beschreibung
Saved	Gibt an, ob das Element seit dem letzten Speichern verändert wurde.
Sensitivity	Vertraulichkeit (normal, persönlich, privat, vertraulich)
Size	Größe des Elements in Byte
Subject	Betreff
Unread	Gibt an, ob das Element bereits geöffnet wurde.
Close( )	Schließt das Element
Copy( )	Kopiert das Element
Delete( )	Löscht das Element
Display( )	Zeigt das Element in einem Outlook-Formular an.
Move( )	Verschiebt das Element in einen neuen Ordner.
PrintOut( )	Druckt das Element
Save( ) / SaveAs( )	Speichert das Element

Beispiele

Zum Abschluss dieses Kapitels möchte ich Ihnen noch einige kleine Beispiele präsentieren, welche verschiedene Aspekte des Outlook-Objektmodells präsentieren. Diese Beispiele geben Ihnen eine etwas bessere Vorstellung, wie der Einsatz dieser Objekte im „richtigen Leben" aussieht.

Verteiler aus Kategorie

Unser erstes Beispiel erzeugt im Standardordner *Kontakte* eine Verteilerliste. Es durchsucht dabei den Ordner und fügt der Verteilerliste alle Kontakte einer bestimmten Kategorie hinzu.

Listing 11.17
Verteilerliste aus Kategorie erzeugen

```
Sub VerteilerAusKategorie(Kategorie As String)
    Dim Kontakt As ContactItem
    Dim Nachricht As MailItem
    Dim Verteiler As DistListItem
    Dim i As Integer

    Session.AddressLists("Kontakte").AddressEntries.Add "MAPIPDL", _
                        Kategorie + "-Verteiler"
    Set Nachricht = Application.CreateItem(olMailItem)
```

```
    With Session.GetDefaultFolder(olFolderContacts)
        Set Verteiler = .Items(Kategorie + "-Verteiler")
        For i = 1 To .Items.Count
            If .Items(i).Class = olContact Then
                Set Kontakt = .Items(i)
                If InStr(Kontakt.Categories, Kategorie) > 0 And _
                        Kontakt.EmailAddress <> "" Then
                    Nachricht.Recipients.Add Kontakt.EmailAddress
                End If
            End If
        Next
    End With
    Verteiler.AddMembers Nachricht.Recipients
    Verteiler.Save
End Sub
```

Erzeugen der Verteilerliste

Zunächst muss die neue Verteilerliste erzeugt werden. Das geschieht nicht mit der Add-Methode der Items-Auflistung, wie Sie vielleicht erwartet hätten, sondern unter Verwendung der AddressLists- und AddressEntries-Objekte. Der Grund dafür ist die Tatsache, dass über die Items-Auflistung nur Objekte eines bestimmten Typs erzeugt werden können, den Sie über eine Outlook-Konstante vorgeben. Verteilerlisten sind als Typ hier nicht vorgesehen, deshalb ist dieser Weg nicht anwendbar. Achten Sie darauf, dass die Methode Add der AddressEntries-Auflistung im ersten Parameter den String *MAPIPDL* benötigt, sonst erzeugen Sie nur gewöhnliche Kontakte. Der Name der Verteilerliste wird aus der Kategorie abgeleitet, damit sie später leicht zu erkennen ist.

Einträge durchsuchen

Die For-Schleife durchsucht die Einträge im Kontakte-Ordner der Reihe nach. Anhand der Eigenschaft Class wird festgestellt, ob es sich um einen Kontakt oder eine Verteilerliste handelt. Anschließend wird überprüft, ob in der Liste der Kategorien die gewünschte enthalten ist (diese wird als Parameter an die Prozedur übergeben). Wenn das ebenfalls erfüllt ist und der Kontakt außerdem eine E-Mail-Adresse besitzt, dann wird er für die Speicherung in der Verteilerliste vermerkt.

Warum wird zum Durchsuchen des Ordners nicht eine For…Each-Schleife verwendet? Wäre das nicht eleganter? Das Problem liegt darin, dass im Ordner Kontakte zwei Arten von Einträgen existieren, nämlich gewöhnliche Kontakte und Verteilerlisten. Beide unterscheiden sich in ihren Eigenschaften und Methoden. Wenn Sie also eine Objektvariable für eine For…Each-Schleife deklarieren, können Sie nicht im Vorhinein den Typ festlegen. Sie müsste stattdessen als Object oder Variant deklariert werden. Deshalb wurde in diesem Beispiel darauf verzichtet und eine herkömmliche For-Schleife verwendet.

Nachrichtenempfänger verwalten

Die Einträge für die Verteilerliste werden zunächst in der Auflistung der Empfänger einer Nachricht gespeichert. Zu diesem Zweck wird mit Hilfe von `Application.CreateItem` eine neue Nachricht angelegt, und deren Auflistung `Recipients` dafür verwendet.

Warum muss erst eine Nachricht erzeugt werden? Kann man nicht ein Objekt vom Typ `Recipients` direkt anlegen? Leider nicht, allein stehende `Recipients`-Objekte sind in Outlook nicht erlaubt. Deshalb muss der Umweg über eine Nachricht benutzt werden. Die Nachricht hat keine weitere Bedeutung, sie wird anschließend wieder verworfen.

Mitglieder der Verteilerliste hinzufügen

Die letzten beiden Anweisungen fügen alle in der Auflistung `Recipients` enthaltenen Adressen zu der Verteilerliste hinzu und speichern diese. Hierfür steht theoretisch noch ein zweiter Weg zur Verfügung, nämlich die Methode `Add` der Auflistung `AddressEntries`. Da diese Methode für Verteilerlisten aber schreibgeschützt ist, kann sie hier nicht verwendet werden.

Aufruf

Weil unsere Prozedur einen Übergabeparameter entgegennimmt, können wir sie nicht direkt aufrufen. Also schreiben wir uns noch ein kleines Makro, welches die eigentliche Prozedur aufruft. Dieses Makro können wir dann bequem auf eine Schaltfläche legen. Außerdem macht es uns flexibler bei der Vorgabe der Kategorie.

Listing 11.18
Aufruf für die Prozedur Verteiler-AusKategorie

```
Sub VerteilerTest()
    Dim Kategorie As String
    Kategorie = InputBox("Kategorie:", "Kategorie eingeben", "Hauptkunde")
    Call VerteilerAusKategorie(Kategorie)
End Sub
```

Es ist nicht möglich, über Programmcode Verteilerlisten im globalen Adressbuch zu erzeugen. Benutzen Sie für diese Aufgabe den Microsoft Exchange Administrator.

Serienmails

Leider verfügt Outlook nicht über eine komfortable Funktion zum Erzeugen von Serienmails. Die einzige Möglichkeit besteht im Erzeugen einer Verteilerliste. Die daraus resultierenden Mails sind aber unpersönlich, weil sie keine individuelle Anrede enthalten. Außerdem sind alle anderen Adressen des Verteilers ebenfalls im Empfängerfeld sichtbar.

Listing 11.19
Serienmails mit VBA

Der folgende Code zeigt eine Lösung ebenfalls auf Basis einer Kategorie, wie im vorigen Beispiel (eine Umrüstung auf Verteilerlisten, Postleitzahl-Bereiche oder ähnliches ist aber sehr einfach).

```
Sub Serienmail(Kategorie As String, Betreff As String)
    Dim Kontakt As ContactItem
    Dim Nachricht As MailItem
    Dim i As Integer

    With Session.GetDefaultFolder(olFolderContacts)
        For i = 1 To .Items.Count
            If .Items(i).Class = olContact Then
                Set Kontakt = .Items(i)
                If InStr(Kontakt.Categories, Kategorie) > 0 And _
                                Kontakt.Email1Address <> "" Then
                    Set Nachricht = Application.CreateItem(olMailItem)
                    Nachricht.To = Kontakt.Email1Address
                    Nachricht.Subject = Betreff
                    If Kontakt.Gender = olMale Then
                        Nachricht.Body = "Sehr geehrter Herr " _
                                        + Kontakt.LastName + "," + vbCr
                    ElseIf Kontakt.Gender = olFemale Then
                        Nachricht.Body = "Sehr geehrte Frau " _
                                        + Kontakt.LastName + "," + vbCr
                    Else
                            Nachricht.Body = "Sehr geehrte Damen und Herren, " + vbCr
                    End If
                    Nachricht.Body = Nachricht.Body + vbCr _
                                    + "Die neuen Tarife sind da..."
                    Nachricht.Send
                End If
            End If
        Next i
    End With
End Sub
```

Ähnlich wie im vorigen Beispiel wird hier ebenfalls der *Kontakte-*Ordner durchsucht. Stimmt die Kategorie mit dem Übergabeparameter überein und verfügt der Kontakt über eine E-Mail-Adresse, dann wird eine entsprechende Nachricht erzeugt. Abhängig vom Geschlecht wird eine passende Anrede generiert.

Die Erzeugung des Nachrichtentextes ist natürlich mit VBA etwas mühsam. Hier könnte man vielleicht bei häufigerer Nutzung ein benutzerdefiniertes Formular zur Verfügung stellen, welches den Text bereits enthält. Alternativ wäre auch eine Eingabemöglichkeit für den Anwender denkbar, z. B. über einen Dialog.

Damit die Prozedur flexibler einsetzbar ist, wird die Betreffzeile als Parameter übergeben und in die Nachricht eingebaut. Schließlich wird die Nachricht mit Send abgeschickt und nach einem neuen Kontakt gesucht.

Kapitel 11   Das Outlook-Objektmodell

Auch für diese Prozedur erzeugen wir noch ein kleines Makro für den Aufruf:

Listing 11.20
Aufruf der Prozedur Serienmail

```
Sub SerienmailTest()
    Dim Kategorie As String
    Dim Betreff As String

    Kategorie = InputBox("Kategorie:", "Kategorie eingeben", "Hauptkunde")
    Betreff = InputBox("Betreff:", "Betreff eingeben", "Neue Tarife!")
    Call Serienmail(Kategorie, Betreff)
End Sub
```

Security-Update für Outlook

Mit dem Security-Update für frühere Outlook-Versionen und standardmäßig auch für Outlook 2002 sind neue Sicherheitsmechanismen für Programmcode eingeführt worden. So muss bei jedem Zugriff auf das Adressbuch eine Erlaubnis durch den Benutzer erteilt werden. Das Abschicken einer Nachricht per Code erfordert ebenfalls eine Bestätigung durch den Benutzer, und diese kann erst nach einer Wartezeit von 5 Sekunden gegeben werden. Damit soll sichergestellt werden, dass der Anwender den Text in der Dialogbox auch wirklich liest und nicht einfach blind auf *OK* klickt.

Diese Maßnahmen wurden eingeführt, um die Verbreitung von E-Mail Viren zu verhindern oder zumindest deutlich zu verlangsamen. Für ein Makro wie unsere Serienmail ist diese Funktion natürlich tödlich. Sie kann weder in den Optionen von Outlook noch durch Eingriffe in der Registry außer Kraft gesetzt werden. Was kann man also tun, um diesen an sich sehr wünschenswerten Mechanismus für die Dauer der Makroausführung zu umgehen? Hier bieten sich im Wesentlichen zwei Möglichkeiten an:

- Sie können ein benutzerdefiniertes Formular(!) für die Administration von Exchange installieren, welches eine Deaktivierung ermöglicht.

- In Exchange 2000 können Sie Sicherheitsrichtlinien für privilegierte Benutzer festlegen, welche die Nachfrage außer Kraft setzen.

Findige Köpfe haben auch schon eine Möglichkeit entwickelt, mit Hilfe von zusätzlichen Skripten und dem Windows Scripting Host den Sicherheitsmechanismus auszuhebeln. Diese Lösung war aber eher eine technische Studie zur Sicherheit des Updates und ist kaum als Mittel für den flächendeckenden Einsatz zu gebrauchen.

Weitere Informationen unter w*ww.slipstick.com/outlook/esecup.htm.*

Backup

Wer einmal einen Exchange-Server administrieren musste, der weiß, wie kompliziert eine Backup-Lösung für dieses Produkt zu handhaben ist. Unser nächstes Beispiel stellt eine ganz einfache Lösung mit VBA vor. Dazu wird eine Outlook-Datendatei erzeugt (ein persönlicher Ordner) und alle Ordner in einem beliebigen Postfach dort hinein kopiert.

Listing 11.21
Backup-Lösung mit VBA

```
Sub Backup(Postfach As String)
    Dim i As Integer
    Dim DatumString As String
    
    DatumString = Year(Date) + Format(Month(Date), "00") + Format(Day(Date), "00")
    Session.AddStore "d:\backup" + DatumString + ".pst"
    With Session.Folders(Postfach)
        For i = 1 To .Folders.Count
            .Folders(i).CopyTo Session.Folders("Persönliche Ordner")
        Next
    End With
End Sub
```

Um die verschiedenen Backup-Dateien auseinander halten zu können, werden sie mit einer Information über das Datum im Dateinamen versehen. Dazu dient die Variable DatumString, die anschließend in den Dateinamen eingebaut wird. In der For-Schleife wird dann jeder Ordner einzeln in den persönlichen Ordner kopiert. Alle Unterordner werden dabei automatisch mitgenommen.

Der Code für den Aufruf sieht dann so aus:

Listing 11.22
Aufruf der Prozedur Backup

```
Sub BackupTest()
    Dim Postfach As String
    
    Postfach = InputBox("Postfach:", "Postfach eingeben", "Vorname Nachname")
    Call Backup("Postfach - " + Postfach)
End Sub
```

12 Praxisbeispiel: Seminarbuchung

In diesem Kapitel lernen Sie

- wie Sie eine komplette Anwendung mit VBScript erstellen.
- wie Sie Elemente eines Formulars für bestimmte Benutzer sperren können.
- wie Sie ein ungebundenes Steuerelement in einem Formular verwenden.
- wie die VBA-Funktionen Split und UBound im Zusammenhang mit Datenfeldern eingesetzt werden.
- wie Sie die Ereignisse Item_Open, Item_PropertyChange und Item_CustomPropertyChange verwenden.
- welche Probleme im Zusammenhang mit unveränderlichen Formularseiten auftreten.
- wie Sie einen Stellvertreter für einen Ordner definieren.

Bisher haben wir uns die Techniken der Programmierung und die Objekte des Objektmodells getrennt angesehen. Jetzt werden wir ein Beispiel entwickeln, in welchem alle diese Komponenten zusammen eingesetzt werden.

Wir verwenden dazu das Beispiel aus Kapitel 5, die Seminarbuchung, und erweitern es um einige Zusatzfunktionen:

- Das Formular wird um folgende benutzerdefinierte Felder erweitert: Anzahl der Teilnehmer, maximale Teilnehmerzahl, Liste mit Namen der Teilnehmer, Dozent.
- Bei der Anmeldung wird überprüft, ob die maximale Teilnehmerzahl bereits erreicht ist. In diesem Fall wird der Anwender nicht in die Liste der Kursteilnehmer aufgenommen. Es wird stattdessen eine Nachricht an die Koordinatoren der Seminare erstellt. Diese haben dann die Möglichkeit, einen Ersatztermin festzulegen.
- Bei erfolgreicher Anmeldung bekommt der Teilnehmer eine Bestätigung per E-Mail.

Kapitel 12
Praxisbeispiel: Seminarbuchung

- Es besteht die Möglichkeit, eine Anmeldung zu stornieren.
- Wenn ein Teilnehmer sich für ein Seminar angemeldet hat, wird der Termin automatisch in seinen Kalender eingetragen.
- Die Koordinatoren haben die Möglichkeit, einen Seminartermin abzusagen oder stattfinden zu lassen. Alle bisher gebuchten Teilnehmer und der Dozent werden dann davon unterrichtet.

Seminar2.oft

Das Endresultat der Übungen aus diesem Kapitel finden Sie in der Beispieldatei *Seminar2.oft*. Falls Sie die Beispieldateien noch nicht installiert haben, dann finden Sie im Abschnitt „Die Übungsdateien auf der Festplatte installieren" ab Seite 14 in diesem Buch detaillierte Hinweise zum Setup. Im gleichen Abschnitt ist ebenfalls beschrieben, wie Sie die Beispieldateien in Outlook verfügbar machen.

Das Formular

Dem Standard-Terminformular aus Kapitel 5 wird eine weitere Seite hinzugefügt. Sie enthält einige Daten zu den Teilnehmern des Seminars. Die Abbildungen 12.1 und 12.2 zeigen das Verfassenlayout und das Lese-Layout der Seite.

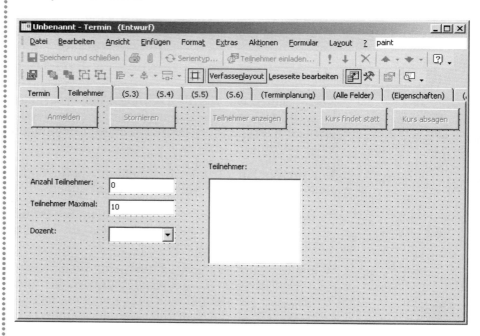

Abbildung 12.1
Verfassenlayout des Formulars

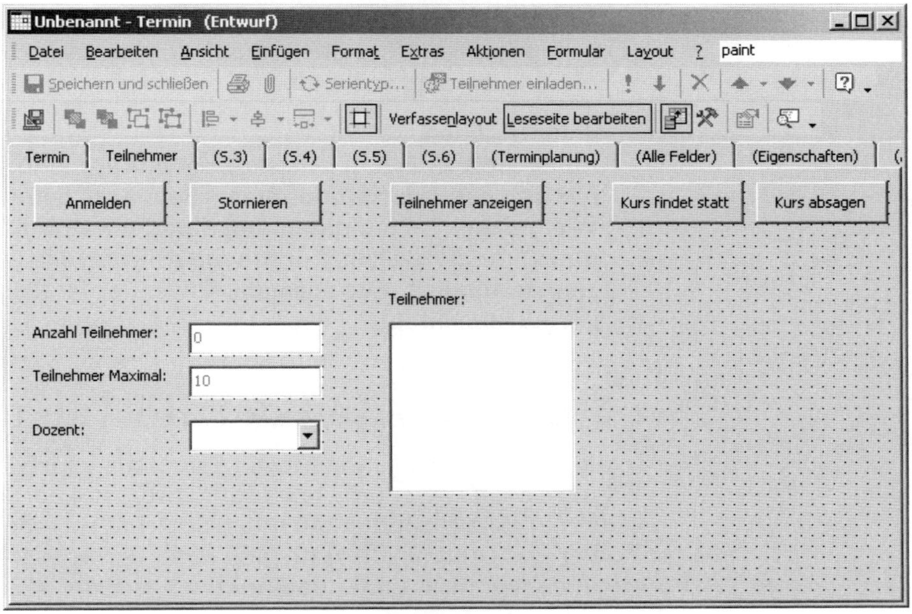

Kapitel 12 Praxisbeispiel: Seminarbuchung

Abbildung 12.2
Lesenlayout des Formulars

Berechtigungen

Für unsere gewählte Aufgabenstellung besteht das grundlegende Problem, das Teile des Formulars nur bestimmten Benutzergruppen zugänglich sein dürfen. Das bezieht sich auf folgende Steuerelemente:

- **Termindaten**
  Die Werte für Betreff, Ort, Beginn und Ende sollten nur von den Koordinatoren der Seminare festgelegt werden können. Bei Terminformularen ist aber die erste Seite nicht veränderbar. Nun gibt es zwei Möglichkeiten: Die erste Seite ausblenden und alle Informationen auf eine andere Seite verlagern, oder mit etwas mehr Aufwand bei der Programmierung eine Veränderung der Werte zu verhindern.
  Nicht zuletzt weil das Layout der ersten Seite so komfortabel ist, werden wir in unserem Beispiel diese Seite beibehalten.

- **Anzahl der Teilnehmer, Maximale Anzahl**
  Diese Felder werden für Anwender gesperrt, indem wir sie im Lesen-Layout deaktivieren. Dieser Schritt ist hier möglich, weil das Feld für die Anzahl der Teilnehmer im Code verwaltet wird und das Feld für die maximale Anzahl nur einmal beim Erstellen des Seminars eingegeben werden muss.

- **Dozent**
  Um den Dozenten nachträglich festlegen oder ändern zu können, muss dieses Feld auch im Lesen-Layout aktiviert werden. Damit ha-

ben alle Benutzer des Formulars die Möglichkeit, diese Information zu verändern. Über die Abfrage des gegenwärtigen Benutzers wird diese Änderung verhindert.

- **Schaltflächen**
  Einige Schaltflächen (*Kurs absagen*, *Kurs stattfinden lassen*) sollen nur von den Koordinatoren des Seminars benutzt werden können. Wie bei den Termindaten und dem Feld Dozent wird auch hier eine unbefugte Aktivierung durch die Abfrage des gegenwärtigen Benutzers verhindert. Für normale Anwender ist diese Funktionalität dann gar nicht sichtbar.

Möglichkeiten der Rechteauswertung

Die eleganteste Lösung für die Erlaubnis oder Verweigerung von Funktionen wäre natürlich die Auswertung der Rechte des Anwenders in Bezug auf den öffentlichen Ordner. Leider ist diese Option über das Outlook-Objektmodell nicht verfügbar. Es gibt Zusatztools, mit denen diese Funktionalität nachgerüstet werden kann.

Wir werden jedoch hier einen anderen Ansatz verfolgen, indem wir die Zugehörigkeit des Benutzers zu einer Verteilerliste prüfen. So bewahren wir uns ein wenig Flexibilität und das Outlook-Objektmodell bietet uns alle dafür benötigten Funktionalitäten.

Da wir mit Unterstützung durch den Programmcode alle Funktionalitäten in einem Formular unterbringen können, werden keine weiteren Formulare benötigt. Nachrichten und Termine, die als Reaktion auf Formularaktivitäten erzeugt und verschickt werden, sind hier komplett automatisiert.

Der Programmcode

Modulweite Variablen

Einige Variablen werden mehrfach benötigt und können deshalb für das gesamte Modul zur Verfügung gestellt werden. Sie müssen außerhalb jeglicher Prozeduren oder Funktionen deklariert werden.

Listing 12.1
Modulweite Variablen im Skript-Editor

```
Option Explicit

Const stTeilnehmerOK = 1
Const stTeilnehmerGefunden = 2
Const stKursVoll = 3
Dim ThisInspector, ThisItem, ThisPage
Dim Anwender, Koordinator
Dim Betreff, Ort, Beginn, Ende
```

Die erste Anweisung lautet Option Explicit. Sie bedingt, dass jede Variable deklariert werden muss, bevor sie benutzt wird. Die Entwicklungsbedingungen im Skript-Editor sind schon schwer genug, deshalb sollten Sie diese Anweisung unbedingt einfügen, um Tippfehler schneller zu entdecken.

Die folgende Tabelle gibt einen Überblick über die jeweiligen Variablen und ihren Einsatzzweck.

Variable	Erläuterung
stTeilnehmerOK	Diese Konstante ist ein möglicher Rückgabewert der Prüffunktion für den Teilnehmer und bedeutet, dass er noch nicht für den Kurs angemeldet ist.
stTeilnehmerGefunden	Diese Konstante ist ein möglicher Rückgabewert der Prüffunktion für den Teilnehmer und bedeutet, dass er den Kurs bereits gebucht hat.
stKursVoll	Diese Konstante ist ein möglicher Rückgabewert der Prüffunktion für den Teilnehmer und bedeutet, dass die maximale Anzahl der Kursteilnehmer erreicht ist.
ThisInspector/ThisItem/ ThisPage	Diese Variablen dienen nur zu Abkürzungszwecken, damit einige Programmzeilen nicht zu lang werden. ThisItem hat außerdem den Vorteil, dass für den Aufruf von bestimmten Funktionen oder Prozeduren ein Übergabeparameter eingespart wird.
Anwender	Diese Variable enthält den Benutzernamen aus der CurrentUser-Eigenschaft des Session-Objekts. Diese Information wird an mehreren Stellen benötigt.
Koordinator	Dies ist eine boolesche Variable, welche die Zugehörigkeit zur Verteilerliste der Koordinatoren beinhaltet. Von dieser Variable wird abhängig gemacht, welchen Funktionsumfang im Formular der Anwender nutzen kann und welche Funktionen ihm verweigert werden.
Betreff/Ort / Beginn/Ende	Diese Variablen speichern die jeweiligen Informationen beim Öffnen des Elements. Wenn eines der Felder unberechtigt verändert wird, kann es mit Hilfe dieser Variablen wieder auf den Ausgangswert zurückgesetzt werden.

Die Schaltfläche *Anmelden*

Über die Schaltfläche *Anmelden* kann ein Anwender sich in die Teilnehmerliste für das Seminar eintragen. Wenn dieser Vorgang erfolgreich verläuft, dann bekommt er automatisch eine Bestätigungsnachricht und der Termin wird in seinen persönlichen Kalender eingetragen. Ist er bereits angemeldet, wird einfach nur eine entsprechende Nachricht ausgegeben. Sollte der Kurs bereits voll sein, dann wird das ebenfalls dokumentiert und eine automatische Nachricht an die Koordinatoren für Seminare ausgelöst.

Die Prozedur für den Button selbst enthält eigentlich nur die jeweiligen Verzweigungen, alles Weitere wird durch den Aufruf weiterer Funktionen und Prozeduren erledigt. Dadurch entsteht mehr Übersicht und die Logik des Programmablaufes ist leichter nachzuvollziehen. Ausgangspunkt für die Verzweigung ist die Anweisung

```
Select Case Anmelden
```

Anmelden ist dabei der Name der Prüffunktion, deren Ergebnis für die Verzweigung ausgewertet wird. Statt einer Variablen kann also dort auch ein Funktionsergebnis verwendet werden.

Listing 12.2 Anmeldeprozedur

```
Sub AnmeldenButton_Click()
    Select Case Anmelden
    Case stTeilnehmerOK
        MsgBox "Die Anmeldung war erfolgreich. " _
            + "Sie erhalten in Kürze eine Bestätigung."
        Call ErzeugeBestaetigung
        Call ErzeugeTermin
    Case stTeilnehmerGefunden
        MsgBox "Sie haben sich bereits für dieses Seminar angemeldet!"
    Case stKursVoll
        MsgBox "Der Kurs ist leider voll. Die Koordinatoren werden " _
            + "automatisch benachrichtigt."
        Call ErzeugeBenachrichtigung
    End Select
End Sub
```

Die Prüffunktion Anmelden

Die Funktion Anmelden überprüft, ob eine Aufnahme des Teilnehmers in diesen Kurs möglich ist. Nach einigen Initialisierungen prüft sie zunächst, ob die maximale Anzahl der Teilnehmer bereits erreicht ist. In diesem Fall wird das Funktionsergebnis auf den Wert stKursVoll gesetzt und die Funktion sofort verlassen.

Des Weiteren wird geprüft, ob der Anwender in der Liste der Seminarteilnehmer bereits vorhanden ist. Das Feld für die Teilnehmer ist ein ganz gewöhnliches Textfeld, in welchem die Einträge durch Kommata getrennt sind (ähnlich wie bei den Kategorien eines Elements). Deshalb wird mit der Funktion Instr() in diesem Feld nach dem Namen des Anwenders gesucht. Wenn dieser Name gefunden wird, dann wird die lokale boolesche Variable TeilnehmerGefunden auf True gesetzt. Von dieser Variable hängt es nachher ab, ob der Anwender der Liste der Teilnehmer hinzugefügt werden soll. Außerdem wird das Funktionsergebnis auf den Wert stTeilnehmerGefunden gesetzt, um diesen Zustand auch an die aufrufende Prozedur zu melden.

Ist der Anwender noch nicht in der Liste enthalten und gibt es noch freie Plätze im Seminar, dann wird der Name des Anwenders im Feld Seminarteilnehmer hinzugefügt.

Listing 12.3
Prüffunktion zum Anmelden des Anwenders

```
Function Anmelden()
    Dim TeilnehmerGefunden
    Anmelden = stTeilnehmerOK
    TeilnehmerGefunden = False
    Set ThisItem = Application.ActiveInspector.CurrentItem
    With ThisItem
        If .UserProperties("MaxTeilnehmer") = _
                                .UserProperties("AnzahlTeilnehmer") Then
            Anmelden = stKursVoll
            Exit Function
        End If
        If InStr(.UserProperties("Seminarteilnehmer"), Anwender) > 0 Then
            TeilnehmerGefunden = True
            Anmelden = stTeilnehmerGefunden
        End If
        If TeilnehmerGefunden = False Then
            .UserProperties("Seminarteilnehmer") = _
                                .UserProperties("Seminarteilnehmer") + _
                                                      ", " + Anwender
        End If
    End With
End Function
```

Die Teilnahmebestätigung

Wenn alle Voraussetzungen erfüllt sind, bekommt der Anwender eine Teilnahmebestätigung in Form einer E-Mail. Darum kümmert sich die Prozedur ErzeugeBestaetigung, welche gleich im Anschluss aufgerufen wird.

Listing 12.4
Erzeugen einer Nachricht für die Teilnahmebestätigung

```
Sub ErzeugeBestaetigung()
    Dim Nachricht

    Set ThisItem = Application.ActiveInspector.CurrentItem
    Set Nachricht = Application.CreateItem(0)
    Nachricht.Subject = "Teilnahmebestätigung Seminar"
    Nachricht.To = Anwender
    Nachricht.SentOnBehalfOfName = "Seminar Koordination"
    Nachricht.Body = "Die Teilnahme an folgendem Seminar wird " _
                     + "bestätigt: " + vbCr
    Nachricht.Body = Nachricht.Body + ThisItem.Subject + vbCr
    Nachricht.Body = Nachricht.Body + "Beginn: " _
                     + CStr(ThisItem.Start) + vbCr
    Nachricht.Body = Nachricht.Body + "Ende: " + CStr(ThisItem.End)
    Nachricht.Send
End Sub
```

In dieser Prozedur wird zunächst mit der Methode `CreateItem` eine neue Nachricht erzeugt. Denken Sie daran, dass Sie bei VBScript keine Outlook-Konstanten benutzen können, deshalb wird statt der Konstante `olMailItem` die gleichbedeutende Zahl 0 eingesetzt. Anschließend werden die relevanten Eigenschaften der Nachricht gesetzt. Die Informationen für das Seminar werden Stück für Stück in den Nachrichtentext integriert. Dazu müssen die Werte für Beginn und Ende des Seminars mit der Konvertierungsfunktion `CStr` in Strings umgewandelt werden.

Bemerkenswert ist auch die Absenderadresse. Normalerweise braucht diese Eigenschaft nicht gesetzt zu werden, aber natürlich soll der Anwender sich nicht selbst seine eigene Bestätigung senden. Deshalb wird als Absender der Name **Seminar Koordination** eingetragen (das ist ein Postfach auf dem Exchange-Server). Dazu müssen Sie die Eigenschaft `SentOnBehalfOfName` verwenden.

Diese Teilnahmebestätigung verursacht noch einige zusätzliche Probleme, auf die wir später noch eingehen werden.

Den Seminartermin eintragen

Bei erfolgreicher Anmeldung soll außerdem der Seminartermin in den persönlichen Kalender des Anwenders eingetragen werden.

Listing 12.5
Eintragen des Termins in den persönlichen Kalender

```
Sub ErzeugeTermin()
    Dim Termin

    Set ThisItem = Application.ActiveInspector.CurrentItem
    Set Termin = Application.CreateItem(1)
    Termin.Subject = "Seminar " + ThisItem.Subject
    Termin.Start = ThisItem.Start
    Termin.End = ThisItem.End
    Termin.Importance = 2
    Termin.Save
End Sub
```

Diese Prozedur erzeugt zunächst mit `CreateItem(1)` ein neues `Appointment`-Objekt. Anschließend werden die Informationen aus dem Formular in den erzeugten Termin übertragen und dieser gespeichert.

Beachten Sie, dass die Methode `CreateItem` nur Elemente in den Standardordnern erzeugt. Ansonsten müssen Sie mit der Auflistung `Items` des jeweiligen Ordners arbeiten.

Der Kurs ist voll

Wenn bereits die maximale Anzahl der Kursteilnehmer erreicht ist, kann der Anwender nicht aufgenommen werden. In diesem Fall wird eine Nachricht erzeugt und an die Koordinatoren geschickt, damit gegebenenfalls ein Ersatztermin eingerichtet werden kann.

Listing 12.6
Nachricht bei überbuchtem Seminar

```
Sub ErzeugeBenachrichtigung()
    Dim Nachricht

    Set ThisItem = Application.ActiveInspector.CurrentItem
    Set Nachricht = Application.CreateItem(0)
    Nachricht.Subject = "Seminar überbucht"
    Nachricht.To = "Seminar Koordination"
    Nachricht.Body = "Folgendes Seminar ist überbucht: " + vbCr
    Nachricht.Body = Nachricht.Body + ThisItem.Subject + vbCr
    Nachricht.Body = Nachricht.Body + "Beginn: " + CStr(ThisItem.Start) + vbCr
    Nachricht.Body = Nachricht.Body + "Ende: " + CStr(ThisItem.End)
    Nachricht.Send
End Sub
```

Diese Prozedur arbeitet ganz ähnlich wie die Teilnahmebestätigung. Lediglich Absender und Empfänger sind anders.

Stornieren der Anmeldung

Wenn ein Anwender sich aus Versehen für den falschen Kurs angemeldet hat oder sich nachträglich ergeben hat, dass er das Seminar nicht besuchen kann, dann besteht für ihn die Möglichkeit, seine Anmeldung zu stornieren. Dazu wird ihm eine entsprechende Schaltfläche zur Verfügung gestellt.

Der Code der Schaltfläche sieht folgendermaßen aus:

Listing 12.7
Stornieren der Anmeldung

```
Sub StornierenButton_Click()
    Dim Vorher, Nachher
    Dim StringPosition
    Dim TeilnehmerString

    ThisItem = Application.ActiveInspector.CurrentItem
    TeilnehmerString = ThisItem.UserProperties("Seminarteilnehmer")
    StringPosition = InStr(TeilnehmerString, Anwender)
    If StringPosition > 0 Then
        Vorher = Left(TeilnehmerString, StringPosition-3)
        Nachher = Mid(TeilnehmerString, StringPosition + Len(Anwender))
        ThisItem.UserProperties("Seminarteilnehmer") = Vorher + Nachher
    Else
        MsgBox "Sie haben diesen Kurs gar nicht gebucht!"
    End If
End Sub
```

Die Variablen `ThisItem` und `TeilnehmerString` dienen nur dazu, den Code etwas übersichtlicher zu gestalten. Nachdem sie initialisiert wurden, wird mit der Funktion `Instr()` überprüft, ob der Anwender in der Liste der Teilnehmer enthalten ist. Wenn das der Fall ist, wird sein Name mit Hilfe der String-Funktionen `Left` und `Mid` aus der Liste „herausoperiert".

Anzeigen der Teilnehmerliste

Um das Layout des Formulars etwas freundlicher zu gestalten, werden die Teilnehmer nicht in einem normalen Textfeld, sondern in einem Listenfeld angezeigt. Dieses ist nicht an das Feld Seminarteilnehmer gebunden und muss deshalb von Hand bzw. im Code gefüllt werden. Leider kann das nicht bereits beim Öffnen des Elements geschehen, weil der entsprechende Code ausgeführt wird, bevor das Formular angezeigt wird. Zu diesem Zeitpunkt besteht kein Zugriff auf die Steuerelemente.

Zwar wird die Liste automatisch aktualisiert, wenn sich der Inhalt der Teilnehmerliste ändert. Um sie aber auch gleich zu Anfang anzeigen zu können, wird die Schaltfläche *Teilnehmer anzeigen* zur Verfügung gestellt. Diese tut nichts weiter, als eine weitere Prozedur aufzurufen, welche sich um die Aktualisierung der Liste kümmert.

Listing 12.8 Anzeigen der Teilnehmerliste

```
Sub TeilnehmerButton_Click()
    Call Aktualisieren
End Sub
```

Der Code für das Aktualisieren der Liste wurde in eine separate Prozedur ausgelagert, weil er auch beim Anmelden eines neuen Teilnehmers bzw. Stornieren einer Anmeldung ausgeführt werden muss. Die Prozedur für die Aktualisierung sieht so aus:

Listing 12.9 Aktualisieren der Teilnehmerliste

```
Sub Aktualisieren()
    Dim StartPosition
    Dim TeilnehmerFeld
    Dim i

    If Not (Application.ActiveInspector Is Nothing) Then
        StartPosition = 0
        Set ThisItem = Application.ActiveInspector.CurrentItem
        Set ThisPage = Item.GetInspector.ModifiedFormPages("Teilnehmer")
        TeilnehmerFeld = _
                Split(ThisItem.UserProperties("Seminarteilnehmer"), ",")
        If UBound(TeilnehmerFeld) > 0 Then
            ThisItem.UserProperties("AnzahlTeilnehmer").Value = _
                UBound(TeilnehmerFeld)
        Else
            ThisItem.UserProperties("AnzahlTeilnehmer").Value = 0
        End If
        ThisPage.Controls("TeilnehmerList").Clear
        For i = 1 To UBound(TeilnehmerFeld)
            ThisPage.Controls("TeilnehmerList").AddItem(TeilnehmerFeld(i))
        Next
    End If
End Sub
```

Die Ausführung des gesamten Codes wird davon abhängig gemacht, ob ein Outlook-Formular angezeigt wird oder nicht. Eigentlich ist das nicht ganz korrekt. Es müsste nämlich noch weiter überprüft werden, ob das

Formular auch ein Seminar anzeigt, aber für unsere Zwecke soll dieser Code erst einmal genügen.

Warum ist dieser Schritt überhaupt notwendig? Wird die Aktualisierung nicht ohnehin nur innerhalb des Formulars aufgerufen? Wie wir später noch sehen werden, führt jede Änderung des Teilnehmer-Feldes zu einem Aufruf der Prozedur. Interessanterweise erfolgt eine solche Änderung bereits beim Öffnen des Elements, bevor das Formular überhaupt angezeigt wird (sogar drei Mal!). Wenn Sie dann versuchen, auf ActiveInspector zuzugreifen, produziert der Code eine Fehlermeldung.

ThisItem und ThisPage werden wieder aus Gründen der Übersichtlichkeit verwendet. Anschließend wird die Information im benutzerdefinierten Feld Seminarteilnehmer durch die Funktion Split in Einzelwerte aufgespaltet, die wiederum in einem so genannten Array oder Datenfeld gespeichert werden. Ein solches Array ist wie eine Auflistung strukturiert, d. h. Sie können über einen Index auf die Einzelelemente zugreifen. Die Funktion Split benutzt das Komma als Trennzeichen für die Einträge.

Als Nächstes muss ermittelt werden, wie viele Elemente das neue Array besitzt. Dazu verwenden Sie die Funktion UBound. Der so ermittelte Wert wird in das benutzerdefinierte Feld für die Anzahl der Teilnehmer eingetragen. Die If-Anweisung dafür ist notwendig, weil UBound als Ergebnis -1 und nicht 0 zurückgibt, wenn das Array gar keine Einträge hat.

Abschließend wird das Listenfeld mit der Methode Clear gelöscht und dann in einer For-Schleife wieder mit den aktuellen Teilnehmern aufgefüllt.

Das Seminar stattfinden lassen

Kurz vor Beginn des Seminars haben sich genug Teilnehmer angemeldet und die Koordinatoren beschließen die Durchführung der Veranstaltung. Alle Teilnehmer sollen jetzt noch einmal eine endgültige Bestätigung erhalten.

Listing 12.10
Das Seminar findet statt

```
Sub StattfindenButton_Click()
    Dim i
    Dim Nachricht
    
    Set ThisPage = _
            Application.ActiveInspector.ModifiedFormPages("Teilnehmer")
    Set ThisItem = Application.ActiveInspector.CurrentItem
    Call Aktualisieren
    For i = 0 To ThisPage.Controls("TeilnehmerList").ListCount - 1
        Set Nachricht = _
            ErzeugeZusage(ThisPage.Controls("TeilnehmerList").List(i))
        Nachricht.Send
    Next
```

```
        If ThisItem.UserProperties("Dozent") <> "" Then
            Set Nachricht = ErzeugeZusage(ThisItem.UserProperties("Dozent"))
            Nachricht.Attachments.Add ThisItem
            Nachricht.Send
        End If
End Sub
```

Das Absagen eines Seminars darf nur durch die Koordinatoren erfolgen. Das wird dadurch gewährleistet, dass die Schaltfläche für normale Anwender gar nicht sichtbar ist (siehe Code beim Öffnen des Formulars weiter unten).

Nach der Initialisierung von ThisItem und ThisPage wird die Prozedur Aktualisieren aufgerufen. Dieser Schritt ist notwendig, wenn das Formular geöffnet und noch keine Änderung im Feld *Seminarteilnehmer* durchgeführt wurde. Dies ist der Normalfall, wenn ein Koordinator das Element öffnet. Für jeden Eintrag in der Liste der Teilnehmer wird jetzt die Funktion ErzeugeNachricht aufgerufen, welche eine Nachricht mit der Zusage des Seminars generiert.

Das Senden der Nachricht erfolgt separat, weil dieselbe Funktion auch für den Dozenten verwendet wird. Dieser soll ebenfalls informiert werden und im Unterschied zu den Teilnehmern zusätzlich den Termin als Attachment zugeschickt bekommen. Das Senden der Nachricht kann dann nicht in die Funktion ErzeugeNachricht integriert werden.

Weil das aktuelle Element an die Nachricht gehängt wird, bekommt der Dozent auch die Informationen über die Anzahl der Teilnehmer und die Teilnehmerliste. Außerdem kann er das Attachment in seinen Kalender ziehen, wenn er das noch nicht getan hat.

Wenn ein Outlook-Element als Attachment an eine Nachricht gehängt werden soll, dann muss dieses Element in einem Ordner gespeichert sein. Ist das nicht der Fall, dann erzeugt Outlook immer eine leere angehängte Nachricht.

In unserem Fall ist das Element bereits im öffentlichen Ordner gespeichert. Beim erstmaligen Erstellen des Seminars stünde diese Funktion aber nicht zur Verfügung. Da die Schaltflächen im Verfassenlayout ohnehin deaktiviert sind, spielt das hier aber keine Rolle.

Listing 12.11 zeigt den Code zum Erzeugen der Nachricht:

Listing 12.11 Erzeugen einer Seminarzusage

```
Function ErzeugeZusage(Adresse)
    Dim Nachricht
    Set Nachricht = Application.CreateItem(0)
    Nachricht.Subject = "Zusage Seminar"
    Nachricht.To = Adresse
    Nachricht.Body = "Das folgende Seminar findet statt: " + vbCr
    Nachricht.Body = Nachricht.Body + ThisItem.Subject + vbCr
```

```
        Nachricht.Body = Nachricht.Body + "Beginn: " _
                + CStr(ThisItem.Start) + vbCr
        Nachricht.Body = Nachricht.Body + "Ende: " + CStr(ThisItem.End)
        Set ErzeugeZusage = Nachricht
End Function
```

Bemerkenswert ist hier die Zuweisung an den Funktionswert. Da die Funktion ein Objekt zurückgeben soll, muss bei der abschließenden Zuweisung das Schlüsselwort `Set` verwendet werden (siehe den Abschnitt über die Benutzung von Objektvariablen im vorigen Kapitel). Aus dem gleichen Grund muss Set auch beim Funktionsaufruf in der Prozedur `StattfindenButton_Click` eingesetzt werden.

Das Seminar absagen

Wenn sich nicht genügend Teilnehmer angemeldet haben, wird das Seminar von den Koordinatoren abgesagt. Der zugrunde liegende Code ist ganz ähnlich wie bei der Zusage aufgebaut. Listing 12.12 und 12.13 zeigen den Programmcode.

Listing 12.12 Das Seminar wird abgesagt

```
Sub AbsagenButton_Click()
    Dim i

    Set ThisPage = _
            Application.ActiveInspector.ModifiedFormPages("Teilnehmer")
    Set ThisItem = Application.ActiveInspector.CurrentItem
    Call Aktualisieren
    For i = 0 To ThisPage.Controls("TeilnehmerList").ListCount - 1
        Call ErzeugeAbsage(ThisPage.Controls("TeilnehmerList").List(i))
    Next
    Call ErzeugeAbsage(ThisItem.UserProperties("Dozent"))
End Sub
```

Listing 12.13 Erzeugen einer Seminarabsage

```
Sub ErzeugeAbsage(Adresse)
    Dim Nachricht

    Set Nachricht = Application.CreateItem(0)
    Nachricht.Subject = "Absage Seminar"
    Nachricht.To = Adresse
    Nachricht.Body = "Das folgende Seminar muss leider " _
            + "abgesagt werden: " + vbCr
    Nachricht.Body = Nachricht.Body + ThisItem.Subject + vbCr
    Nachricht.Body = Nachricht.Body + "Beginn: " _
            + CStr(ThisItem.Start) + vbCr
    Nachricht.Body = Nachricht.Body + "Ende: " + CStr(ThisItem.End)
    Nachricht.Send
End Sub
```

Folgende Unterschiede zur Seminarzusage bestehen:

- Der Dozent bekommt kein Attachment mit dem Termin zugeschickt.
- Aufgrund dieser Tatsache kann die Methode Send für die Nachricht in die Prozedur integriert werden. Es ist dann nicht mehr notwendig, die Nachricht in der Schaltflächen-Prozedur weiterzuverarbeiten. Deshalb wird sie komplett in der Prozedur ErzeugeAbsage verwaltet.
- Es besteht keine Notwendigkeit mehr, ErzeugeAbsage als Funktion zu realisieren, weil die Nachricht nicht mehr an die aufrufende Prozedur übergeben werden muss.

Öffnen des Formulars

Auch ein Outlook-Formular verfügt über einige Ereignisse, welche wir mit eigenem Code bestücken können. Wir nutzen dies aus, um folgende Funktionalitäten zu realisieren:

- Beim Öffnen des Formulars überprüfen wir den Anwender auf seine Zugehörigkeit zu den Koordinatoren.
- Beim Verändern der geschützten Eigenschaften überprüfen wir die Befugnis und machen gegebenenfalls die Änderung rückgängig.

Aus dem zweiten Punkt dieser Liste ist schon ersichtlich, dass wir eine Veränderung nicht präventiv verhindern können, sondern nur nachträglich. Deshalb ist es wichtig, die Informationen der geschützten Eigenschaften in Variablen zu übertragen, sonst lässt sich bei einer Veränderung der ursprüngliche Zustand nicht wieder herstellen. Listing 12.14 zeigt den Code für das Ereignis Item_Open:

Listing 12.14
Code für das Öffnen des Elements

```
Function Item_Open()
    Anwender = Application.Session.CurrentUser.Name
    Koordinator = IsMember("Koordinatoren Seminare")
    Set ThisItem = Item
    Set ThisPage = Item.GetInspector.ModifiedFormPages("Teilnehmer")

    If Koordinator = False Then
        ThisPage.Controls("StattfindenButton").Visible = False
        ThisPage.Controls("AbsagenButton").Visible = False
        ThisPage.Controls("DozentCombo").Enabled = False
    End If

    Betreff = ThisItem.Subject
    Ort = ThisItem.Location
    Beginn = ThisItem.Start
    Ende = ThisItem.End
End Function
```

Kapitel 12 — Praxisbeispiel: Seminarbuchung

Zunächst wird die Variable Anwender gesetzt. Dies ist ebenfalls eine Variable für die Abkürzung des unhandlichen Ausdrucks aus dem Objektmodell. Anschließend wird ermittelt, ob der Anwender ein Koordinator ist (und damit über erweiterte Rechte für die Benutzung des Formulars verfügt). Dies geschieht durch Aufruf der Funktion IsMember, welche die Zugehörigkeit zu einer Verteilerliste überprüft.

Der nächste Befehl ist in zweierlei Hinsicht bemerkenswert:

- Das Objekt Item ist nicht dokumentiert. Es liefert aber genau wie Application.ActiveInspector.CurrentItem eine Referenz auf das aktuelle Objekt.

- Die Zuweisung an die Variable ThisItem ist notwendig, weil diese anschließend in der Prozedur Aktualisieren verwendet wird. Wie bereits weiter oben erwähnt, wird Aktualisieren beim Öffnen des Elements mehrfach aufgerufen. Eine Zuweisung mit ActiveInspector ist zu diesem Zeitpunkt noch nicht möglich, weil das Formular noch gar nicht angezeigt wird.

Die folgenden Anweisungen blenden die Schaltflächen aus und deaktivieren das Kombinationsfeld für den Dozenten auf der Seite Teilnehmer, wenn der Anwender kein Koordinator ist.

Die übrigen Anweisungen übertragen die geschützten Informationen in die zugehörigen Variablen. Mit diesen Werten kann eine unerlaubte Änderung wieder rückgängig gemacht werden.

Listing 12.15 zeigt die Funktion IsMember zur Überprüfung des Anwenders:

Listing 12.15 Überprüfung des Anwenders

```
Function IsMember(Verteilername)
    Dim Verteilerliste
    Dim Ergebnis
    Dim i

    Ergebnis = False
    With Application.Session.AddressLists("Globale Adressliste")
        Set Verteilerliste = .AddressEntries(Verteilername)
    End With
    For i = 1 To Verteilerliste.Members.Count
        If Verteilerliste.Members.Item(i).Name = Anwender Then
            Ergebnis = True
            Exit For
        End If
    Next
    IsMember = Ergebnis
End Function
```

Zunächst wird hier eine Referenz auf die Verteilerliste gesetzt, welche im Übergabeparameter angegeben ist. In dieser Liste befinden sich alle Personen, die als Koordinatoren für Seminare zugelassen sind. In unserem Fall ist die Verteilerliste fest vorgegeben. Für künftige Einsätze dieser Funktion (die kann man bestimmt noch woanders gebrauchen) ist etwas Flexibilität aber von Vorteil. Es wird dabei vorausgesetzt, dass die entsprechende Verteilerliste sich im globalen Adressbuch befindet.

Anschließend wird die Liste Eintrag für Eintrag in einer For-Schleife durchgegangen. Wenn der Anwender gefunden wird, dann wird das in einer booleschen Variablen dokumentiert und die Schleife bricht ab.

Elementeigenschaften verändern

Das Verändern von geschützten Eigenschaften ist an die Zugehörigkeit zur Gruppe der Koordinatoren gekoppelt. Wir wollen uns jetzt ansehen, wie diese Zugehörigkeit im Programmcode realisiert wird. Dazu benutzen wir ein weiteres Formularereignis, welches jedes Mal nach Veränderung eines Wertes aufgerufen wird: Item_PropertyChange.

Listing 12.16
Verändern von Standardwerten

```
Sub Item_PropertyChange(ByVal Name)
    If Koordinator = False And Not _
                (Application.ActiveInspector Is Nothing) Then
        Set ThisItem = Application.ActiveInspector.CurrentItem
        Select Case Name
        Case "Subject"
            ThisItem.Subject = Betreff
            MsgBox "Sie haben nicht das Recht, diesen Wert zu ändern!"
        Case "Location"
            ThisItem.Location = Ort
            MsgBox "Sie haben nicht das Recht, diesen Wert zu ändern!"
        Case "Start", "End"
            ThisItem.Start = Beginn
            ThisItem.End = Ende
            MsgBox "Sie haben nicht das Recht, diesen Wert zu ändern!"
        End Select
    End If
End Sub
```

Diese Prozedur bekommt einen Übergabeparameter, welcher den Namen des veränderten Feldes enthält. Zu Anfang müssen wir aber sicherstellen, dass der Anwender kein Koordinator ist (sonst hat er natürlich die Erlaubnis zum Ändern) und das zur Zeit auch ein Formular angezeigt wird. Diese Prozedur wird nämlich auch bereits beim Öffnen des Elements aufgerufen, wenn noch kein Formular sichtbar ist.

Über die Select...Case-Anweisung wird der Name des Feldes ausgewertet. Handelt es sich dabei um eines der geschützten Felder, dann wird die Änderung rückgängig gemacht, in dem der gespeicherte Wert aus der Variablen neu zugewiesen wird. Und natürlich bekommt der Anwender eine Meldung, dass er keine ausreichenden Rechte besitzt.

Weshalb erscheint diese Meldung jedes Mal neu im Code? Wäre es nicht einfacher, sie ein einziges Mal hinter dem Select-Statement zu platzieren? Denkbar ist das durchaus. Allerdings gibt es noch mehr Standardeigenschaften (z.B. Kategorien), die von uns hier nicht berücksichtigt werden, weil sie für die weitere Verarbeitung keine Rolle spielen. Für diese Eigenschaften würde die Meldung dann angezeigt werden und das wäre zumindest etwas verwirrend.

Es fällt auf, dass die Eigenschaften für Beginn und Ende des Termins zusammen verwaltet werden. Das hat damit zu tun, dass sie über die Termindauer aneinander gekoppelt sind. Wenn Sie versuchen, diese Eigenschaften getrennt zu erfassen, erhalten Sie recht merkwürdige Effekte, die letzten Endes doch zu einer Änderung des Endtermins führen (allerdings ist nicht ganz nachvollziehbar, wie dieser Wert zustande kommt).

Bei einer Veränderung des Feldes *Seminarteilnehmer* soll die ungebundene Liste aktualisiert werden. Da es sich hier um ein benutzerdefiniertes Feld handelt, benötigen wir ein anderes Ereignis: Item_CustomPropertyChange.

Listing 12.17
Verändern von benutzerdefinierten Eigenschaften

```
Sub Item_CustomPropertyChange(ByVal Name)
    Select Case Name
    Case "Seminarteilnehmer"
        Call Aktualisieren
    End Select
End Sub
```

Der Mechanismus für den Schutz des Feldes Dozent entspricht dem bei den Standardeigenschaften. Zusätzlich nutzen wir dieses Ereignis, um bei jeder Änderung des Teilnehmer-Feldes die ungebundene Liste der Seminarteilnehmer zu aktualisieren.

Abschlussarbeiten

Wie bei jeder Anwendung müssen Sie jetzt noch einige Abschlussarbeiten durchführen. Dazu gehören beispielsweise die Portierung auf einen öffentlichen Ordner, das Erstellen einer geeigneten Ansicht, Festlegen von Ordnereigenschaften und Anzeigeformularen usw. Diese Aspekte haben wir in früheren Beispielen eingehend besprochen, deshalb verzichte ich hier auf eine Wiederholung und konzentriere mich auf zwei Aspekte, die neu sind.

Kapitel 12 Praxisbeispiel: Seminarbuchung

Ordnerberechtigungen

Für unsere Anwendung ist eine Kombination von Anwenderrechten sinnvoll, die ein wenig aus dem Rahmen fällt. Deshalb wird sie hier noch einmal gesondert aufgeführt:

- Anwender müssen nicht nur eigene, sondern auch fremde Elemente bearbeiten können (die Elemente werden von den Koordinatoren erzeugt und von den Anwendern verändert).

- Anwender dürfen keine Elemente löschen.

Abbildung 12.3 zeigt die Rechte für den öffentlichen Ordner.

Abbildung 12.3
Berechtigungen für den Seminarordner

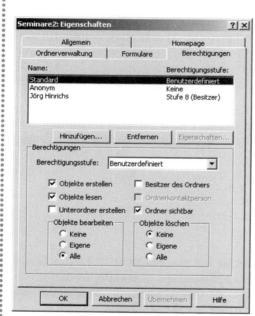

Stellvertreter

Für das Erzeugen der Teilnahmebestätigung ist es notwendig, eine Nachricht mit einem fremden Absender zu erzeugen. Wenn Sie das ohne weitere Maßnahmen versuchen, erhalten Sie eine Fehlermeldung aufgrund fehlender Rechte. Die einfachste Maßnahme zur Behebung dieses Problems besteht darin, den Anwendern Stellvertreterrechte auf das Postfach *Seminar Koordination* zu geben. Erstaunlicherweise sind dazu gar keine wirklichen Berechtigungen notwendig: Es reicht die Tatsache, dass jemand zum Stellvertreter ernannt wird, um in fremdem Namen eine Nachricht zu schicken.

Kapitel 12   Praxisbeispiel: Seminarbuchung

Im Folgenden werden wir anhand einer Übung sehen, wie ein Stellvertreter bestimmt wird:

❶ Melden Sie sich unter dem Benutzer an, welchem das Postfach *Seminar Koordination* zugeordnet ist, und starten Sie Outlook.

❷ Wählen Sie im Menü *Extras* den Befehl *Optionen* und wechseln Sie in die Registerkarte *Stellvertretungen*.

❸ Klicken Sie auf die Schaltfläche *Hinzufügen*.

Abbildung 12.4
Liste der Stellvertreter

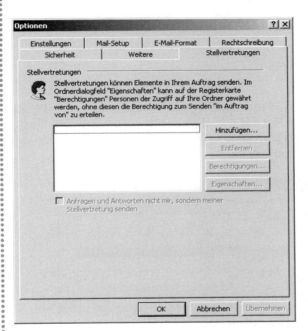

❹ Wählen Sie die Benutzer aus, welchen Sie Stellvertreter-Status gewähren wollen. Bestätigen Sie anschließend mit *OK*.

Kapitel 12 Praxisbeispiel: Seminarbuchung

Abbildung 12.5
Auswahl der Stellvertreter

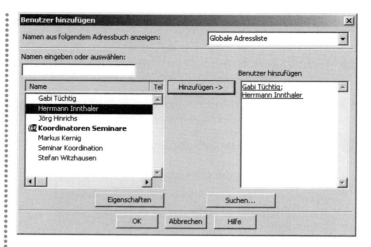

❺ Entfernen Sie sämtliche Berechtigungen für die Stellvertreter und klicken Sie auf *OK*. Wie bereits erwähnt, der Status des Stellvertreters genügt. Durch das Entfernen der Rechte vermeiden Sie ein unnötiges Sicherheitsrisiko.

Abbildung 12.6
Berechtigungen für die Stellvertreter

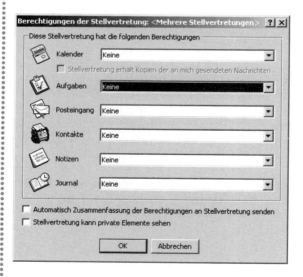

❻ Bestätigen Sie den Dialog Optionen ebenfalls mit *OK*.

282

Abbildung 12.7
Optionen
bestätigen

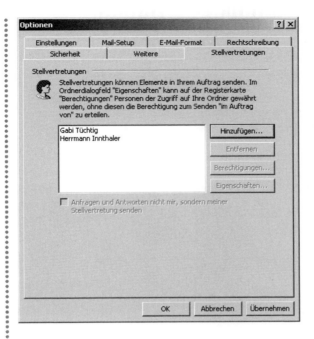

Fazit

Sie haben an diesem Beispiel gesehen, dass die Arbeit mit Formularen und VBScript Ihnen einige Beschränkungen auferlegen kann. Insbesondere die Tatsache, dass wir auf die erste Seite des Formulars nicht verzichten wollten, hat uns einigen Aufwand bei der Programmierung gekostet. Ich möchte noch einmal eine Frage aufgreifen, die Sie sich beim Durcharbeiten des Beispiels vielleicht gestellt haben:

Ist es nicht einfacher, die Berechtigungen zum Ändern von geschützten Werten darüber zu verweigern, dass die Felder im Ereignis Item_Open deaktiviert werden (so wie wir es für das Kombinationsfeld Dozent getan haben)? Dann entfällt nämlich eine Menge Aufwand und auch das nachträgliche Wiederherstellen von Werten wäre nicht mehr erforderlich. Außerdem kann der Anwender dann sofort sehen, was er machen darf und was nicht.

Sie haben Recht, das würde vieles vereinfachen. Die Sache hat nur leider einen Haken: Es funktioniert nicht. Das liegt daran, dass keine Veränderung der ersten Seite in dieser Hinsicht möglich ist (auch nicht im Programmcode). Die Auflistung ModifiedFormPages beinhaltet die erste Seite gar nicht und damit ist selbst über das undokumentierte Objekt Item ein Zugriff auf diese Seite nicht möglich. Deshalb gibt es keine Alternative zur Variable Koordinator und dem damit verbundenen Code.

13 Praxisbeispiel: Auftragsbearbeitung

In diesem Kapitel lernen Sie

- wie Sie einen Workflow in einer Outlook-Anwendung umsetzen können.
- wie Sie komplette Anwendungen mit VBA-Dialogen erstellen.

VbaProject.otm

Das Endresultat der Übungen aus diesem Kapitel finden Sie in der Beispieldatei *VbaProject.otm*. Falls Sie die Beispieldateien noch nicht installiert haben, dann finden Sie im Abschnitt „Die Übungsdateien auf der Festplatte installieren" ab Seite 14 in diesem Buch detaillierte Hinweise zum Setup. Im gleichen Abschnitt ist ebenfalls beschrieben, wie Sie die Beispieldateien in Outlook verfügbar machen.

Aufgabenstellung

Die Firma Powercom möchte potentiellen Kunden eine bequeme Möglichkeit zur Verfügung stellen, um den Stromlieferanten zu wechseln. Weil bei Powercom schon immer viel Wert auf erstklassige Kundenbetreuung gelegt wurde, wird der Kunde über jeden Schritt umgehend informiert.

Workflow-Szenario

Abbildung 13.1 auf der folgenden Seite zeigt einen grafischen Überblick über die einzelnen Vorgänge. Die Vorgänge im einzelnen:

- Der Kunde kann über das Internet einen Wechselauftrag absenden. Dieser wird als E-Mail an Powercom geschickt. Die Mail wird programmgesteuert erzeugt und liegt deshalb immer in einem bestimmten Format vor. Alle wesentlichen Kundeninformationen sind dort hinterlegt.

- Wenn die Mail bei Powercom eintrifft, wird sie automatisch durch eine Regel in einen festgelegten Ordner verschoben. Dieser Ordner wird in regelmäßigen Abständen nach neuen Nachrichten durchsucht.

Kapitel 13 — Praxisbeispiel: Auftragsbearbeitung

Abbildung 13.1
Workflow für den Wechselauftrag

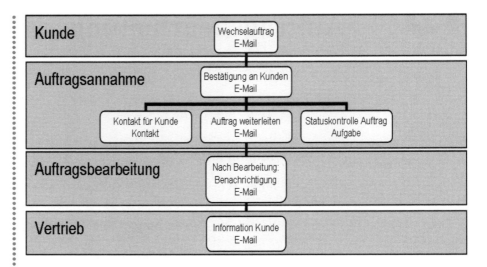

- Für jede Nachricht wird in einem öffentlichen Ordner ein Auftrag erzeugt. Dieser verfügt über einige benutzerdefinierte Felder für die Statuskontrolle. So kann jederzeit überprüft werden, wie weit der Auftrag schon bearbeitet wurde.

- Beim Eintreffen der Nachricht wird außerdem in einem öffentlichen Ordner für Kontakte ein Eintrag für den Kunden erstellt.

- Für jede Nachricht wird automatisiert eine Bestätigung für den Kunden generiert.

- Eine neue Nachricht mit den relevanten Daten wird generiert und an die Abteilung Auftragsbearbeitung geschickt.

- Sobald der Auftrag bearbeitet ist, wird der Vertrieb informiert.

- Der Vertrieb schickt noch einmal eine Nachricht über Tarife an den Kunden.

- Während dieses Vorgangs werden die Statusinformationen der Aufgabe im öffentlichen Ordner laufend aktualisiert.

Aufbau der Anwendung

Der erste Schritt in dem oben skizzierten Workflow besteht darin, dass der Kunde im Internet einen Wechselantrag stellt. Dazu füllt er ein Formular auf einer HTML-Seite aus, dessen Daten dann auf dem Webserver verarbeitet und in Form einer E-Mail an Powercom geschickt werden. Die Einzelheiten dieses Prozesses sollen uns hier nicht weiter interessieren, weil das überhaupt nichts mit der Programmierung von Outlook zu tun hat.

Die weitere Verarbeitung dieser E-Mail bei Powercom kann auf diverse Arten geschehen. Das folgende Beispiel wählt den Ansatz über VBA. Weil der Informationstransfer hauptsächlich über E-Mail stattfindet, spielen, anders als im letzten Kapitel, die Möglichkeiten der Ansichten und Formulare von Outlook eher eine untergeordnete Rolle. Das erlaubt es uns, die eingehenden Mails automatisiert zu verarbeiten und bietet darüber hinaus eine viel komfortablere Entwicklungsumgebung.

Die Anwendung setzt sich dann aus mehreren Teilen zusammen:

- Die in der Auftragsannahme eingehenden Nachrichten werden durch eine Regel in einen definierten Unterordner verschoben.

- Bei jedem Start von Outlook und beim Eintreffen neuer Nachrichten wird dieser Unterordner durchsucht. Alle dort enthaltenen Mails werden verarbeitet. Das beinhaltet alle Schritte, die in Abbildung 13.1 in der Auftragsannahme stattfinden.

- Die eigentliche Bearbeitung eines Auftrages findet sicherlich nicht in Outlook statt. Dafür sind Fremdsysteme und wahrscheinlich auch ein wenig Papierkrieg erforderlich. Wir sparen diesen Schritt deshalb aus und setzen danach wieder ein. Dazu stellen wir der Auftragsbearbeitung einen Dialog zur Verfügung. Dort wird nur die Auftragsnummer eingegeben, um alles Weitere kümmert sich der Programmcode.

- Der Vertrieb erhält ebenfalls einen kleinen Dialog, mit dessen Hilfe die Nachricht an den Kunden generiert werden kann.

Der Status eines Auftrages ist dabei jederzeit unabhängig von der Anwendung in einem öffentlichen Ordner kontrollierbar.

Um die Darstellung der Anwendung ein wenig zu vereinfachen, werden wir folgende Regelungen treffen:

- Die Adressen in der Auftragsbearbeitung und im Vertrieb, an welche die Nachrichten geschickt werden, sind fest vorgegeben.

- Normalerweise wäre die Anwendung auf mehreren Rechnern unterschiedlicher Benutzer verteilt. Wir werden sie trotzdem innerhalb einer Outlook-Sitzung entwickeln.

- Die Datenbasis für die Kundendaten ist ein wenig dünn. Wir wollen hier aber nur das Prinzip der Ablaufsteuerung zeigen. Dieser Rahmen kann dann sehr einfach mit zusätzlichen Daten ergänzt werden.

Kapitel 13 Praxisbeispiel: Auftragsbearbeitung

Auftragsannahme

Die Regel

Regeln sind ein integraler Bestandteil von Outlook. Trotz ihrer eingeschränkten Möglichkeiten bieten sie bereits ein gewisses Potential zur Automatisierung. Wir gehen für unser Beispiel davon aus, dass im Posteingang ein Unterordner namens *Providerwechsel* existiert. Alle Nachrichten, die im Betreff den Eintrag „Auftrag Providerwechsel" besitzen, sollen automatisch in diesen Unterordner verschoben werden.

Die folgende Übung zeigt Ihnen, wie die dazugehörige Regel erstellt wird.

❶ Wechseln Sie in den Posteingang und wählen Sie im Menü *Extras* den Befehl *Regel-Assistent*.

❷ Klicken Sie auf die Schaltfläche *Neu*.

Abbildung 13.2
Verwaltung von Regeln

❸ Wählen Sie die Einstellung *Regel ohne Vorlage erstellen* aus. Klicken Sie anschließend auf *Weiter*.

Abbildung 13.3
Regel-Assistent
Schritt 1

❹ Aktivieren Sie die Bedingung *mit bestimmten Wörtern im Betreff* und klicken Sie auf den Hyperlink im unteren Teil des Fensters. Tragen Sie im nachfolgenden Dialog den Begriff **Auftrag Providerwechsel** ein und kehren Sie in den Dialog in Abbildung 13.4 zurück.

Klicken Sie auf *Weiter*.

Abbildung 13.4
Auswahl der Bedingungen

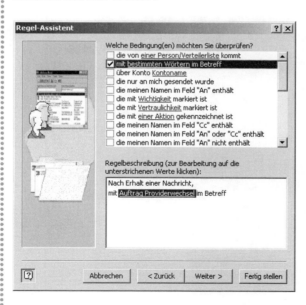

❺ Aktivieren Sie die Einstellung *diese in den Ordner Zielordner verschieben*. Klicken Sie anschließend auf das Wort *Zielordner* im unteren Teil des Fensters und wählen Sie den entsprechenden Ordner aus. Kehren Sie in den in Abbildung 13.5 angezeigten Dialog zurück und klicken Sie auf *Weiter*.

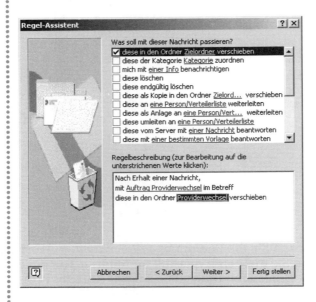

Abbildung 13.5
Auswahl der Aktion

❻ Überspringen Sie diesen Schritt, indem Sie auf *Weiter* klicken.

Abbildung 13.6
Festlegung der Ausnahmen

❼ Vergeben Sie für die Regel den Namen **Providerwechsel** und klicken Sie dann auf *Fertigstellen*.

Kapitel 13

Praxisbeispiel: Auftragsbearbeitung

Abbildung 13.7
Regelnamen vergeben

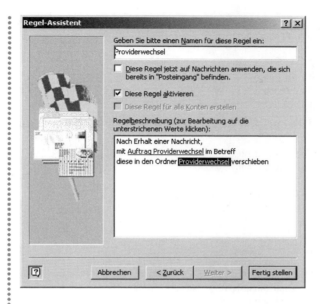

Jede ankommende Nachricht wird jetzt auf den Eintrag „Auftrag Providerwechsel" im Betreff geprüft und gegebenenfalls verschoben. Testen Sie die Regel, indem Sie eine entsprechende Nachricht erstellen.

Posteingang überprüfen

Bei jedem Start von Outlook und bei jeder eintreffenden Nachricht soll der Unterordner *Providerwechsel* geprüft werden. Dort enthaltene Nachrichten werden automatisch weiterverarbeitet. Dazu müssen wir den zugehörigen Code in Ereignisprozeduren für das Application-Objekt platzieren.

Wie bei Formularen gibt es auch für Outlook selbst Ereignisse. Diese finden Sie im VBA Projekt-Explorer unter *Microsoft Outlook Objekte – DieseOutlookSitzung*. Wählen Sie in der linken Liste des Codefensters den Eintrag *Application*. In der rechten Liste finden Sie jetzt die zugehörigen Ereignisse.

Wir werten folgende Ereignisse aus:

- Application_Startup(),

- Application_NewMail(),

Beide rufen denselben Code auf, deshalb tragen wir dort nur einen Call-Befehl für die eigentliche Prozedur ein.

Kapitel 13 — Praxisbeispiel: Auftragsbearbeitung

Listing 13.1
Ereignisprozeduren für Application

```
Private Sub Application_NewMail()
    Call ProcessAuftrag
End Sub

Private Sub Application_Startup()
    Call ProcessAuftrag
End Sub
```

Das Überprüfen des Unterordners sieht dann so aus:

Listing 13.2
Den Ordner *Providerwechsel* prüfen

```
Sub ProcessAuftrag()
    Dim WechselOrdner As MAPIFolder
    Dim Nachricht As MailItem
    Dim Auftragsnr As Long
    Dim Vorname As String, Nachname As String
    Dim EMail As String, EMailOK As Boolean
    Dim AlterProvider As String

    Set WechselOrdner = _
        Session.GetDefaultFolder(olFolderInbox).Folders("Providerwechsel")
    For Each Nachricht In WechselOrdner.Items
        Auftragsnr = CLng(GetFeldFromMail(Nachricht.Body, "Auftragsnr"))
        Vorname = GetFeldFromMail(Nachricht.Body, "Vorname")
        Nachname = GetFeldFromMail(Nachricht.Body, "Nachname")
        EMail = GetFeldFromMail(Nachricht.Body, "E-Mail")
        AlterProvider = GetFeldFromMail(Nachricht.Body, _
                                "Alter Provider")
        EMailOK = SendBestaetigung(EMail)
        If EMailOK = True Then
            Call CreateKontakt(Vorname, Nachname, EMail)
            Call CreateAuftrag(Auftragsnr, Nachricht.Body)
            Call SendAuftragsbearbeitung(Auftragsnr, Nachricht)
        End If
        Nachricht.Delete
    Next
End Sub
```

Die Variable WechselOrdner ist wieder nur eine Abkürzung, um den Code übersichtlicher zu machen. Die nachfolgende For...Each-Schleife verarbeitet alle Nachrichten in diesem Ordner. Dazu werden zunächst die Einzelinformationen der Kundendaten aus dem Text der Nachricht extrahiert. Dies ist möglich, weil die Nachricht nach einem festen Format aufgebaut wurde. Die zugehörige Funktion GetFeldFromMail werden wir uns später noch ansehen.

Anschließend wird mit der Funktion SendBestaetigung versucht, eine Auftragsbestätigung an den Absender der Nachricht zu schicken. Sollte sich herausstellen, dass die E-Mail-Adresse nicht korrekt ist, dann wird die weitere Auftragsbearbeitung abgebrochen.

Kapitel 13 — **Praxisbeispiel: Auftragsbearbeitung**

Ansonsten sorgen die nachfolgenden Prozeduraufrufe dafür, dass:

- im Öffentlichen Ordner *Kunden* ein Kontakt angelegt wird.
- im Öffentlichen Ordner *Providerwechsel* eine Aufgabe zur Statuskontrolle erstellt wird.
- eine Nachricht an die Auftragsbearbeitung geschickt wird.

Zu guter Letzt wird die Nachricht gelöscht.

Um zu verstehen, wie die Funktion `GetFeldFromMail` arbeitet, werfen wir einen Blick auf die Beispielnachricht in Abbildung 13.8:

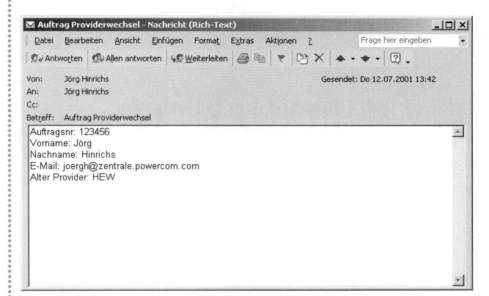

Abbildung 13.8
Beispielnachricht

Die Nachricht besteht aus einzelnen Feldern. Jedes Feld steht in einer eigenen Zeile, der zugehörige Wert ist durch einen Doppelpunkt und anschließendes Leerzeichen vom Feldnamen getrennt. Diesen Aufbau können wir nun ausnutzen, um die Einzelinformationen zu ermitteln. Die Funktion geht dabei folgendermaßen vor:

- Der Feldname wird als Parameter übergeben. Dessen Position im Nachrichtentext wird über die Funktion `Instr` ermittelt.
- Die Position, an welcher der Wert beginnt, kann durch eine einfache Berechnung ermittelt werden:
  FeldnamePosition + FeldnameLänge + 2
  Die 2 entsteht durch den Doppelpunkt und das Leerzeichen.

Kapitel 13 Praxisbeispiel: Auftragsbearbeitung

- Jetzt brauchen wir nur noch die Länge des Wertes, um ihn aus dem Text zu entnehmen. Dazu sucht die Funktion nach dem nächsten Zeilenende (vbCr). Dann wird mit diesen Informationen der Wert extrahiert und von der Funktion als String zurückgegeben.

Listing 13.3
Einzelinformationen aus der Nachricht holen

```
Function GetFeldFromMail(Text As String, Feldname As String) As String
    Dim NamePos As Integer, WertPos As Integer, EndePos As Integer
    Dim Ergebnis As String

    NamePos = InStr(Text, Feldname)
    If NamePos > 0 Then
        WertPos = NamePos + Len(Feldname) + 2
        EndePos = InStr(NamePos, Text, vbCr)
        Ergebnis = Mid(Text, WertPos, EndePos - WertPos)
    Else
        Ergebnis = ""
    End If
    GetFeldFromMail = Ergebnis
End Function
```

Bestätigung generieren

Nach dem Eingang der Nachricht bekommt der Kunde eine Bestätigung seines Auftrags. Diese wird durch die Funktion SendBestaetigung generiert.

Listing 13.4
Auftragsbestätigung erzeugen

```
Function SendBestaetigung(EMail As String) As Boolean
    Dim Bestaetigung As MailItem
    On Error GoTo Fehler
    Set Bestaetigung = Application.CreateItem(olMailItem)
    Bestaetigung.Subject = "Auftragsbestätigung Powercom"
    Bestaetigung.To = Email
    Bestaetigung.Body = "Wir bestätigen Ihren Auftrag..."
    Bestaetigung.Send
    SendBestaetigung = True
    Exit Function

Fehler:
    MsgBox Err.Description
    SendBestaetigung = False
End Function
```

Diese Funktion erzeugt über die Methode CreateItem des Application-Objekts eine neue Nachricht und setzt dann die Eigenschaften für die Betreffzeile, den Empfänger und den Nachrichtentext (dieser ist nur angedeutet). Danach wird die Nachricht verschickt.

Bemerkenswert ist hier die Fehlerverarbeitung. In diesem Fall hängt nämlich das Funktionsergebnis vom Auftreten eines Laufzeitfehlers ab.

Kapitel 13 | **Praxisbeispiel: Auftragsbearbeitung**

Kontakt erstellen

Für jeden Kunden wird aus den Kundendaten der Nachricht im öffentlichen Ordner *Kunden* ein Kontakt generiert. Darum kümmert sich die Prozedur CreateKontakt. Sie bekommt die relevanten Kundendaten als Übergabeparameter.

Listing 13.5 Erzeugen des Kontaktes für einen Kunden

```
Sub CreateKontakt(Vorname As String, Nachname As String, _
                  EMail As String)
    Dim Kunde As ContactItem

    With Session.Folders("Öffentliche Ordner") _
                .Folders("Alle Öffentlichen Ordner")
        Set Kunde = .Folders("Kunden").Items.Add
        Kunde.FirstName = Vorname
        Kunde.LastName = Nachname
        Kunde.EmailAddress = Email
        Kunde.Save
    End With
End Sub
```

Weil es sich hier um einen öffentlichen Ordner handelt, können wir nicht mit CreateItem arbeiten. Deshalb wird hier die Methode Add der Items-Auflistung verwendet.

Auftrag erzeugen

In einem weiteren öffentlichen Ordner werden die Aufgaben für jeden Auftrag angelegt. Sie dienen der Statuskontrolle. Um das zu gewährleisten, erhalten sie drei zusätzliche Ja/Nein-Felder:

- Bestätigung: Auftragsbestätigung an den Kunden wurde verschickt.

- Wechsel: Der Wechsel zu Powercom ist komplett bearbeitet.

- Tarife: Die Information über Tarife durch den Vertrieb wurde an den Kunden verschickt.

Listing 13.6 Aufgabe zu einem Auftrag erstellen

```
Sub CreateAuftrag(Auftragsnr As Long, Text As String)
    Dim Aufgabe As TaskItem

    With Session.Folders("Öffentliche Ordner") _
                .Folders("Alle Öffentlichen Ordner")
        Set Aufgabe = .Folders("Providerwechsel").Items.Add
        Aufgabe.Subject = "Auftragsnr: " + CStr(Auftragsnr)
        Aufgabe.Body = Text
        Aufgabe.UserProperties("Bestätigung") = True
        Aufgabe.Save
    End With
End Sub
```

Wie bei dem Kontakt aus Listing 13.5 muss auch hier `Items.Add` benutzt werden, weil es sich um einen öffentlichen Ordner handelt. Beachten Sie außerdem, dass die benutzerdefinierten Felder nicht als normale Eigenschaften angesprochen werden können. Stattdessen müssen Sie die Auflistung `UserProperties` verwenden. Um bei Bedarf noch einmal einige Informationen nachschlagen zu können, wird der gesamte Nachrichtentext in die Aufgabe übernommen.

> Wie bereits vorher erwähnt reicht es nicht, die benutzerdefinierten Felder des Ordners einfach in der Ansicht zu erzeugen. Das führt zwar nicht zu einem Laufzeitfehler, die Informationen werden aber nicht gespeichert. Sie müssen deshalb ein eigenes Formular erzeugen, welches diese Felder enthält. Veröffentlichen Sie es im zugehörigen Ordner und stellen Sie dieses Formular in den Ordnereigenschaften als Standardformular ein.

Auftragsbearbeitung benachrichtigen

Zum Schluss muss noch eine E-Mail an die Auftragsbearbeitung erzeugt werden:

Listing 13.7 Weiterleitung an die Auftragsbearbeitung

```
Sub SendAuftragsbearbeitung(Auftragsnr As Long, Nachricht As MailItem)
    Dim Bearbeitung As MailItem

    Set Bearbeitung = Application.CreateItem(olMailItem)
    Bearbeitung.Subject = "Auftragsnr: " + CStr(Auftragsnr)
    Bearbeitung.To = gabit@zentrale.powercom.com
    Bearbeitung.Attachments.Add Nachricht
    Bearbeitung.Send
End Sub
```

Diese Nachricht enthält im Betreff die Information über die `Auftragsnr`. Alle weiteren Informationen können in der Aufgabe im öffentlichen Ordner nachgesehen werden. Falls dieser nicht zur Verfügung steht, wird die ursprüngliche Nachricht sicherheitshalber als Anhang mitgeschickt.

Auftragsbearbeitung

Das Dialogfenster

In der Auftragsbearbeitung wird Outlook sehr wahrscheinlich nicht als zentrales Programm eingesetzt. Gehen wir also einmal davon aus, dass der Providerwechsel auf anderen Wegen stattgefunden hat. Wir stellen der Auftragsbearbeitung nun einen kleinen Dialog zur Verfügung, der zwei Aufgaben erfüllt:

- Der Status der zugehörigen Aufgabe im öffentlichen Ordner wird angepasst.
- Der Vertrieb wird benachrichtigt.

Abbildung 13.9 zeigt den Dialog:

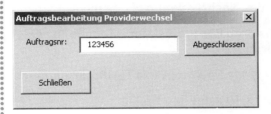

Abbildung 13.9
Dialog für die Auftragsbearbeitung

Hier wird die Auftragsnummer eingegeben, alle weiteren Aktivitäten geschehen nach Betätigung der Schaltfläche *Abgeschlossen*.

Der Programmcode

Listing 13.8
Abschluss der Auftragsbearbeitung

```
Private Sub AbgeschlossenButton_Click()
    Dim Aufgabe As TaskItem
    Dim Nachricht As MailItem

    Set Aufgabe = FindAuftrag(AuftragsnrText.Text)
    Aufgabe.UserProperties("Wechsel") = True
    Aufgabe.Save
    Set Nachricht = Application.CreateItem(olMailItem)
    Nachricht.Subject = "Auftragswechsel, Auftragsnr: " + AuftragsnrText.Text
    Nachricht.To = markusk@zentrale.powercom.com
End Sub
```

Über die Funktion `FindAuftrag` (wir werden sie gleich noch kennen lernen), erfolgt eine Zuweisung der zugehörigen Aufgabe aus dem öffentlichen Ordner. Für diese wird das Statusfeld `Wechsel` gesetzt. Anschließend wird eine Nachricht an den Vertrieb erstellt.

Die Funktion `FindAuftrag` sucht einfach im Betreff-Feld nach der `Auftragsnr` und liefert die gefundene Aufgabe als Funktionsergebnis zurück. Sie benutzt dazu die Methode `Find` der `Items`-Auflistung.

Listing 13.9
Aufgabe zu einem Auftrag suchen

```
Function FindAuftrag(Auftragsnr As Long) As TaskItem
    Dim Filter As String

    Filter = "[Subject] = Auftragsnr: " + CStr(Auftragsnr)
    With Session.Folders("Öffentliche Ordner") _
                    .Folders("Alle Öffentlichen Ordner")
        Set FindAuftrag = .Folders("Providerwechsel").Items.Find(Filter)
    End With
End Function
```

Vertrieb

Das Dialogfenster

Der Vertrieb arbeitet wie die Auftragsbearbeitung mit einem kleinen Dialog. Er ist ganz ähnlich aufgebaut, erlaubt aber zusätzlich die Veränderung des Nachrichtentextes. Seine Aufgaben sind folgende:

- Aktualisieren der Statusinformationen für die Aufgabe im öffentlichen Ordner.

- Senden einer Nachricht mit Tarifinformationen an den Kunden.

Abbildung 13.10 zeigt den Dialog:

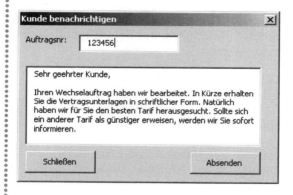

Abbildung 13.10 Dialog für den Vertrieb

Der Programmcode

Der interessante Code befindet sich in der Schaltfläche *Absenden*.

Listing 13.10 Benachrichtigung des Kunden

```
Private Sub AbsendenButton_Click()
    Dim Nachricht As MailItem
    Dim Aufgabe As TaskItem
    Dim EMail As String

    Set Nachricht = Application.CreateItem(olMailItem)
    Nachricht.Subject = "Providerwechsel Powercom"
    Set Aufgabe = FindAuftrag(AuftragsnrText.Text)
    EMail = GetFeldFromMail(Aufgabe.Body, "E-Mail")
    Nachricht.To = Email
    Nachricht.Body = NachrichtText.Text
    Nachricht.Send
    Aufgabe.UserProperties("Tarife") = True
    Aufgabe.Save
End Sub
```

Über `Application.CreateItem` wird wieder eine neue Nachricht erstellt. Um die E-Mail-Adresse des Kunden automatisch zu ermitteln, sind zwei Schritte notwendig:

- Heraussuchen der Aufgabe zu diesem Auftrag im öffentlichen Ordner.
- Ermitteln des Wertes für das Feld *E-Mail*.

Hierfür leisten uns die bereits bekannten Funktionen `FindAuftrag` und `GetFeldFromMail` wertvolle Dienste.

Anschließend wird die Statusinformation für die Aufgabe aktualisiert.

Fazit

Anhand dieses Beispiels haben Sie gesehen, dass die Realisierung einer nahtlosen Workflow-Anwendung in Outlook gar nicht so einfach ist. Dafür gibt es mehrere Gründe:

- **Client-Programmierung**
  Dieses Buch behandelt die Programmierung von Outlook. Als Client-Anwendung eignet sich Outlook generell nur bedingt für die Realisierung von Workflow. Z.B. hängt die Auftragsannahme davon ab, dass ein bestimmter Benutzer Outlook startet (oder Tag und Nacht laufen lässt). Daran kann man schon erkennen, dass Workflow-Programmierung eigentlich auf dem Server stattfinden sollte. Exchange 2000 stellt dafür auch eigene Tools zur Verfügung (z.B. den Workflow-Designer).

- **Datenspeicher**
  In einer Workflow-Anwendung sind Sie praktisch darauf angewiesen, mit einem zentralen Datenspeicher arbeiten zu können. Dort werden alle relevanten Informationen hinterlegt und können jederzeit abgerufen werden. In unserem Beispiel hat diese Rolle ein öffentlicher Ordner übernommen. Normalerweise liegen solche Daten aber in einer Datenbank. Auf jeden Fall ist es ineffizient, diese Daten von Schritt zu Schritt mitzuschleppen. Eine Übersicht über den laufenden Prozess ist damit so gut wie unmöglich.

Trotzdem haben Sie anhand der bisherigen Beispiele gesehen (z.B. Urlaubsantrag), dass Outlook für kleinere Workflow-Lösungen durchaus geeignet sein kann. Die Kriterien für eine Umsetzung in Outlook oder andere Lösungen sind vor allem folgende:

- **Wo werden die Daten gehalten?**
  Macht es Sinn, die wesentliche Anwendungslogik in Outlook zu erstellen? Das hängt sicherlich auch davon ab, wo sich die Daten befinden und wie sie verarbeitet werden. Wenn alle relevanten Daten

in öffentlichen Ordnern vorliegen, ist es oft sinnvoll, die Anwendung auch in Outlook zu programmieren.

- **Welche zukünftigen Anforderungen werden gestellt?**
  Eine gut funktionierende Workflow-Lösung erzeugt Hunger nach mehr Funktionalität (das gilt nicht nur für Workflow!). Es ist äußerst ärgerlich, eine kleine Anwendung in Outlook zu programmieren, um dann festzustellen, dass für eine Erweiterung eine ganz andere Umgebung viel besser geeignet ist.

Bisher waren wir für die Erstellung von Anwendungen immer auf den Exchange-Server im Hintergrund angewiesen. Der dritte Teil des Buches zeigt Ihnen, wie Sie auch ohne Exchange Teamarbeit mit Outlook realisieren können.

Share Point
Team Services

SharePoint Team Services ist ein Produkt aus dem Office Resource Kit. Es beinhaltet eine komplette Website, welche die typischen Funktionalitäten für Mitglieder eines Projektteams zur Verfügung stellt. Dazu gehören Elemente, die auch in Outlook verwaltet werden:

- Kontakte
- Termine
- Aufgaben

Der Vorteil der SharePoint Team Services liegt in der Tatsache, dass die zugrunde liegende Technologie wesentlich einfacher aufzusetzen und zu warten ist. Folgende Software wird dafür benötigt:

- **Server**
  Windows 2000 als Betriebssystem. Hier genügt bereits die Professional Version, welche einen Webserver-Dienst implementiert hat.

- **Client**
  Ein aktueller Browser wie z. B. den Internet Explorer 5.0.

Diese Software ist vor allem auf der Serverseite einfacher zu gewährleisten. Während es einen Webserver praktisch überall gibt, muss ein Exchange-Server sehr aufwändig administriert werden. Deshalb verzichten viele Firmen auf den Einsatz von Exchange. Unsere bisherigen Anwendungen können jedoch ohne Exchange ihre Stärken gar nicht ausspielen. Praktisch die gesamte Teamfunktionalität und auch der gemeinsame Zugriff auf Daten sind an den Exchange-Server gekoppelt. Hier bietet SharePoint Team Services eine interessante Alternative.

Das Problem beim Einsatz der SharePoint Team Services ist, dass es neben Outlook eine zweite Software für die Verwaltung von Terminen, Aufgaben und Kontakten ist. Selbst bei akribischer Pflege der Daten in beiden Programmen ist die Duplizierung der Informationen eine mühsame Angelegenheit.

Deshalb werden wir in diesem Teil eine Lösung entwickeln, die den Datenaustausch zwischen Outlook und den SharePoint Team Services weitgehend automatisiert. Es handelt sich hier nur um ein Grundmodell, welches sicher einige Funktionalitäten vermissen lässt. Sie können aber mit diesem Ansatz sehr einfach eigene Erweiterungen erstellen, um diese Anwendung speziell an Ihre Bedürfnisse anzupassen. Kapitel 14 vermittelt einige grundlegende Aspekte und Techniken, Kapitel 15 präsentiert die Anwendung und den dazugehörigen Code.

14 Aufbau und Struktur

In diesem Kapitel lernen Sie

- was die SharePoint Team Services sind.
- für welche Zwecke sich die SharePoint Team Services am besten einsetzen lassen.
- wie SharePoint Team Services aufgebaut ist.
- wie die Datenbank von SharePoint Team Services aufgebaut ist.
- was die Objektbibliothek ActiveX Data Objects (ADO) beinhaltet.
- wie Sie mit ADO eine Verbindung zu einem SQL Server herstellen.
- wie Sie mit ADO Daten von einem SQL Server abfragen.
- wie Sie mit ADO Daten in einer SQL Server-Datenbank ändern.

vbaproject.otm
sharepoint.adp

Das Endresultat der Übungen aus diesem Kapitel finden Sie in den Beispieldatei *vbaproject.otm* und *sharepoint.adp*. Falls Sie die Beispieldateien noch nicht installiert haben, dann finden Sie im Abschnitt „Die Übungsdateien auf der Festplatte installieren" ab Seite 14 in diesem Buch detaillierte Hinweise zum Setup. Im gleichen Abschnitt ist ebenfalls beschrieben, wie Sie die Beispieldateien in Outlook verfügbar machen.

Für die Verwendung der Access-Projektdatei *sharepoint.adp* muss Microsoft Access 2002 auf Ihrem PC installiert sein.

Die Website

Um ein besseres Verständnis für das Produkt SharePoint Team Services zu bekommen, wollen wir zunächst einmal verstehen, wie es funktioniert und wozu es am besten geeignet ist.

Was sind die SharePoint Team Services?

SharePoint Team Services ist eine Website der besonderen Art. Während normale Websites dazu dienen, Informationen mehr oder weniger statisch zu präsentieren, bietet die Website der SharePoint Team Services die Möglichkeit, den Inhalt von Webseiten interaktiv durch die Benutzer zu verändern. Dadurch kann ein Benutzer den Seiten eigene Inhalte hinzufügen.

Erreicht wird das letzten Endes durch eine SQL Server-Datenbank, welche die Inhalte der Seiten generiert. Jede Seite wird durch den massiven Einsatz von Skripten erzeugt, welche auf die Datenbank zugreifen. Diese Skripte laufen auf dem Webserver.

Mit dem genauen Mechanismus der Seitengenerierung werden wir uns an dieser Stelle nicht befassen: Damit kann man bestimmt ein eigenes Buch füllen. Viel interessanter sind die Konsequenzen, die sich aus diesem ungewöhnlichen Prinzip ergeben. Es ist nämlich für einen ganz normalen Benutzer möglich, ohne geringste Programmierkenntnisse den Inhalt von Webseiten sozusagen „online" zu verändern. Damit vermeidet man einen der großen Nachteile von Webseiten (weitgehend statische Inhalte) und gewinnt eine nahezu unbegrenzte Verfügbarkeit. Jeder, der Zugriff auf den Webserver besitzt, kann damit arbeiten.

Allerdings wurden die SharePoint Team Services für einen ganz bestimmten Zweck konzipiert: Die Zusammenarbeit eines Teams mit Internet-Technologien zu unterstützen. Es ist wichtig zu verstehen, dass ein Team immer mit einer bestimmten Aufgabe oder einem Projekt befasst ist. Daraus ergeben sich sofort die Inhalte einer solchen Zusammenarbeit:

- Aufgabenverteilung,
- Dokumentenverwaltung,
- allgemeine Informationen (Adressen, Telefonnummern, Termine).

In einem solchen Team finden auch verstärkt Diskussionen über die verschiedensten Inhalte statt. Wenn die Teilnehmer sich an weit entfernten Orten befinden, bieten die Technologien des Internets eine mögliche Lösung für dieses Problem. Newsgroups mit Teilnehmern aus aller Welt beweisen das.

Das Konzept der SharePoint Team Services beruht demnach auf folgenden Ideen:

- Informationen werden übersichtlich präsentiert und strukturiert. Der Aufbau der Website ist einfach und verständlich. So findet jedes Teammitglied schnell die Informationen, die es benötigt.

- Die Verfügbarkeit ist durch den Einsatz eines Webservers maximal. Als Client wird lediglich ein Browser benötigt, und die Verbindung zum Intranet oder Internet ist heute Standard an jedem Arbeitsplatz.

Das schafft die Basis für die Integration eines geografisch verteilten Teams.

- Die Funktionalität wird auch durch andere Produkte abgedeckt, beispielsweise Microsoft Exchange-Server. Die Konfiguration und Administration dieses Produktes und der Anschluss an die Clients ist aber ungleich komplexer als bei den SharePoint Team Services. Außerdem sind die Kosten auch in der Anschaffung wesentlich höher.

- Durch die Vergabe von individuellen Berechtigungen kann die Benutzung der Website sehr effizient geregelt werden.

Die SharePoint Team Services sind also in gewisser Weise ein Ersatz für den Microsoft Exchange-Server. Natürlich kein vollständiger. Die Kommunikationsfähigkeiten und die Nachrichtenverarbeitung des Exchange-Servers besitzen die SharePoint Team Services nicht. Deren Stärken liegen auf dem Gebiet Collaboration und nicht in der Kommunikation via E-Mail. Auch von der Größenordnung sind die SharePoint Team Services mindestens eine Ebene tiefer angesiedelt. Sie sind für kleine bis mittlere Teams konzipiert, nicht zur Verwaltung von mehreren tausend Mitarbeitern eines Unternehmens.

Während die SharePoint Team Services also viele der Fähigkeiten von Outlook in Bezug auf Termine, Aufgaben und Kontakte zur Verfügung stellen, ist die Verwendung jeweils auf einen genau definierten thematischen Inhalt eingeschränkt. Das macht es durchaus wahrscheinlich, dass ein Mitarbeiter beide Produkte nebeneinander einsetzt. Probleme entstehen dabei mit Sicherheit. Wer hat nicht schon einmal zu Hause zwei Kalender stehen gehabt und bei der Übertragung der Termine Fehler gemacht?

Optimal wäre es also, die Termine (und natürlich auch die anderen Informationen) aus der Datenbank der SharePoint Team Services in Outlook zu übernehmen. Wie das sowohl theoretisch als auch praktisch geht, ist Gegenstand dieses und des nächsten Kapitels. Zunächst wollen wir uns jedoch mit dem Aufbau und den Inhalten der Website der SharePoint Team Services befassen.

Die Bereiche der Website

Obwohl die Inhalte vielfältig konfigurierbar sind, ist der Aufbau einer SharePoint Team Services Website immer gleich. Folgende Informationen werden dort gespeichert:

- **Dokumente**
  Sie können Verweise auf beliebige Dokumente erstellen. Um eine bessere Übersicht zu gewährleisten, werden die Dokumente in Doku-

Kapitel 14 : **Aufbau und Struktur**

mentbibliotheken gespeichert. Diese dienen als Container, um die Dokumente nach logischen und inhaltlichen Kriterien zu strukturieren.

- **Diskussionen**
  Wie in einer Newsgroup können Textbeiträge zu einem bestimmten Thema erstellt werden. Eine Newsgroup heißt hier Diskussionsrunde und bietet ebenfalls die Möglichkeit der thematischen Strukturierung.

- **Aufgaben**
  Wie in Outlook können Sie Aufgaben erstellen und Benutzern der Website mit Fälligkeitsdatum zuordnen. Die wichtigsten Informationen wie z.B. Status und Priorität stehen hier auch zur Verfügung.

- **Kontakte**
  Adressen und Telefonnummern (plus einige zusätzliche Informationen) mit dem Projekt verbundener Personen werden hier abgelegt.

- **Termine in zwei Kategorien**
  Ankündigungen und Ereignisse. Der Unterschied zwischen beiden ist nicht ganz klar. Während ein Ereignis eine Zeitdauer besitzt, also eher mit einem klassischen Termin vergleichbar ist, scheint es sich bei Ankündigungen um separate Zeitpunkte zu handeln (oder um Termine, bei denen die Dauer nicht bekannt oder nicht so wichtig ist).

- **Hyperlinks**
  Eine Sammlung wichtiger Webadressen.

Die folgenden Abbildungen zeigen die einzelnen Bereiche der Website mit kurzen Erklärungen.

Startseite

Abbildung 14.1 zeigt die Startseite des Projekts „Green Power" der Firma Powercom.

Abbildung 14.1: Startseite der SharePoint Team Services Website

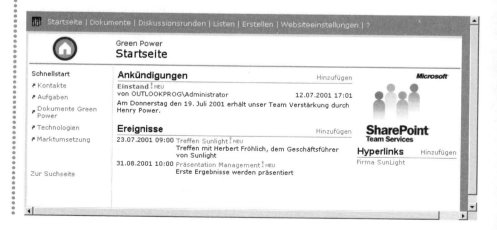

Ankündigungen und Ereignisse werden in der Mitte der Webseite angezeigt. Rechts befindet sich eine Liste mit für das Projekt wichtigen Hyperlinks. Am linken Rand befindet sich eine Art Favoritenliste, die obere Navigationsleiste beinhaltet ein vollständiges Menü, welches einen früher oder später zu jeder gewünschten Seite bringt.

Hyperlink Dokumente

Abbildung 14.2
Liste der Dokumentbibliotheken

Dieser Bereich zeigt zunächst eine Auflistung der Dokumentbibliotheken. Von hier aus geht es dann weiter zu den dort enthaltenen Dokumenten.

Abbildung 14.3
Dokumente in einer Dokumentbibliothek

Hyperlink Diskussionsrunden

Abbildung 14.4
Liste der Diskussionsrunden

Dieser Bereich zeigt eine Auflistung der eingerichteten Diskussionsrunden. Von hier aus geht es weiter zu den Beiträgen einer Diskussionsrunde. Eine solche Diskussionsrunde ist wie eine Newsgroup gegliedert.

Kapitel 14   Aufbau und Struktur

Abbildung 14.5
Beiträge einer
Diskussionsrunde

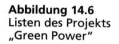

Green Power
Technologien

Evaluierung der aktuellen Technologien für umweltfreundliche Stromerzeugung

Neue Diskussion | Filter | Abonnieren   Einstellungen und Spalten ändern

Betreff	Geändert von	Geändert
▪ Photovoltaik ! NEU	Jörg Hinrichs	12.07.2001 17:29
▪ Photovoltaik ! NEU	Markus Kernig	12.07.2001 17:34

Hyperlink Listen

Dieser Bereich umfasst alle restlichen Informationen. Dazu gehören vor allem Termine, Kontakte, Aufgaben und (dem Projekt zugeordnete) Hyperlinks.

Abbildung 14.6
Listen des Projekts
„Green Power"

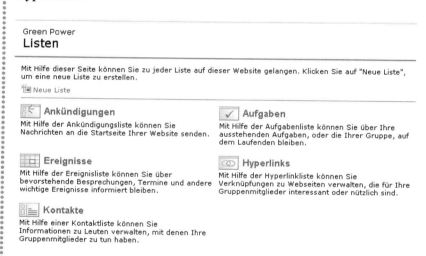

Abbildung 14.7 zeigt die Einträge der Liste Ankündigungen.

Abbildung 14.7
Die Liste
Ankündigungen

Green Power
Ankündigungen

Mit Hilfe der Ankündigungsliste können Sie Nachrichten an die Startseite Ihrer Website senden.

Neuer Eintrag | Filter | Exportieren | Abonnieren   Einstellungen und Spalten ändern

Titel	Geändert
Verstärkung ! NEU	13.07.2001 18:07

Kapitel 14   **Aufbau und Struktur**

Ein Eintrag aus dieser Liste sieht dann so aus:

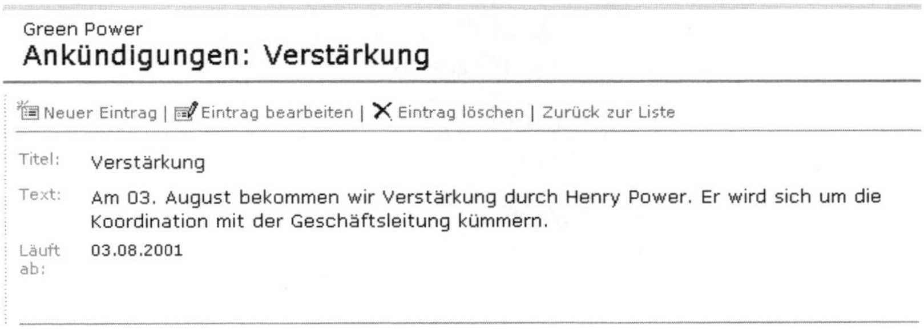

Abbildung 14.8
Ein Eintrag aus der Liste der Ankündigungen

Green Power
Ankündigungen: Verstärkung

Neuer Eintrag | Eintrag bearbeiten | ✗ Eintrag löschen | Zurück zur Liste

Titel: Verstärkung
Text: Am 03. August bekommen wir Verstärkung durch Henry Power. Er wird sich um die Koordination mit der Geschäftsleitung kümmern.
Läuft ab: 03.08.2001

Gesamtaufbau

Sie sehen bereits, dass der Aufbau der Webseiten immer gleich ist. Ich verzichte daher an dieser Stelle auf eine bebilderte Darstellung der einzelnen Listen. Das Layout entspricht dem der Dokumente, lediglich die Informationen sind jeweils andere.

An dem Hyperlink *Neue Liste* in Abbildung 14.6 können Sie sehen, dass die Möglichkeit zum Anlegen weiterer benutzerdefinierter Listen besteht. Hier können Sie sogar frei gestalten, welche Felder in der Liste enthalten sind. Das Gleiche gilt für die Gestaltung bestehender Listen. Bei Bedarf können Sie durch zusätzliche Informationen erweitert werden, ähnlich wie die benutzerdefinierten Felder für Ordner in Outlook.

Darüber hinaus können Sie das Erscheinungsbild der Inhalte in Form von Ansichten festlegen. Sie können dafür vorhandene Ansichten modifizieren oder neue erstellen. Überhaupt ist die gesamte Struktur der von Outlook sehr ähnlich. In einer Ansicht wird eine ausgewählte Menge von Feldern dargestellt. Das Öffnen eines Elementes zeigt dessen gesamte Informationen an (wie bei einem Outlook-Formular). Die einzelnen Dokumentbibliotheken, Diskussionsrunden und Listen entsprechen den Ordnern verschiedenen Typs. Diese Parallelen tauchen nicht von ungefähr auf: Ein Großteil der Funktionalität der SharePoint Team Services entstammt dem Aufgabenbereich von Outlook. Lediglich die Technologie der Präsentation ist eine andere.

Administration

Sie können genau festlegen, welche Personen Berechtigungen zum Ändern von Seiteninhalt und Aufbau besitzen. Diese Berechtigungen sind in Form von griffigen Bezeichnungen (so genannten Rollen) aufgeführt:

- **Webbenutzer**
  Ein Webbenutzer besitzt für die gesamte Website nur Leserechte.

- **Teilnehmer**
  Ein Teilnehmer kann sich alle Seiten ansehen und sich außerdem an Diskussionen beteiligen.

- **Autor**
  Ein Autor kann Inhalte zu den einzelnen Bereichen hinzufügen. Er darf außerdem in begrenztem Umfang das Layout einer Seite ändern.

- **Fortgeschrittener Autor**
  Er besitzt die gleichen Rechte wie ein normaler Autor, unterliegt aber keiner Beschränkung in Bezug auf die Gestaltung einer Seite (weder vom Inhalt noch vom Layout her).

- **Administrator**
  Zusätzlich zu den bereits aufgeführten Rechten übernimmt der Administrator die Benutzerverwaltung für die Website.

Aufbau der Datenbank

Prinzipiell ist Outlook in der Lage, die Webseiten eines SharePoint Team Services Projekts anzuzeigen. So könnten Sie Outlook als Ersatz für den Internet Explorer verwenden. Leider geht das nur manuell, im Programmcode haben Sie keinen direkten Zugriff auf die Informationen der Webseite. Deshalb liegt der Schlüssel zur Integration der Webseiten-Inhalte in Outlook im Zugriff auf die zugrunde liegende Datenbank.

Die Datenbank ist eine SQL-Server-Datenbank. Wenn Sie vor der Installation von SharePoint Team Services keinen SQL Server auf der Maschine haben, dann wird der zugehörige Datenbankkern mit installiert (zu finden in der Systemsteuerung unter MSDE). Dieser besteht im Wesentlichen aus den Diensten des SQL-Servers. Wie bekommen wir jetzt Informationen über den Aufbau der Datenbank? Dazu wäre ein Enterprise Manager des SQL-Servers sehr hilfreich. Er ermöglicht die komplette Administration und gibt auch eine Übersicht über die Datenbankobjekte. Allerdings benötigen Sie dazu eine Vollversion des SQL-Servers.

Kapitel 14   **Aufbau und Struktur**

Verbindung herstellen

sharepoint.adp

Mit einem kleinen Trick erhalten wir auch so Einblick in die Datenbankstruktur: Wir erstellen ein Microsoft Access-Projekt und stellen damit eine Verbindung zur SQL-Server-Datenbank her. Dort sind dann alle Tabellen und weiteren Informationen in gewohnter Manier sichtbar. Gehen Sie dazu folgendermaßen vor:

❶ Starten Sie Access und erstellen Sie eine neue Datei. Wählen Sie als Dateityp *Projekt (Bestehende Daten)*.

❷ Vergeben Sie einen Dateinamen für das neue Projekt. Klicken Sie anschließend auf *Erstellen*.

Abbildung 14.9
Dateinamen für das Access-Projekt vergeben

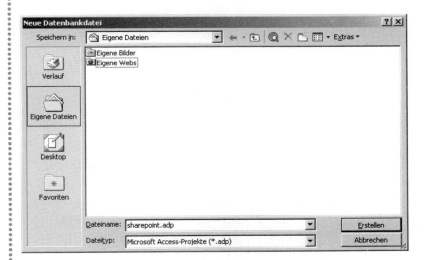

❸ Der Assistent für die Verbindung mit dem SQL-Server wird gestartet. Geben Sie die Verbindungsdaten gemäß Abbildung 14.8 ein. Verwenden Sie dabei den Computernamen des SQL-Servers als Servernamen. Die Datenbank hat einen kryptischen Namen ähnlich dem in der Abbildung 14.10 angezeigten. Klicken Sie auf die Schaltfläche *Verbindung testen* und bei Erfolg auf *OK*.

Abbildung 14.10
Verbindungsdaten für den SQL-Server

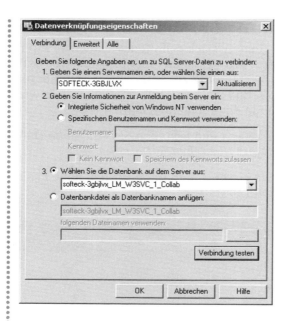

Access stellt die Verbindung her und sämtliche Datenbankobjekte werden eingeblendet.

Tabellen und Beziehungen

Der Aufbau der Datenbank ist relativ einfach: Für jeden Bereich der SharePoint Website wird eine eigene Tabelle erstellt. Welcher Bereich das ist und wie die Tabelle heißt, können Sie aus der Tabelle *Lists* entnehmen. Abbildung 14.9 zeigt diese Tabelle:

Abbildung 14.11
Zuordnung von Website-Bereichen zu Tabellen

tp_ID	tp_Name	tp_Title	tp_TableName
1	Lists	Liste der Listen	Lists
2	Views	Liste der Ansichten und Formulare	Views
3	Projects	Projekte	Projects
4	DocMd	Document MetaData	DocMd
5	UserInfo	Benutzerinformationen	UserInfo
8	Links	Hyperlinks	ows_Project1_Links
9	Announcements	Ankündigungen	ows_Project1_Announcements
10	Contacts	Kontakte	ows_Project1_Contacts
11	Events	Ereignisse	ows_Project1_Events
12	Tasks	Aufgaben	ows_Project1_Tasks
13	u_ProjektGreenPower	Dokumente Green Power	ows_Project1_u_ProjektGreenPower
14	u_Technologien	Technologien	ows_Project1_u_Technologien
15	u_Marktumsetzung	Marktumsetzung	ows_Project1_u_Marktumsetzung
16	u_OfficeXP	Office XP	ows_Project1_u_OfficeXP

Die Spalte *tp_Title* enthält den Namen des Bereiches in der SharePoint-Website, die Spalte *tp_TableName* den dazugehörigen Tabellennamen.

Kapitel 14 Aufbau und Struktur

An der Tabelle *Projects* können Sie erkennen, dass der SQL-Server auch mehrere SharePoint-Projekte verwalten kann. In der Tabelle *Lists* ist dazu weiter hinten eine Spalte mit der Projektnummer enthalten. Da wir hier nur ein Projekt verwenden, ist das zunächst nicht wichtig.

Zwischen den Tabellen bestehen Beziehungen, von denen wir uns die beiden wichtigsten ansehen wollen. Abbildung 14.10 zeigt alle Beziehungen, welche die Benutzer einer Website betreffen (Die Position der Schlüssel an den Feldnamen ist rein willkürlich und hat nichts mit den zugrunde liegenden Feldern der Beziehung zu tun).

Abbildung 14.12
Beziehungen für Website-Benutzer

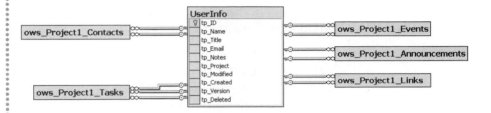

Die Informationen über die Benutzer sind in der Tabelle *UserInfo* hinterlegt. Außerdem gibt es für jedes Element eines Bereiches (hier sind nur die wichtigsten dargestellt) zwei Informationen bezüglich der Benutzer:

- **tp_Autor**
  Der Benutzer, welcher das Element ursprünglich erstellt hat.

- **tp_Editor**
  Der Benutzer, welcher das Element verändert hat.

Für die Aufgaben gibt es noch eine dritte Beziehung. Sie kennzeichnet den Benutzer, dem die Aufgabe zugeordnet wurde.

Noch eine weitere Beziehung ist relevant, wenn mehrere Projekte gleichzeitig verwaltet werden sollen.

Abbildung 14.13
Beziehung zwischen Projekten und Tabellenzuordnung

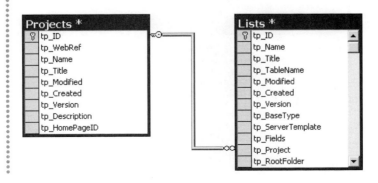

Hier können Sie sehen, dass die Zuordnung einer Tabelle zu einem Projekt anhand des Feldes *tp_Project* in der Tabelle *Lists* zu erkennen ist. Allerdings geht diese Zugehörigkeit meistens schon aus dem Namen der Tabellen hervor.

Datenbankzugriff

Der Zugriff auf die Datenbank erfolgt mit Hilfe eines zusätzlichen Objektmodells namens ADO. Diese Abkürzung steht für ActiveX Data Objects. Damit Sie auch in Outlook dieses Objektmodell verwenden können, müssen Sie zunächst einen Verweis darauf setzen. Ansonsten sind die Objekte in Outlook nicht verfügbar und Sie erhalten Fehlermeldungen über unbekannte Datentypen.

Verweis einrichten

Die folgende Übung zeigt Ihnen, wie Sie einen Verweis auf das ADO-Objektmodell einrichten können.

❶ Wechseln Sie in den Visual Basic-Editor und wählen Sie dort im Menü *Extras* den Befehl *Verweise*.

❷ Blättern Sie in der Liste nach unten und aktivieren Sie die Option *Microsoft ActiveX Data Objects 2.5 Library*.

Bestätigen Sie den Dialog mit *OK*.

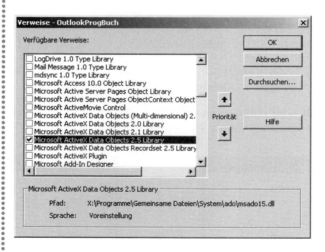

Abbildung 14.14
Verweis auf die ADO-Bibliothek

> ## Standardmäßig aktivierte Verweise
> Eine Reihe von Verweisen ist bereits aktiviert. Diese haben folgende Bedeutung:
>
> - **Visual Basic for Applications**
>   Dort sind Objekte wie z.B. das Err-Objekt für die Fehlerverarbeitung hinterlegt. Diese Objekte sind Bestandteil der Sprache VBA.
>
> - **Microsoft Outlook 10.0 Object Library**
>   Die Outlook-Objekte wie Application, Folder, Item-Objekte usw.
>
> - **OLE Automation**
>   Diese Bibliothek stellt die Funktionalität der Fernsteuerung von Anwendungen zur Verfügung. So können Sie z.B. aus Outlook heraus eine Word-Anwendung starten und komplett über deren Objektmodell steuern.
>
> - **Microsoft Office 10.0 Object Library**
>   Diese Bibliothek enthält Objekte für Office-Komponenten, die in jedem Programm zu finden sind (beispielsweise den Assistenten).
>
> - **Microsoft Forms 2.0 Object Library**
>   Enthält die Steuerelemente für Outlook-Formulare und VBA-Dialoge.

Die ADO-Bibliothek ist sehr flexibel. Sie bietet uns Zugriff auf alle ODBC-Datenbanken, für die entsprechende Treiber in der Systemsteuerung hinterlegt sind. Allerdings arbeitet ADO am besten mit speziell optimierten Treibern (so genannte OLEDB-Treiber). Diese Treiber sind zwar noch nicht für alle Datenbanken vorhanden, werden aber für die Microsoft-Produkte zur Verfügung gestellt (Access und SQL-Server). Damit ist ein sehr effizienter Zugriff auf die Datenbank möglich.

Verbindung herstellen

Zum Erstellen einer Verbindung zur Datenbank benötigen Sie das Connection-Objekt aus der ADO-Bibliothek.

Neues Connection-Objekt erstellen

Im Gegensatz zu den meisten Outlook-Objekten können Sie die ADO-Objekte mit Hilfe von New erzeugen. Das ist auch notwendig, weil wir hier nicht auf bereits bestehende Objekte verweisen können.

```
Dim SharepointCon as Connection
Set SharepointCon = New Connection
```

Verbindungsparameter

Bevor Sie die Verbindung explizit anfordern, müssen Sie noch einige Verbindungsparameter festlegen:

- Den Namen des SQL-Servers
- Den zu verwendenden Datenbanktreiber
- Benutzername und Passwort
- Den Namen der Datenbank

Diese Parameter werden in der Eigenschaft *ConnectionString* gespeichert. Die Syntax ist festgelegt und sieht ähnlich wie bei einer Ini-Datei aus:

```
SharepointCon.ConnectionString = "driver={SQL Server};" + _
    " server=softeck-3gbjlvx; uid=sa;" + _
    " pwd=enterprise;database=softeck-3gbjlvx_LM_W3SVC_1_Collab"
```

Hier erfolgt die Anmeldung mit dem Benutzernamen **sa**, welcher den Systemadministrator der Datenbank kennzeichnet. Wenn Sie das Passwort für **sa** nicht kennen, können Sie sich auch mit den Rechten Ihres Windows 2000 Benutzerkontos anmelden:

```
SharepointCon.ConnectionString = "driver={SQL Server};" + _
    " server=softeck-3gbjlvx;" + _
    "trusted_connection=yes;database=softeck-3gbjlvx_LM_W3SVC_1_Collab"
```

Verbindung öffnen und schließen

Nachdem die Verbindungsparameter festgelegt sind, können Sie mit der Methode Open die Verbindung öffnen.

```
SharepointCon.Open
```

Verbindungen sind eine wichtige Ressource für eine Client-Server Datenbank. Deshalb sollten Sie die Verbindung wieder schließen, wenn sie nicht mehr benötigt wird.

```
SharepointCon.Close
```

Und auch das zugehörige Objekt sollte wieder freigegeben werden.

```
Set SharepointCon = Nothing
```

Daten abfragen

Als nächstes wollen wir uns ansehen, wie wir im Programmcode Informationen aus der Datenbank auslesen können. Der Schlüssel dazu ist das Recordset-Objekt. Es symbolisiert eine Datenmenge, welche die Datensätze einer Tabelle oder Abfrage enthält.

Recordset öffnen

Um ein Recordset zu öffnen, benötigen Sie eine aktive Verbindung zur Datenbank. Anschließend legen Sie fest, welche Daten im Recordset gespeichert werden sollen. Dazu erstellen Sie einen String mit einer entsprechenden SQL-Anweisung. Das Abfragen der Daten selbst geschieht wie bei einer Verbindung mit der Methode Open. Um beispielsweise die Tabelle mit den Aufgaben zu öffnen, gehen wir folgendermaßen vor:

```
Dim AufgabenRs As Recordset
Set AufgabenRs = New Recordset
SqlString = "SELECT * FROM ows_Project1_Tasks"
AufgabenRs.Open SqlString, SharepointCon, adOpenStatic
```

Die Methode Open für das Recordset-Objekt erhält drei Parameter: Die SQL-Anweisung, ein Connection-Objekt und eine Konstante für den Typ des Recordset-Objekts (Eigenschaft CursorType). Diese Konstante legt fest, welche Navigationsmöglichkeiten bestehen, ob Aktualisierungen der Datensätze möglich sind, welche Suchmöglichkeiten zur Verfügung stehen und noch einiges mehr. Die Einstellung adOpenStatic bietet weniger Funktionalität, reicht aber aus, um beliebig innerhalb der Datensätze zu navigieren.

Navigation im Recordset

Der Zugriff auf die einzelnen Datensätze erfolgt mit Hilfe der Auflistung Fields des Recordset-Objekts. Obwohl im Recordset alle Datensätze enthalten sind, kann über Fields immer nur auf den aktuellen Datensatz zugegriffen werden. Um einen anderen Datensatz zu erreichen, müssen Sie sich mit Hilfe von einigen Methoden im Recordset bewegen und damit den Datensatz wechseln. Der folgende Code zeigt, wie der Recordset mit Hilfe einer Do...While-Schleife durchlaufen werden kann.

```
Do While AufgabenRs.EOF = False
  Debug.Print AufgabenRs.Fields("tp_title") & " " & AufgabenRs.Fields("tp_startdate")
  AufgabenRs.MoveNext
Loop
```

Die Eigenschaft EOF gibt Auskunft darüber, ob das Ende der Tabelle bereits erreicht wurde. Die Methode MoveNext wechselt zum nächsten Datensatz.

Es fällt auf, dass die Strings der Feldinhalte nicht wie bisher mit dem Plus-Zeichen verknüpft werden, sondern mit einem Ampersand. Das liegt daran, dass Datenbankfelder NULL-Werte enthalten können. Diese werden bei der Verknüpfung mit Ampersand einfach ignoriert. Mit dem Plus-Zeichen dagegen wird der gesamte Ausdruck zu NULL. Für „normale" Strings macht es dagegen keinen Unterschied, ob Sie Plus oder Ampersand zum Verknüpfen benutzen.

Es gibt noch weitere Methoden für die Navigation in einem Recordset. Die folgende Tabelle gibt einen Überblick:

Methode	Erläuterung
MoveFirst	Springt zum ersten Datensatz
MoveNext	Springt zum nächsten Datensatz
MovePrevious	Springt zum vorherigen Datensatz
MoveLast	Springt zum letzten Datensatz

Recordset schließen

Wenn Sie die Daten nicht benötigen, wird die Datensatzmenge wieder geschlossen und das zugehörige Objekt freigegeben.

```
AufgabenRs.Close
Set AufgabenRs = Nothing
```

Daten suchen

Eine der wichtigsten Operationen beim Arbeiten mit Datensätzen ist das Suchen von Daten anhand bestimmter Kriterien. Das können Sie bereits in der SQL-Anweisung festlegen, indem Sie eine geeignete WHERE-Klausel formulieren. Manchmal ist es aber zweckmäßiger, in einem bestehenden Recordset nach bestimmten Datensätzen zu suchen. Dazu wird die Methode Find verwendet:

```
AufgabenRs.Find "tp_title = 'Kick-Off vorbereiten'"
```

Der String, der als Argument für die Find-Methode verwendet wird, entspricht exakt der WHERE-Klausel einer SQL-Anweisung (das Wort WHERE wird dabei weggelassen).

Wir benutzen diese Funktionalität, um uns eine kleine Hilfsfunktion einzurichten. Sie sucht zu den Bereichen der SharePoint-Website die zugehörige Tabelle in der Datenbank heraus (diese Informationen befinden sich in der Tabelle *Lists*). Dadurch müssen wir bei der Erstellung des Programmcodes nicht mit umständlichen Tabellennamen, wie *ows_Project1_Tasks* arbeiten, sondern können die vertrauten Begriffe verwenden.

Die folgenden Anweisungen definieren ein Recordset-Objekt, welches die Tabelle *Lists* repräsentiert:

```
Dim MappingRs As Recordset
Set MappingRs = New Recordset
MappingRs.Open "SELECT * FROM Lists", SharepointCon, adOpenDynamic
```

Mit Hilfe dieses Objekts können wir nun unsere Funktion definieren.

Listing 14.1
Hilfsfunktion zum Ermitteln von Tabellen für Site-Bereiche

```
Function GetTableFromName(Bezeichnung As String) As String
    MappingRs.Find "tp_Title = '" + Bezeichnung + "'"
    If MappingRs.EOF = False Then
        GetTableFromName = MappingRs.Fields("tp_TableName").Value
    Else
        GetTableFromName = ""
    End If
End Function
```

Der Übergabeparameter Bezeichnung steht für einen Namen eines SharePoint-Bereiches, z.B. Aufgaben. Die Funktion sucht nun zu diesem Namen die zugehörige Tabelle heraus. Sie verwendet dafür die Methode Find. Beachten Sie, dass nach dem Aufruf von Find überprüft wird, ob das Ende der Tabelle überschritten wurde. Dies ist der Fall, wenn die Suche ergebnislos verlaufen ist.

Daten verändern

Für die effektive Verwaltung der Daten sowohl in der SharePoint-Datenbank als auch in Outlook ist es notwendig, diese Daten in der Datenbank verändern zu können. Prinzipiell ist das mit einem Recordset-Objekt möglich. Dieser Weg ist aber nicht sehr effizient, weil die Erstellung eines Recordsets ein relativ aufwändiger und ressourcenintensiver Vorgang ist. Für diesen Zweck gibt es daher ein eigenes Objekt, das Command-Objekt.

Command-Objekt

Das Command-Objekt tut eigentlich nichts weiter, als eine SQL-Anweisung an die Datenbank zu schicken. Hierbei handelt es sich in der Regel um eine ausführbare Anweisung, also eine, die keine Daten als Ergebnis liefert. Für unsere Zwecke kommen dafür vor allem die SQL-Anweisungen Insert, Update und Delete in Frage.

Datensätze einfügen

Der folgende Code zeigt, wie mit Hilfe des Command-Objekts ein neuer Datensatz in die Tabelle *Aufgaben* eingefügt werden kann.

Listing 14.2
Einfügen eines neuen Datensatzes

```
Dim SqlBefehl As Command
Set SqlBefehl = New Command
SqlString = "INSERT INTO ows_Project1_Tasks " + _
            "(tp_title, tp_created, tp_status, tp_priority)" + _
            "VALUES('Per Code eingefügt', '17.06.2001', + _
            'Nicht angefangen', '(2) Normal')"
SqlBefehl.CommandText = SqlString
SqlBefehl.ActiveConnection = SharepointCon
SqlBefehl.Execute
```

Datensätze ändern oder löschen

Das Ändern oder Löschen von Datensätzen funktioniert genauso, lediglich die SQL-Anweisung ist eine andere.

Ändern eines Datensatzes:
```
SqlString = "UPDATE ows_Project1_Tasks SET " + _
            "tp_title = 'Per Code verändert' " + _
            "WHERE tp_title = 'Per Code eingefügt'"
SqlBefehl.CommandText = SqlString
SqlBefehl.Execute
```

Löschen eines Datensatzes:
```
SqlString = "DELETE FROM ows_Project1_Tasks " + _
            "WHERE tp_title = 'Per Code verändert'"
SqlBefehl.CommandText = SqlString
SqlBefehl.Execute
```

Achten Sie darauf, dass die Angabe von Stringkonstanten in SQL-Anweisungen durch die Verwendung von einfachen Hochkommata erfolgt und nicht, wie sonst in VBA üblich, mit doppelten Anführungszeichen.

Der gesamte Code

Listing 14.3 zeigt noch einmal die Zusammenfassung des Codes aus dem letzten Abschnitt in einer lauffähigen Version:

Listing 14.3
Code für den Zugriff auf die SharePoint-Datenbank

```
Option Explicit

Dim SharepointCon As Connection
Dim AufgabenRs As Recordset, MappingRs As Recordset
Dim SqlBefehl As Command
Dim SqlString As String

Sub DatenbankZugriff()
    Call Verbindung
    Set MappingRs = New Recordset
    MappingRs.Open "SELECT * FROM Lists", SharepointCon, adOpenDynamic
    Call DatenAbfragen
    Call DatenVeraendern
    MappingRs.Close
    Set MappingRs = Nothing
    SharepointCon.Close
    Set SharepointCon = Nothing
End Sub

Sub Verbindung()
    Set SharepointCon = New Connection
    SharepointCon.ConnectionString = _
        "driver={SQL Server};server=softeck-3gbjlvx;" & "trusted_connection=yes;" & _
        "database=softeck-3gbjlvx_LM_W3SVC_1_Collab"
    SharepointCon.Open
End Sub
```

Kapitel 14 Aufbau und Struktur

```vb
Sub DatenAbfragen()
    Set AufgabenRs = New Recordset
    SqlString = "SELECT * FROM " + GetTableFromName("Aufgaben")
    AufgabenRs.Open SqlString, SharepointCon, adOpenStatic
    Do While AufgabenRs.EOF = False
        Debug.Print AufgabenRs.Fields("tp_title") & _
            " " & AufgabenRs.Fields("tp_startdate")
        AufgabenRs.MoveNext
    Loop
    AufgabenRs.Close
    Set AufgabenRs = Nothing
End Sub

Function GetTableFromName(Bezeichnung As String) As String
    MappingRs.Find "tp_Title = '" + Bezeichnung + "'"
    If MappingRs.EOF = False Then
        GetTableFromName = MappingRs.Fields("tp_TableName").Value
    Else
        GetTableFromName = ""
    End If
End Function

Sub DatenVeraendern()
    Set SqlBefehl = New Command
    SqlString = "INSERT INTO ows_Project1_Tasks " _
              & " (tp_title, tp_created, tp_status, tp_priority) " _
              & " VALUES('Per Code eingefügt', '17.06.2001', " _
              & " 'Nicht angefangen', '(2) Normal')"
    SqlBefehl.CommandText = SqlString

    SqlBefehl.ActiveConnection = SharepointCon
    SqlBefehl.Execute
    SqlString = "UPDATE ows_Project1_Tasks " _
              & " SET tp_title = 'Per Code verändert' " _
              & " WHERE tp_title = 'Per Code eingefügt'"
    SqlBefehl.CommandText = SqlString
    SqlBefehl.Execute
    SqlString = "DELETE FROM ows_Project1_Tasks " _
              & " WHERE tp_title = 'Per Code verändert'"
    SqlBefehl.CommandText = SqlString
    SqlBefehl.Execute
    Set SqlBefehl = Nothing
End Sub
```

15 Anbindung an Outlook

In diesem Kapitel lernen Sie

- wie Sie Ankündigungen und Ereignisse automatisiert in Outlook importieren.
- wie Sie einzelne Outlook-Termine nach SharePoint exportieren.
- wie Sie Aufgaben eines bestimmten SharePoint-Benutzers importieren.
- wie Sie einzelne Outlook-Aufgaben nach SharePoint exportieren.
- wie Sie alle Kontakte in Outlook importieren.
- wie Sie einzelne Kontakte nach SharePoint exportieren.
- wie Sie die SharePoint-Webseiten in Outlook anzeigen können.

Wirklich praktisch werden die SharePoint Team Services erst durch eine Anbindung an Outlook. Das ist zwar von Hand über Export und Import möglich, aber dieser Weg ist sehr mühsam, erst recht, wenn Sie ihn regelmäßig beschreiten möchten. In diesem Kapitel stelle ich Ihnen vor, wie eine automatisierte Anbindung der SharePoint Team Services an Outlook aussieht.

Dazu werden wir einen kleinen Dialog entwickeln, welcher die wichtigsten Funktionalitäten beispielhaft enthält. Dazu gehören vor allem:

- Import von Ankündigungen und/oder Ereignissen in Outlook.
- Export einzelner Termine nach SharePoint.
- Import aller Aufgaben eines bestimmten Benutzers in Outlook.
- Export einzelner Aufgaben nach SharePoint.
- Import aller Kontakte in Outlook.
- Export einzelner Kontakte nach Outlook.

Sie werden auch lernen, welche Möglichkeiten in Outlook zum Führen von Diskussionen und Veröffentlichen von Dokumenten bestehen. Eine eigene Oberfläche für diese Funktionalitäten ist aber nicht sinnvoll, weil diese Daten nicht in Outlook gespeichert werden. Das wäre zwar theoretisch möglich, hat aber wenig praktischen Wert. Und schließlich haben wir die SharePoint Team Services unter anderem auch deswegen gewählt, um die Komplexität eines Exchange-Servers zu vermeiden. Also werden wir für diesen Zweck einfach Outlook als Browser „missbrauchen".

Alle Funktionalitäten, welche den Zugriff auf die Datenbank erfordern, werden wir in einem eigenen Modul unterbringen. Der übrige Code wird im Dialog platziert.

Das Endresultat der Übungen aus diesem Kapitel finden Sie in der Beispieldatei *VbaProject.otm*. Falls Sie die Beispieldateien noch nicht installiert haben, dann finden Sie im Abschnitt „Die Übungsdateien auf der Festplatte installieren" ab Seite 14 in diesem Buch detaillierte Hinweise zum Setup. Im gleichen Abschnitt ist ebenfalls beschrieben, wie Sie die Beispieldateien in Outlook verfügbar machen.

Dialog starten und beenden

Beim Start des Dialogs wird die Verbindung zur SharePoint-Datenbank aufgebaut. Danach wird eine Reihe von Datenbankobjekten initialisiert, welche wir später benötigen werden. Dazu gehören eine ganze Reihe von Tabellen und ein Command-Objekt.

Modulvariablen

Die meisten Datenbankobjekte werden als modulweite Objektvariablen zur Verfügung gestellt:

```
Option Explicit

Dim SharepointCon As Connection
Dim MappingRs As Recordset, UserRs As Recordset
Dim AnkuendigungRs As Recordset, EreignisRs As Recordset
Dim AufgabeRs As Recordset, KontaktRs As Recordset
Dim SqlBefehl As Command
Dim SqlString As String
```

Listing 15.1 Modulweite Datenbank-Variablen

Auch der Dialog verfügt über einige modulweite Variablen. Sie betreffen die Auflistungen und Einzelobjekte für Termine, Aufgaben und Kontakte:

```
Option Explicit

Dim Termine As Items, Termin As AppointmentItem
Dim Aufgaben As Items, Aufgabe As TaskItem
Dim Kontakte As Items, Kontakt
```

Listing 15.2 Modulweite Variablen für den Dialog

Weshalb wird die Variable `Kontakt` nicht als `ContactItem`, sondern als Variant deklariert? Sie wird später benutzt, um in einer For…Each-Schleife die Elemente des *Kontakte*-Ordners zu untersuchen. Da sich dort auch Verteilerlisten befinden können, können wir den Typ hier nicht festlegen.

Den Dialog starten

Der Dialog besteht im Wesentlichen aus einem Registerkarten-Element, welches die einzelnen Bereiche handhabt.

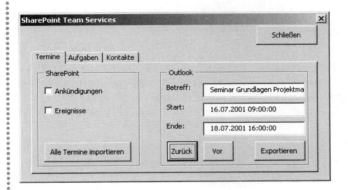

Abbildung 15.1
Dialog zur Verwaltung von Terminen, Aufgaben und Kontakten

Jede Registerkarte ist in die Bereiche SharePoint und Outlook aufgeteilt. Der Bereich *SharePoint* beinhaltet die Einstellungen für den Import, der Bereich *Outlook* diejenigen für den Export.

Der Code, der beim Start des Dialogs ausgeführt wird, sieht so aus:

Listing 15.3
Start des Dialogs

```
Private Sub UserForm_Initialize()
    Call InitDatenbank
    Set Termine = Session.GetDefaultFolder(olFolderCalendar).Items
    Call Termine.Sort("Start")
    Set Termin = Termine.GetLast
    Call DisplayTermin(Termin)
    Set Aufgaben = Session.GetDefaultFolder(olFolderTasks).Items
    Call Aufgaben.Sort("DueDate")
    Set Aufgabe = Aufgaben.GetFirst
    Call DisplayAufgabe(Aufgabe)
    Call FillUser(AufgabePersonCombo)
    Call FillKontakte
End Sub
```

Zu Beginn wird die Verbindung zur Datenbank hergestellt. Die weiteren Anweisungen dienen dazu, die Dialogelemente mit Startwerten zu füllen. Auf die einzelnen Prozeduren gehen wir später ein, wenn wir uns mit Terminen, Aufgaben und Kontakten befassen.

Kapitel 15 — Anbindung an Outlook

Die Prozedur `InitDatenbank` befindet sich im ausgelagerten Modul und baut die Verbindung zur Datenbank auf. Außerdem kümmert sie sich um die Initialisierung der Datenbankobjekte.

Listing 15.4 Initialisierung der Datenbankobjekte

```
Sub InitDatenbank()
    Set SharepointCon = New Connection
    SharepointCon.ConnectionString = "driver={SQL Server};server=softeck-3gbjlvx;" & _
        "trusted_connection=yes;database=softeck-3gbjlvx_LM_W3SVC_1_Collab2"
    SharepointCon.Open
    Set MappingRs = New Recordset
    MappingRs.Open "SELECT * FROM Lists", SharepointCon, adOpenDynamic
    Set UserRs = New Recordset
    UserRs.Open "SELECT * FROM UserInfo", SharepointCon, adOpenDynamic
    Set AnkuendigungRs = New Recordset
    SqlString = "SELECT * FROM " + GetTableFromName("Ankündigungen")
    AnkuendigungRs.Open SqlString, SharepointCon, adOpenStatic
    Set EreignisRs = New Recordset
    SqlString = "SELECT * FROM " + GetTableFromName("Ereignisse")
    EreignisRs.Open SqlString, SharepointCon, adOpenStatic
    Set AufgabeRs = New Recordset
    SqlString = "SELECT * FROM " + GetTableFromName("Aufgaben")
    AufgabeRs.Open SqlString, SharepointCon, adOpenStatic
    Set KontaktRs = New Recordset
    SqlString = "SELECT * FROM " + GetTableFromName("Kontakte")
    KontaktRs.Open SqlString, SharepointCon, adOpenStatic
    Set SqlBefehl = New Command
    Set SqlBefehl.ActiveConnection = SharepointCon
End Sub
```

Die folgende Tabelle gibt einen Überblick über die verschiedenen Objekte und ihre Verwendung:

Objekte	Verwendung
SharepointCon	Ist das Connection-Objekt für die Datenbank. Alle anderen Datenbankobjekte benutzen diese Verbindung.
MappingRs, UserRs	MappingRs entspricht der Tabelle *Lists*, welche die Zuordnung von Website-Bereichen zu Tabellennamen enthält. UserRs entspricht der Tabelle *UserInfo*, die alle definierten Benutzer der Website enthält. Sie wird später benutzt, um ein Kombinationsfeld mit diesen Daten zu füllen.
AnkuendigungRs, EreignisRs, AufgabeRs, KontaktRs	Beinhalten die Tabellen der jeweiligen Bereiche, um den Import und Export zu ermöglichen.
SqlBefehl	Ein Command-Objekt, welches für das Hinzufügen von Einträgen in die Datenbank benutzt wird.

Bei der Initialisierung der Datenbank wird auch die Funktion `GetTable-FromName` eingesetzt, die wir bereits im letzten Kapitel kennen gelernt haben.

Den Dialog beenden

Beim Schließen des Dialogs ist es sinnvoll, die Objektvariablen wieder freizugeben. Das wird über das Ereignis `Terminate` des Dialogs gemacht, damit dieser Code auch dann ausgeführt wird, wenn der Anwender den Dialog nicht über die Schaltfläche schließt.

Listing 15.5 Schließen des Dialogs

```
Private Sub UserForm_Terminate()
    Set Termine = Nothing
    Set Termin = Nothing
    Set Aufgaben = Nothing
    Set Aufgabe = Nothing
    Set Kontakte = Nothing
    Set Kontakt = Nothing
    Call CloseDatenbank
End Sub
```

Die Prozedur `CloseDatenbank` kümmert sich darum, die Datenbankobjekte wieder freizugeben.

Listing 15.6 Datenbankobjekte freigeben

```
Sub CloseDatenbank()
    Set SqlBefehl = Nothing
    KontaktRs.Close
    Set KontaktRs = Nothing
    AufgabeRs.Close
    Set AufgabeRs = Nothing
    EreignisRs.Close
    Set EreignisRs = Nothing
    AnkuendigungRs.Close
    Set AnkuendigungRs = Nothing
    UserRs.Close
    Set UserRs = Nothing
    MappingRs.Close
    Set MappingRs = Nothing
    SharepointCon.Close
    Set SharepointCon = Nothing
End Sub
```

Verwaltung von Terminen

Für Termine werden wir zwei Funktionalitäten realisieren: Die Übernahme aller Termine aus SharePoint und den Export ausgewählter Outlook-Termine.

Die Registerkarte für die Verwaltung von Terminen ist in Abbildung 15.1 zu sehen. Da es in SharePoint Team Services zwei Arten von Terminen gibt (nämlich Ankündigungen und Ereignisse), können diese auch getrennt importiert werden.

Initialisierung

Beim Start des Dialoges werden die Objekte für die Outlook-Termine initialisiert und der letzte gefundene Termin angezeigt. Dafür sorgen die folgenden Befehle aus der Startprozedur für den Dialog (siehe Listing 15.2):

```
Set Termine = Session.GetDefaultFolder(olFolderCalendar).Items
Call Termine.Sort("Start")
Set Termin = Termine.GetLast
Call DisplayTermin(Termin)
```

Hier wird eine Referenz auf die Items-Auflistung im Kalender-Ordner erzeugt. Die Termine werden nach dem Startdatum sortiert und der letzte Termin ermittelt. Die Prozedur DisplayTermin zeigt diesen Termin im Dialog an.

Listing 15.7 Anzeige des aktuellen Termins

```
Sub DisplayTermin(Termin As AppointmentItem)
    If Not Termin Is Nothing Then
        TerminBetreffText.Text = Termin.Subject
        TerminStartText.Text = Termin.Start
        TerminEndeText.Text = Termin.End
    Else
        MsgBox "Kein Termin mehr vorhanden"
    End If
End Sub
```

Im Dialog werden die Schlüsselinformationen Betreff, Startdatum und Enddatum angezeigt. Das sollte genügen, um einen Termin eindeutig zuordnen zu können. Die Prozedur überprüft außerdem, ob ein gültiges Terminobjekt übergeben wurde. Wenn das nicht der Fall ist (z.B. weil über das Ende hinausgeblättert wurde), dann wird eine entsprechende Meldung ausgegeben.

Import aus SharePoint

Der Import aller Termine wird durch anklicken der zugehörigen Schaltfläche durchgeführt. Vorher legen Sie noch fest, welche Art von Terminen Sie aus SharePoint importieren wollen. Damit nicht Termine doppelt auftauchen, werden alle importierten Termine mit der Kategorie *Sharepoint* versehen. Wenn dann ein zweiter Import stattfindet, werden die alten Termine komplett gelöscht, bevor die neuen importiert werden. Diese Vorgehensweise ist vielleicht nicht die effizienteste, aber bei überschaubarer Anzahl durchaus vertretbar.

Listing 15.8 zeigt die Prozedur für die Import-Schaltfläche:

Kapitel 15   **Anbindung an Outlook**

Listing 15.8
Aufruf des Imports von Terminen

```
Private Sub AlleTermineImportierenButton_Click()
    Call GetAllAppointments(AnkuendigungCheck.Value, _
                            EreignisCheck.Value)
End Sub
```

Die Prozedur `GetAllAppointments` befindet sich im Datenbankmodul und bekommt zwei Übergabeparameter. Von diesen booleschen Werten für Ankündigungen und Ereignisse hängt es ab, welche Termine importiert werden.

Listing 15.9
Import von Terminen aus SharePoint

```
Sub GetAllAppointments(Ankuendigungen As Boolean, Ereignisse As Boolean)
    Dim Kalender As MAPIFolder
    Dim Termin As AppointmentItem
    Dim Loeschen As Boolean
    
    Set Kalender = Session.GetDefaultFolder(olFolderCalendar)
    Loeschen = True
    
    Do While Loeschen = True
        Set Termin = Kalender.Items.Find("[Kategorien] = 'Sharepoint'")
        If Not Termin Is Nothing Then
            Termin.Delete
        Else
            Loeschen = False
        End If
    Loop
    
    If Ankuendigungen = True And AnkuendigungRs.RecordCount > 0 Then
        With AnkuendigungRs
            .MoveFirst
            Do While .EOF = False
                Set Termin = Kalender.Items.Add
                Termin.Subject = .Fields("tp_title")
                Termin.Body = .Fields("tp_body")
                Termin.Start = .Fields("tp_expires")
                Termin.End = .Fields("tp_expires")
                Termin.AllDayEvent = True
                Termin.Categories = "Sharepoint"
                Termin.Save
                .MoveNext
            Loop
        End With
    End If
    
    
    If Ereignisse = True And EreignisRs.RecordCount > 0 Then
        With EreignisRs
            .MoveFirst
            Do While .EOF = False
                Set Termin = Kalender.Items.Add
                Termin.Subject = .Fields("tp_title")
                Termin.Body = .Fields("tp_description")
                Termin.Start = .Fields("tp_eventdate")
```

```
                    Termin.End = .Fields("tp_enddate")
                    Termin.Location = .Fields("tp_location")
                    Termin.Categories = "Sharepoint"
                    Termin.Save
                    .MoveNext
                Loop
            End With
        End If
End Sub
```

Zunächst löscht die Prozedur alle bestehenden Termine der Kategorie *Sharepoint*. Sie benutzt dazu die `Find`-Methode der `Items`-Auflistung für den Kalender. Solange noch ein Termin dieser Kategorie gefunden wird, wird er gelöscht und dann der nächste gesucht. Wenn `Find` keinen Termin der Kategorie *Sharepoint* mehr findet, wird `Nothing` als Ergebnis zurückgegeben und das Löschen wird beendet.

Der nächste If-Block führt den Import der Ankündigungen durch. Für jeden Tabelleneintrag wird ein neuer Termin generiert, und anschließend werden die Werte Feld für Feld in die Termineigenschaften übertragen. Der Import der Ereignisse erfolgt auf dieselbe Art und Weise.

Export einzelner Termine

Einzelne Termine lassen sich im Dialog auswählen und können dann in die SharePoint-Datenbank exportiert werden. Der Dialog stellt dazu zwei Schaltflächen zum Blättern und eine für den Export zur Verfügung. Listing 15.10 zeigt den Code für die Schaltflächen:

Listing 15.10 Schaltflächen für Outlook-Termine im Dialog

```
Private Sub TerminExportierenButton_Click()
    Call ExportTermin(Termin)
End Sub

Private Sub TerminVorButton_Click()
    Set Termin = Termine.GetNext
    Call DisplayTermin(Termin)
End Sub

Private Sub TerminZurueckButton_Click()
    Set Termin = Termine.GetPrevious
    Call DisplayTermin(Termin)
End Sub
```

Die Schaltflächen zum Blättern arbeiten jeweils mit den Methoden `GetNext` bzw. `GetPrevious` der `Items`-Auflistung. Anschließend wird der jeweilige Termin im Dialog angezeigt.

Die Prozedur `ExportTermin` befindet sich wieder im Datenbankmodul. Sie benutzt das `Command`-Objekt, um mit Hilfe einer SQL-Anweisung (INSERT) den Termin in die SharePoint-Datenbank zu schreiben.

Listing 15.11
Einfügen eines Termins in SharePoint

```
Sub ExportTermin(Termin As AppointmentItem)
    If Not Termin Is Nothing Then
        SqlString = "INSERT INTO " + GetTableFromName("Ereignisse") + _
                    " (tp_title, tp_description, tp_eventdate, " + _
                    " tp_enddate, tp_location)" + _
                    " VALUES('" + Termin.Subject + "','" + _
                    Termin.Body + "'," + _
                    "'" + CStr(Termin.Start) + "','" + _
                    CStr(Termin.End) + "'," + _
                    "'" + Termin.Location + "')"
        SqlBefehl.CommandText = SqlString
        SqlBefehl.Execute
    End If
End Sub
```

Der SQL-String sieht sehr kompliziert aus, weil die einzelnen Termininformationen Stück für Stück dort eingearbeitet werden müssen. Dabei sind folgende Regeln zu beachten:

- Werte für Textfelder und Datumsfelder müssen in einfachen Hochkommata stehen.

- Zahlenwerte müssen mit einer Konvertierungsfunktion in einen String umgewandelt werden.

Die Methode `Execute` des `Command`-Objekts schreibt dann den Eintrag in die Datenbank.

Synchronisierung von Aufgaben

Die Behandlung von Aufgaben funktioniert ganz ähnlich wie die von Terminen. Allerdings werden wir hier nicht alle Aufgaben importieren, sondern nur die, welche einem bestimmten Benutzer der Website zugeordnet sind. Wie bei Terminen können auch hier einzelne Aufgaben aus Outlook exportiert werden. Abbildung 15.2 zeigt die Registerkarte *Aufgaben* des Dialogs.

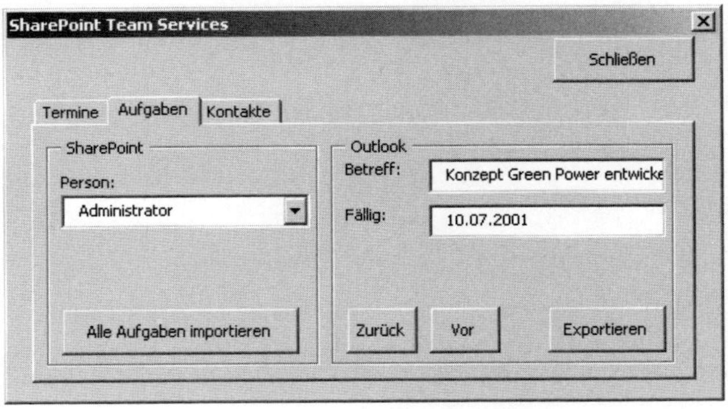

Abbildung 15.2
Import und Export von Aufgaben

Initialisierung

Beim Start des Dialoges werden die Objekte für die Outlook-Aufgaben initialisiert und die erste gefundene Aufgabe angezeigt. Dafür sorgen die folgenden Befehle aus der Startprozedur für den Dialog (siehe Listing 15.2):

```
Set Aufgaben = Session.GetDefaultFolder(olFolderTasks).Items
Call Aufgaben.Sort("DueDate")
Set Aufgabe = Aufgaben.GetFirst
Call DisplayAufgabe(Aufgabe)
```

Hier wird, wie bei den Terminen, eine Referenz auf die `Items`-Auflistung im *Aufgaben*-Ordner erzeugt. Die Aufgaben werden nach der Fälligkeit sortiert und die erste Aufgabe mittels der Prozedur `DisplayAufgabe` angezeigt.

Listing 15.12 Anzeige der aktuellen Aufgabe

```
Sub DisplayAufgabe(Aufgabe As TaskItem)
    If Not Aufgabe Is Nothing Then
        AufgabeBetreffText.Text = Aufgabe.Subject
        AufgabeFaelligText.Text = Aufgabe.DueDate
    Else
        MsgBox "Keine Aufgabe mehr vorhanden"
    End If
End Sub
```

Im Dialog werden zu jeder Aufgabe der Betreff und die Fälligkeit angezeigt. Damit können alle Aufgaben eindeutig identifiziert werden. Die Prozedur überprüft wieder, ob ein gültiges Aufgabenobjekt übergeben wurde. Wenn das nicht der Fall ist (z.B. weil über das Ende hinausgeblättert wurde), dann wird eine entsprechende Meldung ausgegeben.

Um beim Import den Benutzer auswählen zu können, wird ein Kombinationsfeld zur Verfügung gestellt. Dieses muss mit den Einträgen der in SharePoint definierten Benutzer gefüllt werden. Dazu dient in der Initialisierung des Dialogs der Aufruf:

```
Call FillUser(AufgabePersonCombo)
```

Die zugehörige Prozedur `FillUser` im Datenbankmodul sieht so aus:

Listing 15.13 Erzeugen der Benutzerliste

```
Sub FillUser(Liste As ComboBox)
    UserRs.MoveFirst
    Liste.Clear
    Do While UserRs.EOF = False
        Liste.AddItem UserRs.Fields("tp_title")
        UserRs.MoveNext
    Loop
End Sub
```

Import aus SharePoint

Der Import aller Aufgaben eines Benutzers wird durch anklicken der zugehörigen Schaltfläche durchgeführt. Auch hier werden jeweils die bereits bestehenden Aufgaben vorher gelöscht. Diese werden, wie bei den Terminen, an der Kategorie *Sharepoint* identifiziert. Listing 15.14 zeigt die Prozedur für die *Import*-Schaltfläche:

Listing 15.14 Aufruf des Imports von Aufgaben

```
Private Sub AlleAufgabenImportierenButton_Click()
    Call GetAllTasks(AufgabePersonCombo.Text)
End Sub
```

Die Prozedur `GetAllTasks` befindet sich im Datenbankmodul und bekommt den Namen des Benutzers übergeben.

Listing 15.15 Import von Aufgaben aus SharePoint

```
Sub GetAllTasks(Person As String)
    Dim Aufgaben As MAPIFolder
    Dim Aufgabe As TaskItem
    Dim Loeschen As Boolean
    Dim BenutzerID As Long
    Set Aufgaben = Session.GetDefaultFolder(olFolderTasks)
    Loeschen = True
    Do While Loeschen = True
        Set Aufgabe = Aufgaben.Items.Find("[Kategorien] = 'Sharepoint'")
        If Not Aufgabe Is Nothing Then
            Aufgabe.Delete
        Else
            Loeschen = False
        End If
    Loop
    UserRs.MoveFirst
    UserRs.Find "tp_title = '" + Person + "'"
    
    If UserRs.EOF = False Then
        BenutzerID = UserRs.Fields("tp_id")
    Else
        MsgBox "Diesen Benutzer gibt es nicht!"
        Exit Sub
    End If
    If AufgabeRs.RecordCount > 0 Then
        With AufgabeRs
            .MoveFirst
            Do While .EOF = False
                If .Fields("tp_assignedto") = BenutzerID Then
                    Set Aufgabe = Aufgaben.Items.Add
                    Aufgabe.Subject = .Fields("tp_title")
                    Select Case .Fields("tp_status")
                    Case "Nicht angefangen"
                        Aufgabe.Status = olTaskNotStarted
                    Case "In Bearbeitung"
                        Aufgabe.Status = olTaskInProgress
                    Case "Erledigt"
                        Aufgabe.Status = olTaskComplete
                    End Select
```

```
                        Select Case .Fields("tp_priority")
                        Case "(1) Hoch"
                            Aufgabe.Importance = olImportanceHigh
                        Case "(2) Normal"
                            Aufgabe.Importance = olImportanceNormal
                        Case "(3) Niedrig"
                            Aufgabe.Importance = olImportanceLow
                        End Select
                        Aufgabe.PercentComplete = _
                                NullToZero(.Fields("tp_percentcomplete"))
                        Aufgabe.Body = NullToLeer(.Fields("tp_body"))
                        Aufgabe.StartDate = .Fields("tp_startdate")
                        Aufgabe.DueDate = .Fields("tp_duedate")
                        Aufgabe.Categories = "Sharepoint"
                        Aufgabe.Save
                    End If
                    .MoveNext
                Loop
            End With
        End If
End Sub
```

Die Funktionsweise entspricht im Wesentlichen dem Import der Termine. Es bestehen zusätzlich folgende Unterschiede:

- Aus der Tabelle *UserInfo* wird die ID-Nummer des übergebenen Benutzers ermittelt.

- Nur wenn das Feld *tp_assignedto* dieser ID-Nummer entspricht (d.h. die Aufgabe ist diesem Benutzer zugeordnet worden), wird der Import auch durchgeführt.

- Weil die Informationen zu Priorität und Status in unterschiedlichen Formaten vorliegen (in SharePoint als String, in Outlook als Integer-Wert), wird mit einer Select...Case-Anweisung eine Umsetzung vorgenommen.

Wie Sie außerdem Listing 15.15 entnehmen können, werden dort zwei Funktionen für die Verarbeitung von Null-Werten benutzt: `NullToZero` und `NullToLeer`. Null-Werte bedeuten, dass einem Feld noch gar kein Wert zugewiesen wurde. Diese Werte lassen sich nicht direkt an Eigenschaften eines Outlook-Objekts zuweisen, deshalb müssen Sie vorher umgewandelt werden. `NullToZero` wandelt einen Null-Wert in die Zahl 0 um (für numerische Eigenschaften), `NullToLeer` dagegen in einen Leerstring (für Texteigenschaften). Listing 15.16 auf der folgenden Seite zeigt diese beiden Funktionen:

Listing 15.16
Die Funktionen NullToZero und NullToLeer

```
Function NullToZero(Wert) As Double
    If IsNull(Wert) = True Then
        NullToZero = 0
    Else
        NullToZero = Wert
    End If
End Function

Function NullToLeer(Wert) As String
    If IsNull(Wert) = True Then
        NullToLeer = ""
    Else
        NullToLeer = Wert
    End If
End Function
```

Export einzelner Aufgaben

Einzelne Aufgaben lassen sich im Dialog auswählen und können dann in die SharePoint-Datenbank exportiert werden. Der Dialog stellt dazu zwei Schaltflächen zum Blättern und eine für den Export zur Verfügung. Listing 15.17 zeigt den Code für die Schaltflächen (der Aufbau ist derselbe wie bei Terminen):

Listing 15.17
Schaltflächen für Outlook-Aufgaben im Dialog

```
Private Sub AufgabeExportierenButton_Click()
    Call ExportAufgabe(Aufgabe)
End Sub

Private Sub AufgabeVorButton_Click()
    Set Aufgabe = Aufgaben.GetNext
    Call DisplayAufgabe(Aufgabe)
End Sub

Private Sub AufgabeZurueckButton_Click()
    Set Aufgabe = Aufgaben.GetPrevious
    Call DisplayAufgabe(Aufgabe)
End Sub
```

Die Prozedur `ExportAufgabe` befindet sich wieder im Datenbankmodul. Sie benutzt das `Command`-Objekt, um mit Hilfe einer SQL-Anweisung (INSERT) die Aufgabe in die SharePoint-Datenbank zu schreiben. Vorher werden wieder mit einer Select-Anweisung Status und Priorität der Aufgabe umgewandelt. Ansonsten arbeitet die Prozedur genauso wie bei den Terminen.

Listing 15.18
Einfügen einer Aufgabe in Share-Point

```
Sub ExportAufgabe(Aufgabe As TaskItem)
    Dim Prioritaet As String, Status As String

    If Not Aufgabe Is Nothing Then
        Select Case Aufgabe.Status
            Case olTaskComplete
                Status = "Erledigt"
            Case olTaskDeferred
                Status = "Zurückgestellt"
            Case olTaskInProgress
                Status = "In Bearbeitung"
            Case olTaskNotStarted
                Status = "Nicht angefangen"
            Case olTaskWaiting
                Status = "Wartet auf jemand anderen"
        End Select

        Select Case Aufgabe.Importance
            Case olImportanceHigh
                Prioritaet = "(1) Hoch"
            Case olImportanceNormal
                Prioritaet = "(2) Normal"
            Case olImportanceLow
                Prioritaet = "(3) Niedrig"
        End Select

        SqlString = "INSERT INTO " + GetTableFromName("Aufgaben") + _
                    " (tp_title, tp_status, tp_priority, " + _
                    " tp_percentcomplete, " + _
                    "tp_body, tp_startdate, tp_duedate)" + _
                    " VALUES('" + Aufgabe.Subject + "','" + Status + _
                    "'," + _
                    "'" + Prioritaet + "'," + _
                    Str(Aufgabe.PercentComplete / 100) + "," + _
                    "'" + Aufgabe.Body + "','" + _
                    CStr(Aufgabe.StartDate) + "','" + _
                    "'" + CStr(Aufgabe.DueDate) + "')"
        SqlBefehl.CommandText = SqlString
        SqlBefehl.Execute
    End If
End Sub
```

Austausch von Kontakten

Es können entweder alle Kontakte aus SharePoint importiert oder einzelne Kontakte exportiert werden. Abbildung 15.3 zeigt die Registerkarte *Kontakte* des Dialogs.

Abbildung 15.3
Die Registerkarte Kontakte

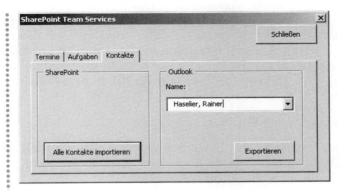

Initialisierung

Für die Anzeige der Kontakte und die zugehörige Navigation wurde diesmal ein anderer Ansatz gewählt: Alle Outlook-Kontakte sind über ein Kombinationsfeld verfügbar (alphabetisch nach dem Nachnamen sortiert). Diese Liste wird beim Start des Dialoges gefüllt. Dafür sorgt der folgende Befehl aus der Startprozedur für den Dialog (siehe Listing 15.2):

```
Call FillKontakte
```

Die zugehörige Prozedur FillKontakte sieht so aus:

Listing 15.19
Füllen der Liste mit Outlook-Kontakten

```
Sub FillKontakte()
    Set Kontakte = Session.GetDefaultFolder(olFolderContacts).Items
    Kontakte.Sort "LastName"
    KontaktNameCombo.Clear
    For Each Kontakt In Kontakte
        If Kontakt.Class = olContact Then
            KontaktNameCombo.AddItem Kontakt.LastName + ", " + _
                                     Kontakt.FirstName
        End If
    Next
End Sub
```

Da hier sowohl Kontakte als auch Verteilerlisten in der Items-Auflistung enthalten sein können, kann die Variable Kontakt nicht als ContactItem deklariert werden. Sie ist deshalb vom Typ Variant. Um nur Kontakte im Kombinationsfeld anzuzeigen, wird mit einer If-Anweisung die Klasse des Objekts geprüft.

Import aus SharePoint

Der Import aller Kontakte wird durch anklicken der zugehörigen Schaltfläche durchgeführt. Bestehende Kontakte werden nicht gelöscht, sondern es findet eine Überprüfung bezüglich Vorname und Nachname statt. Wenn beide übereinstimmen, wird der Import nicht durchgeführt.

Kapitel 15 | **Anbindung an Outlook**

Diese Vorgehensweise ist natürlich etwas primitiv. Es geht aber nur darum, das Prinzip aufzuzeigen. Aus dem gleichen Grund werden auch nicht alle Kontaktdaten, sondern nur der Name und die E-Mail-Adresse ausgetauscht. Weitere Felder können sehr einfach ergänzt werden. Listing 15.20 zeigt die Prozedur für die Import-Schaltfläche:

Listing 15.20
Aufruf des Imports von Aufgaben

```
Private Sub AlleKontakteImportieren_Click()
    Call GetAllContacts
End Sub
```

Die Prozedur `GetAllContacts` befindet sich im Datenbankmodul. Vor dem Anlegen eines neuen Kontaktes wird mit der Find-Methode überprüft, ob dieser Kontakt schon existiert.

Listing 15.21
Import von Kontakten aus SharePoint

```
Sub GetAllContacts()
    Dim Kontakte As Items
    Dim Kontakt As ContactItem
    Dim Loeschen As Boolean
    Set Kontakte = Session.GetDefaultFolder(olFolderContacts).Items
    
    If KontaktRs.RecordCount > 0 Then
        With KontaktRs
            .MoveFirst
            Do While .EOF = False
                Set Kontakt = Kontakte.Find("[LastName] = """ + _
                                .Fields("tp_title") + _
                                """ And [FirstName] = """ + _
                                .Fields("tp_firstname") + """")
                If Kontakt Is Nothing Then
                    Set Kontakt = Kontakte.Add
                    Kontakt.FirstName = .Fields("tp_firstname")
                    Kontakt.LastName = .Fields("tp_title")
                    Kontakt.EmailAddress = .Fields("tp_email")
                    Kontakt.Categories = "Sharepoint"
                    Kontakt.Save
                End If
                .MoveNext
            Loop
        End With
    End If
End Sub
```

Export einzelner Kontakte

Einzelne Kontakte lassen sich im Dialog auswählen und können dann in die SharePoint-Datenbank exportiert werden. Der Dialog stellt dazu eine Schaltfläche zur Verfügung. Listing 15.22 zeigt den zugehörigen Code:

Listing 15.22
Schaltflächen für Outlook-Aufgaben im Dialog

```
Private Sub KontaktExportierenButton_Click()
    Dim Vorname As String, Nachname As String
    Dim KommaPos As Integer
    Dim Auswahl As ContactItem
    KommaPos = InStr(KontaktNameCombo.Text, ",")
    If KommaPos > 1 Then
        Nachname = Left(KontaktNameCombo.Text, KommaPos - 1)
    End If
    Vorname = Mid(KontaktNameCombo.Text, KommaPos + 2)
    Set Auswahl = Kontakte.Find("[LastName] = """ + Nachname + _
                  """ And [FirstName] = """ + Vorname + """")
    Call ExportKontakt(Auswahl)
End Sub
```

Er unterscheidet sich etwas von den gleichartigen Prozeduren bei Terminen und Aufgaben. Es müssen nämlich zunächst aus dem vollständigen Namen die Einzelinformationen für Vorname und Nachname ermittelt werden. Das wird anhand der Position des Kommas durchgeführt. Anschließend wird dieser Kontakt mit Find einem entsprechenden Objekt zugewiesen und dieses der Prozedur ExportKontakt übergeben. Diese arbeitet auf die bereits bekannte Weise:

Listing 15.23
Einfügen eines Kontaktes in SharePoint

```
Sub ExportKontakt(Kontakt As ContactItem)
    If Not Kontakt Is Nothing Then
        SqlString = "INSERT INTO " + GetTableFromName("Kontakte") + _
                    " (tp_title, tp_firstname, tp_email)" + _
                    " VALUES('" + Kontakt.LastName + "','" + _
                    Kontakt.FirstName + "'," + _
                    "'" + Kontakt.Email1Address + "')"
        SqlBefehl.CommandText = SqlString
        SqlBefehl.Execute
    End If
End Sub
```

Dokumente und Diskussionsrunden

Wie bereits erwähnt macht es wenig Sinn, die Bearbeitung von Dokumenten und Diskussionsrunden über einen eigenen Dialog zur Verfügung zu stellen, weil diese Daten in Outlook nicht gespeichert werden. Dafür gibt es mit dem Internet Explorer und den SharePoint-Webseiten ganz ohne Programmierung bereits eine fertige Oberfläche. Wir können aber trotzdem sehr einfach eine Integration in Outlook ermöglichen, indem wir die integrierten Browserfähigkeiten verwenden.

Homepage eines Ordners festlegen

Die folgende Übung zeigt, wie die SharePoint-Webseiten von Outlook aus aufgerufen werden können.

Kapitel 15 — **Anbindung an Outlook**

❶ Erzeugen Sie einen neuen Ordner namens **SharePoint**. Der Typ der dort gespeicherten Elemente spielt keine Rolle. Wir werden den Ordner nicht benutzen, um dort Elemente zu speichern, sondern für die Anzeige von Webseiten.

❷ Rufen Sie die *Ordnereigenschaften* auf und wechseln Sie in die Registerkarte *Homepage*.

❸ Tragen Sie die Internetadresse der SharePoint-Startseite als Homepage des Ordners ein und aktivieren Sie diese.

❹ Bestätigen Sie mit *OK*.

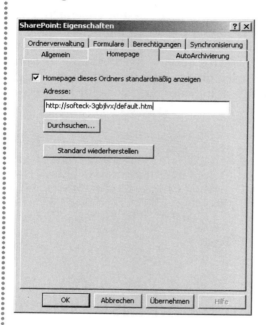

Abbildung 15.4
Homepage des Ordners festlegen

❺ Wechseln Sie in den Ordner *SharePoint*. Im Ansichtsfenster wird jetzt die Startseite der SharePoint-Website angezeigt.

Abbildung 15.5
Die SharePoint-Startseite in Outlook

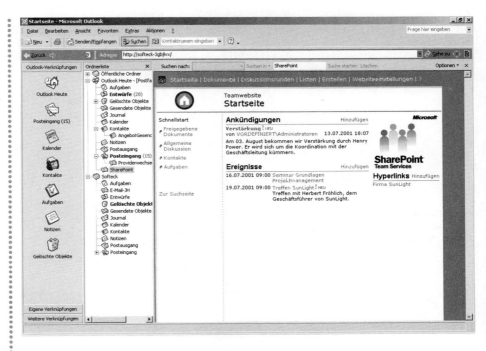

Es ist wichtig, dass die Adresse der Homepage in den Ordnereigenschaften mit *http://* beginnt. Das hat damit zu tun, dass ein Großteil der Seite durch serverseitige Skripts aufgebaut wird. Wenn Sie einfach nur die Datei mit dem normalen Pfad angeben, dann sind keine vernünftigen Inhalte mehr sichtbar.

Stichwortverzeichnis

A Abbruchbedingung 188
Accelerator 168
Access-Projekt 311
ActiveX Data Objects 314
Administrator 310
Aktion
– Einstellungen 75
– erstellen 73
Aktionen 72
Aktivierreihenfolge 104, 168
Allgemeiner Deklarationsbereich 177
Ansicht
– Benutzerdefinierte Felder 55
– definieren 123
– Feldauswahl 47
– Filter einrichten 51
– Filterdialog 49
– Gruppierung 54
– Sortierung festlegen 52
– Standardansichten 46
– Typen 45
– veröffentlichen 125
Anwendung
– Abschlusstest 128
– testen 117, 141
– verteilen 121, 144
Application 241, 243
– Eigenschaften 243
– Methoden 243
Application_NewMail 291
Application_Startup 291
AppointmentItem 255
Auflistung 249
– Anzahl Elemente 249
– Elemente verwalten 249
Auflistungen
– Einzelelemente 249

Auswahlzeiger 82
Autor 310

B Befehlsschaltfläche 83
Benutzerdefinierte Felder 55
– Anzeigeformat 57
– erstellen 55
– Feldtyp 57
Berechtigungen 38
– Berechtigungsstufen 39
– erteilen 40
– Standard 42
Berechtigungsstufen 39
Bereitstellungsformular 37
Beschriftung 91
Bezeichnungsfeld 82
Bildlaufleiste 83
Boolean 179

C Cancel 168
Caption 165
CD-ROM, Hilfe zu 12
CD-ROM, Systemvoraussetzungen 13
Codefenster 169
Code-Modul 162
Command 319
Connection 315
Const 181
ContactItem 255
Currency 179

D Date 179
Datenbank
– Beziehungen 313
– Daten abfragen 316
– Daten verändern 319
– Tabellen 312

Stichwortverzeichnis

- Verbindung herstellen 315
- Zugriff 314
Datendatei 108
Datendatei erstellen 33
Datentyp 178
Datumsfunktionen 214
Debugging
- Einzelschritt 195
- Haltepunkt 194
- Überwachungsfenster 195
- Variablenvorschau 195
Default 168
Deklaration 176, 177
Dialog 162
- Aufbau 163
- Aufruf 172
- modal 163
- Steuerelemente 166
Dim 177
Do-Schleife 187
Double 179
Drehfeld 83

E Eigenschaft 216
Eigenschaftenfenster 157
Einmal-Formular 77
Einzelschritt 195
Endlosschleife 190
Entwicklungsumgebung 228
Entwurfsansicht 63
Entwurfsumgebung, Werkzeuge 67
Ereignisprozedur 169, 212
Err-Objekt 192
Erweiterte Eigenschaften 94
Exit Do 184
Exit For 184
Exit Function 184
Exit Sub 184
Explorers 242

F Fehlersuche 194
Fehlerverarbeitung 190, 192
Feld
- Anzeigeformat 57
- benutzerdefiniert 55

- Feldtyp 57
- neu erstellen 55
- Pflichtfeld 99
Feldauswahl 47, 100
Fenstermodul 162
Filter
- einrichten 51
- Erweitert 51
- Nachrichten 49
- SQL 51
- Weitere Optionen 50
Filterdialog 49
Folders 250
For...Each-Schleife 248
Formular
- Aktion erstellen 73, 116
- Aktionen 72
- Aktivierreihenfolge 104
- bereitstellen 117
- Eigenschaften 65
- Einmal-Formulare 77
- Entwurfsansicht 63
- Formular-Cache 129
- Getrenntes Layout 101
- Getrenntes Layout festlegen 70
- Lese-Layout 70
- Office-Dokument Formular 61
- Registerkarten 64
- speichern 67
- Standardformulare 60
- testen 68, 79
- Typ 112
- Verfassen-Layout 70
- veröffentlichen 75, 144
- Werkzeuge 67
Formularbibliothek 78
- organisatorische Formularbibliothek erstellen 144
- Organisatorische Formulare 79
- Persönliche Formulare 79
- Reihenfolge 130
Formular-Cache 129
Formulare, Klassen 61

Stichwortverzeichnis

For-Schleife 185
Fortgeschrittener Autor 310
frmcache.dat 129
Function...End Function 209
Funktion 209
– Aufgaben 204
– Aufruf 210
– Deklaration 209
– Parameterübergabe 211
– Rückgabewert 203
– Visual Basic intern 213
Funktionen
– Datumsfunktionen 214
– Konvertierungsfunktionen 215
– mathematische 213
– Prüffunktionen 214
– Stringfunktionen 213

G Global 177
globale Variable 201
Goto 183
Gruppierung 54
Gültigkeitsbereich 177
– global 201

H Haltepunkt 194

I If-Anweisung 171, 181
Inspectors 242, 252
Integer 179
Item_CustomPropertyChange 279
Item_Open 276
Item_PropertyChange 278
Item-Objekte
– AppointmentItem 255
– ContactItem 255
– Gemeinsame Eigenschaften 256
– MailItem 254
– TaskItem 256
Items 251

K Klassenmodul 162
Kombinationsfeld 82, 138

– Listeneinträge erstellen 138
Kompilieren 160
– Bei Bedarf 158, 159
Konstante 180
Kontrollkästchen 82
Konventionen 27
Konvertierungsfunktionen 215

L Laufbedingung 188
Lese-Layout 70, 101
Listenfeld 82
Long 179
Löschen von Ordnern 36

M MailItem 254
Makro 152
Makrorekorder 156
mathematische Funktionen 213
Mehrzeilige Textfelder 93
Methode 216
modal 163
ModifiedFormPages 233
Modul 161, 162
– Code-Modul 162
– Fenstermodul 162
– Klassenmodul 162
– Outlook-Objekte 162
Modularisierung 205
Multiseiten 83

N NameSpace 242, 244
Neuer Ordner 35
New 247
Nothing 248

O Objekt 152
– Eigenschaft 216
– Methode 216
Objektmodell 152, 240
– ADO 314
– Übersicht 240
– Verweis 314
Objektvariable 245
– Deklaration 246
– freigeben 248
– Nothing 248

Stichwortverzeichnis

– Verwendung 245
– Zuweisung 247
Öffentlicher Ordner 38
– erstellen 121
Office-Dokument Formular 61
– erstellen 62
On Error Goto 191
Option Explicit 159
Optionsfeld 82
Ordner
– Formular bereitstellen 76
– Formular festlegen 37
– Homepage 339
– löschen 36
– neu anlegen 35
– Öffentlicher Ordner 38
– Postfach 32
– Regel 42
– Standardansicht festlegen 126
– umbenennen 36
– Unterordner anlegen 110
– Zugriffsrechte 38
Ordnerdesign kopieren 122
Organisatorische
   Formularbibliothek
– erstellen 144
– Zugriffsrechte 145
Outlook-Datendatei erstellen 33

P Parameter 206
Parameterübergabe 211
Persönlicher Ordner
– Einstellungen 34
– erstellen 33, 108
Pflichtfeld 99, 190
Postfach 32
Private 171, 177
Programmiersprache
– Architektur 154
– Entwicklungsumgebung 155
Projekt 161
Projekt Explorer 157
Prozedur
– Aufgaben 204
– Aufruf 206
– Aufrufsyntax 208

– Deklaration 206
– Ereignisprozedur 212
– Parameterübergabe 206
Prüffunktionen 214
Public 177

R Rahmen 82
Rechte
– organisatorische
   Formularbibliothek 145
Recordset 317
Regel 42, 288
– aktivieren 44
– Auswahlkriterien 43
– deaktivieren 44
– definieren 42
– erstellen 288
– hinzufügen 43
Register 83
Resume 192
Resume Next 193

S Schleife
– Endlosschleife 190
– fußgesteuert 188
– kopfgesteuert 188
Security-Update 261
Select Case-Anweisung 182
Serienmail 259
Set 247
SharePoint Anwendung
– Aufgaben 331
– Aufgaben exportieren 335
– Aufgaben importieren 333
– Datenbank initialisieren 326
– Datenbankobjekte 326
– Dialog 324
– Dokumente und
   Diskussionsrunden 339
– Kontakte 336
– Kontakte exportieren 338
– Kontakte importieren 337
– Termine 327
– Termine exportieren 330
– Termine importieren 328
SharePoint Team Services 303

Stichwortverzeichnis

– Administration 310
– Ankündigungen 306
– Anlündigungen 308
– Aufgaben 306
– Datenbank 310
– Diskussionsrunden 306, 307
– Dokumentbibliotheken 307
– Dokumente 305, 307
– Ereignisse 306
– Gesamtaufbau 309
– Hyperlinks 306
– Kontakte 306
– Startseite 306
– Website 305
Single 179
Skript-Editor 228
Sortierung
– festlegen 52
Standardansicht 46
Standardformulare 60
Stellvertreter 280
Steuerelement
– Anzeige 83
– Arten 82
– ausrichten 87
– Auswahlzeiger 82
– Befehlsschaltfläche 83
– Beschriftungen 91
– Bezeichnungsfeld 82
– Bildlaufleiste 83
– Calendar 83
– Drehfeld 83
– Eigenschaften 90
– erstellen 83
– Erweiterte Eigenschaften 94
– Formatieren 86
– Größe festlegen 86
– Kombinationsfeld 82, 138
– Kontrollkästchen 82
– Listenfeld 82
– Multiseiten 83
– Optionsfeld 82
– Pflichtfeld 99
– Position 87
– Rahmen 82
– Register 83

– Startwert 97
– Tastatursteuerung 102
– Textfeld 82
– Umschaltfeld 82
String 179
Stringfunktionen 213
Sub...End Sub 171, 206
Symbolleiste anpassen 173

T TaskItem 256
Tastatursteuerung 102, 113
Tastenkombination 102
Teilnehmer 310
Textfeld 82
– an Outlook-Feld binden 96
– mehrzeilig 93

U Überwachungsfenster 195
Übungsdateien
– deinstallieren 25
– installieren 14
– Übersicht 15
Übungsdateien, siehe CD-ROM 12
Unload 172
Unterordner
– anlegen 35, 110
UserForm
– Initialize 325
UserForm 164
– Initialize 199
– Terminate 327
UserProperties 233

V Variable 175
– Aufgaben 175
– Auswertung 176, 180
– Datentyp 178
– Defaultwert 178
– Deklaration 176, 177
– Freigabe 176, 180
– Lebenslauf 176
– Objektvariable 245
– Zuweisung 176, 179
VariableGültigkeitsbereich 177
Variablen

Stichwortverzeichnis

– Deklaration erforderlich 158, 159
Variant 179
VBA 151
– Aufgaben 153
– Dialog 162
– Projekt 161
– Verfügbarkeit 153
VbaProject.otm 161
vbCr 171, 181
VBScript 151, 225
– Aufgaben 153
– Fähigkeiten 226
– Unterschiede zu VBA 227
– Verfügbarkeit 153
VBScript-Enwicklungsumgebung 228
Verfassen-Layout 70
Verteilerliste 258
Verweis 314

Visual Basic-Editor 156
– Aufbau 156
Vorschau
– Variableninhalt 195

W Webbenutzer 310
With...End With 171
Wodd 2002
– Systemvoraussetzungen 13
Workflow 285

Z Zeilenumbruch 171
Zugriffsrechte 38
– Berechtigungsstufen 39
– erteilen 40
– organisatorische Formularbibliothek 145
– Standard 42
Zuweisung 176, 179

Der Autor

Jörg Hinrichs (Jahrgang 1967) ist seit dem erfolgreichem Abschluss des Studiums des Bioingenieurwesens, Fachrichtung Umwelttechnik, im Jahre 1994 u.a. als freiberuflicher Dozent für Firmenschulungen tätig. Seine Schulungsschwerpunkte liegen dabei im Bereich der Programmiersprachen Visual Basic, VBA, C, C++, Fortran und Delphi. Außerdem ist er Sun Certified Java Programmer.

Daneben ist er Inhaber der Firma SoftECK, die neben der Durchführung von Seminarveranstaltungen zur Programmierung, dem Einsatz von Microsoft Office, der Administration von Windows NT und Windows 2000 und dem Einsatz von Internet-Technologien (HTML, JavaScript, Active Server Pages) auch individuelle Programmieraufträge realisiert und Firmen in der Konzeptionsphase von Datenbankprojekten berät.

Sie erreichen Jörg Hinrichs über folgende Website: *www.softeck.de*

Wissen aus erster Hand

Ansprechende Präsentationen mit Multimedia-Effekten – dieses Buch verhilft auch Einsteigern zu einem überzeugenden Präsentationsauftritt. Schritt für Schritt führt Sie dieser didaktisch aufbereitete Kurs in die Möglichkeiten und Arbeitstechniken von PowerPoint 2002 ein. In weniger als zehn Stunden erarbeiten Sie alles, was Sie zum privaten und beruflichen Einsatz der Anwendung benötigen. Dazu gibt es zahlreiche Beispieldateien auf CD zum direkten Einsatz.

Autor	Perspection
Umfang	350 Seiten, 1 CD-ROM
Reihe	Schritt für Schritt
Preis	DM 44,00; ab 1.1.02 €22,90 [D]
ISBN	3-86063-769-X

Microsoft Press-Titel erhalten Sie im Buchhandel, PC-Fachhandel und in den Fachabteilungen der Warenhäuser

Microsoft Press

Wissen aus erster Hand

Datenbanken selbst erstellen, verwalten und sogar im Internet publizieren – mit Access 2002 und diesem Buch ist das auch für Einsteiger realisierbar. Dieser kompakte Kurs führt Sie in sieben Stunden durch alle Möglichkeiten von Access 2002 für den privaten und beruflichen Einsatz. Bestimmen Sie selbst, was und wie schnell Sie lernen. Zusammenfassungen, Übungsdateien und visuelle Übersichten intensivieren das Gelernte. Mit dabei: Übungsbeispiele als Lernvideos.

Autor	Online Training Solutions, Inc.
Umfang	350 Seiten, 1 CD-ROM
Reihe	Schritt für Schritt
Preis	DM 44,00; ab 1.1.02 €22,90 [D]
ISBN	3-86063-771-1

Microsoft Press-Titel erhalten Sie im Buchhandel, PC-Fachhandel und in den Fachabteilungen der Warenhäuser

Microsoft Press

> **Wissen aus erster Hand**

In zehn Stunden fit in Excel 2002 – dieser Kurs für Neueinsteiger und Umsteiger von früheren Excel-Versionen macht es möglich. Bestimmen Sie selbst, was und wie schnell Sie lernen. Schritt für Schritt erarbeiten Sie alle Möglichkeiten von Excel für den privaten und beruflichen Einsatz. Kompakte Zusammenfassungen, nützliche Übungen und eine visuelle Übersicht über die einzelnen Lernabschnitte intensivieren das Gelernte. Zahlreiche Übungsbeispiele auf CD sind Garantie für den Lernerfolg.

Autor	Curtis Frye
Umfang	450 Seiten, 1 CD-ROM
Reihe	Schritt für Schritt
Preis	DM 44,00; ab 1.1.02 €22,90 [D]
ISBN	3-86063-768-1

Microsoft Press-Titel erhalten Sie im Buchhandel, PC-Fachhandel und in den Fachabteilungen der Warenhäuser

Microsoft Press